U0036017

初學姓名學這本最好用

初學必備

看了就會的姓名學實用好書！

笨老子◎述

丁珮吟◎整理

自序

健康來自善念！

故：良名、良姓亦是如此。其生命著重天運之輔導，絕不能感情用事。若果必然是脆弱的，而且根本無法發揮吉祥。未來姓名學之學術，將會如經書之貴重，這個遠景必能實現。其被誤會及受不良企圖之人加以破壞而深陷蕩然無格。

笨老子會在書章句裡一一傳述事實精神，不敢妄言或其他。若能於佛云之理念種植紮根之修行，它也必然間接賜福而獲有真實良名、良姓之天成，悟其深覺其殊積善德並行。將是引導幸運的好福音！

學姓名學不是迷信！它是後天智慧之根源，輔導良念之輔助器。它也必注入善智之力量而持心得慧，暨而獲得天佑圓滿。

諸不深禮節，佛之定義，而圖是不足姓名學亦然，不知其道理而胡亂無別之命運。有緣深藏畏懼，無緣膚淺妄圖。故：凡人不問萬般皆受苦啊！

天地間之奧妙，凡物之複雜，世間般之雜亂無章。不過其表象又極為似簡單，如此才構築要命之陷阱，處處之安排深藏著吉、凶、禍、福！幸與不幸的，其絲絲扣扣皆影響自己，其世界之妙，值此驚嘆！及感不可思議的莫測。

故：命理之學術，不祇時下論言說云如此簡單，尤其姓名學之學術更是如此。它並不是所謂的簡單又滑稽之數、理吉、凶可探其真機，更不是能所謂生肖式……式等。而自陷笑話，若是時感慚愧羞恥！

最後謹以如此，得待以嚴謹之謙卑自能勝任。

南無阿彌陀佛　善哉 善哉

笨老子 敬叩
乙酉立冬於臺北

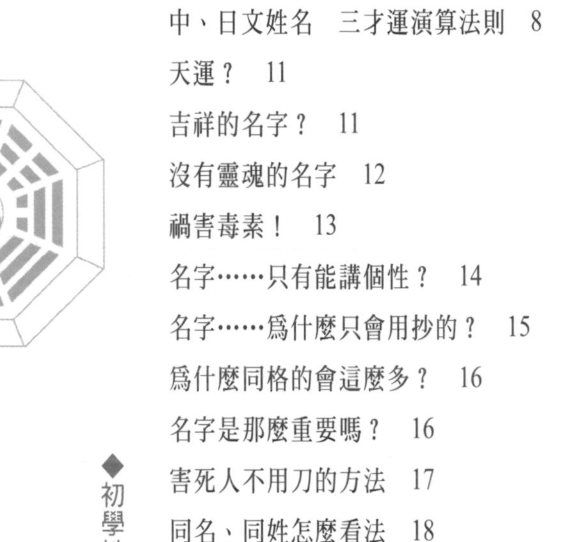

目錄

敬愛的廣大讀者：

大家好，你的期待及盼望終於實現，它——將一改傳統的面目與讀者見面。它——也費盡四、五十年的摸索走過來，希望能盡最大的責任滿足大家的需求，並以實際生活及符合現實，做詳細的敘述，期與之共勉。請多多指教！本書將有實際及實用的精采。它——將時時陪伴著你，聽候你的使喚！它——也將一一據實的向主人報告外面人性的虛實。它——將忠貞及終身保護著你，它——讓你不再受騙及蒙上不必要的損失。這是「它」的責任及一生義務，它——必會努力堅守，不會讓身為主人的你失望或看錯眼。

它——提早幫你成功！

《初學姓名學，這本最好用》幫你瞭解自己、別人、朋友；周遭你關心的人、討厭的人、喜歡的人；你正偷偷暗戀的人或者是剛認識的異性對象。

※它——讓你逐鹿命運榮耀的舞臺！它——協助你取得幸運的入場卷！想踏出成功的第一步，先掌握住「它」。你才有機會成為逐鹿成功的優秀成員。

笨老子　述

請大家仔細對照自己或你、我、他

※相不相信對照一下

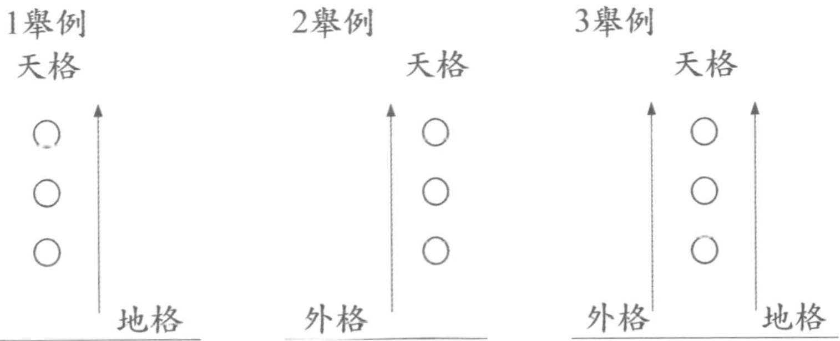

1解：婚姻、生活、家庭、事業，必陷終其一生災難，逃不了三次感情傷心命運。

2解：婚姻、事業，中運……必陷災難，逃不了陷入……自孤成命運。

3解：婚姻、事業，必陷終其一生顛沛流離，逃不了感情挫折及陷進自孤成命運。

以上是基本的命理常識，相不相信？準確性又多高？你或大家可依循周遭朋友、親人、身邊人，包括：子女、也包括了你……自己。如上述：箭頭——地格、外格，生、剋化——天格，必陷其1、2、3的敘述命運災難。難逃婚姻中途、不良分離、不幸離異、分居、同床異夢、孤單隻影的命運。「再好的……八字、再好的斗數座星、再好的……西洋星座，諸如：魔羯、水瓶、巨蟹……等等。十二星座的朋友，你的名字如有上述配局，必終其一生幾乎將難逃被鎖定的……噩運！」

中、日文姓名 三才運演算法則

中文姓名與日文姓名演算法皆相同。

天格部計算方法：

如果爲單姓（例：林、王、陳、徐、李……等）筆劃都需+1，所得之總和作爲天格。

如果爲複姓（例：歐陽、諸葛、司馬、松下、小林……等）將姓中各字筆劃加總，所得之總和作爲天格。

舉例：（1、2）木（3、4）火（5、6）土（7、8）金（9、0）水。

吳——天格→【7】+1→爲8→天格爲金。

陳——天格→【16】+1→爲17，取尾數7→天格爲金。

歐陽——天格→【15+17】→爲32，取尾數2→天格爲木。

司馬——天格→【5+10】→爲15，取尾數5→天格爲土。

人格部計算方法：

將姓氏的最後一字與名字的第一個字筆劃相加總，所得之總和作爲人格。

舉例：吳宗憲——人格→吳【7】+宗【8】→爲15，取尾數5→人格爲土。

郭正桓——人格→郭【15】＋正【5】→爲20，取尾

數0→人格爲水。

徐懿——人格→徐【10】＋懿【22】→爲32，取尾數2→人格爲木。

松下幸之助——人格→下【3】＋幸【8】→爲11，取尾數1→人格爲木。

宮本武藏——人格→本【5】＋武【20】→爲25，取尾數5→人格爲土。

地格部計算方法：

如果是複名，將名字之筆劃相加總，所得之總和作爲地格。

如果是單名，將名字之筆劃數+1，所得之總和作爲地格。

舉例：吳宗憲——地格→宗【8】＋憲【16】→爲24，取尾數4→地格爲火。

松下幸之助——地格→幸【8】＋之【4】＋助【7】→爲19，取尾數9→地格爲水。

張菲——地格→菲【14】＋1→爲15，取尾數5→地格爲土。

歐陽龍——地格→龍【16】＋1→爲17，取尾數7→地格爲金。

※以上姓名：吳宗憲之三才即爲天格——金、人格——土、地格——火，也就是「金、土、火」，其他請以此類推。

將姓氏的最後一字與名字的第一個字相加作爲「人格」，再將名字的「第二字」加名字的「第三個字」作爲「地格」。外格呢？就「歐陽」總筆劃加假成二劃或「第三個字」總數作爲「外格」使用。如果遇到歐陽龍先生那外格如何取？說明如下：

歐陽爲天格32劃數來陽字17劃跟龍字16劃相加總數爲「32數理爲陰木」。地格就取假一，例如：「龍」字16劃加假一等於「17劃數理陽金地格」。取得由歐陽數理32劃加假成一之外格等於二，方法：32劃數加假成一又加一的二數理與32劃相加，作爲「外格」使用「34數理陰火」。「日本名字」以此類推。

秦漢之姓名「秦」十劃，「漢」十五劃爲單名，外格取

天運？

天運……就是我們出生的「當年」，也就是「屬肖」的出生年，直稱爲「天干」，就是今天所提到的「天運」名稱的來源。

它對我們人生及「運氣」幸與不幸，佔有極大的關係。它主先天和後天的一切運勢興、衰之命運。

無論八字、斗數及卜卦總總，都得依它來作爲基本推演的主要根據。沒有它就無法展開推測及推演之論述，在這裡我們不多做贅述。請看下回！

吉祥的名字？

不過我們看了好多人被取「吉祥的名字」，竟忽略不與其天運的相互生、剋來做環扣的架構，得來必是讓我們錯千選、擇又萬挑之「問題名字」。就如費了千辛萬苦所獲得「僵化腐物」般稱呼的命運及白費心機。故：熊崎式的公式或八十一數「數理皆吉」能享得成功？能順調發展？或「三才」皆佳必能又隆昌？今天所發現的，相信讀者已感受到，竟不是如其「手抄本」所說的成功發展？不是一樣灰頭土臉，就更像無頭蒼蠅般不幸的命運。

沒有靈魂的名字

這裡所要說的就是「天運」，在我們談論各種命理及研究都得涉及引用到「它」。尤其對我們一出生的第一步是最爲關鍵，及受其影響未來幸與不幸的開始，就是大家所熟悉也是——名字。「它」必然的、絕定性的、不容懷疑的，由「它——與天運」……來催化影響左右了我們的命運，「它」——更直接影響整個「名字」的靈魂。就如：雕塑的神明及佛像之後，沒有「天運」開光一樣，就不會有什麼神力、佛力及影響力，只有破壞力。所以沒有「天運」，一個「名字」或所謂的「姓名學」就如……有了「船」沒有「舵」一樣，永遠必置在汪洋大海，載浮載沈無生命般，也更像朽木或腐木般任其撕裂而殘破，任其摧毀腐爛失去了再生的能量及生命。浮浮沈沈於江洋、陷於海浪濤滔無氣著力地漂流於逐波隨流的命運，它……沒有未來更沒有了目標，也沒有什麼生命的「靈動力」，就註定一生必沈淪於深淵，也將其變成一個僵化腐物稱呼的命運，未來就也沒什麼影響力，只是文字上的腐物「名字」一途。

禍害毒素！

三、四十年來這一代的青年人、壯年人或已近不惑的中年人，不都是也依據日本「熊崎式」來取名、改名。不過看看四週左右鄰舍，有幾個人發展順調、隆昌、幸福？只看到的是「哀鴻遍野」陷生活於困頓，「發展無門」及造成自己也「禍及子孫」、「年輕人」不幸的運程災難。這一點各位讀者怎能再不慎！怎能再迷迷糊糊與其「上一輩的年老之人」給予錯誤觀念，參與繼續跟其莫名其妙的禍害毒素，再次傷害我們大家，再一次讓子孫承受其禍害之毒素。故：我們要「制止……它」及鏟除「所謂的名家」來繼續發揚可笑的又可惡的「毒素學術」。不再放任它散播的「毒素」、它的「禍害」存在於國內人民子孫生活軌道上。

故：今天開始我們大家更要「掃除」所謂的「熊崎式農民曆」，它——才是四處散播最為可惡的「熊崎公式毒素」的魔手。

名字……只有能講個性？

我們要更明白的告訴各位！或許大家都有在媒體上或經由坊間的所謂名師，一再的論述「文字星」的解說，通常都可以自圓其說或常云很可笑的又可恨……又極為可惡的術語！你的小孩很聰明？但不太喜歡讀書？也不大太聽話？跟爸爸比較無緣？但妳很疼……他？另一個：你老公為人不錯啦！對朋友很慷慨！但是……脾氣不太好！和妳比較……沒話講？較固執！脾氣比較不好！不過對妳也不錯？

以上在媒體很多「大師」常常使用的「步數」，這一方面只能唬嚨一些……？不過在重要人生的命運過程，成功與失敗，興與衰。幼運、少運、青運、中運、晚運的因果或終點。他們就無法再做強詞奪理的「套俗」來自圓其說，就也無法辯解的……以支支唔唔的……？就乾脆怪到你的命運不好？你的八字命不好？你的個性太容易生氣？就這樣子的——我們要問：有幾個人能會不生氣的？猜猜不是死人？就是還沒出生的人？

※運氣的敗衰……是因本身幼稚、愚昧之行為所造成。因為慣性的壞習慣，讓自己養成了習性。結果有了好因緣，卻也莫名其妙趕走了機會。

名字……爲什麼只會用抄的？

平常只會說運程多不好？心情多不好？例如：女性有「月、雪、梅、春」等等。都會成孤寡比較多數？如果是這樣子的解說，或者讀者會有一點的接受，但恐怕是只知其一不知其二？因爲流傳於坊間的姓名學，幾乎都以「熊崎式公式」、「三才」或「數理吉、凶」作爲主題架構。例如：姓陳……或賴、錢、潘均爲十六劃「16、9、6」「16、9、4」「16、9、7」「16、19、4」「16、9、14」，這些所謂「名家」還不都是依照他們的祖宗——他們的「神主熊崎式」、「三才架構」，來擇文字或拚文字、找文字，找書裡頭述說……的「吉祥」文字？以上不都也謊稱是由「八字」選擇出來的？眞是啼笑皆非！我們要問：以上的「架構」，能出了那些名人？有錢人？偉人？富人？貴人？幸運人……？

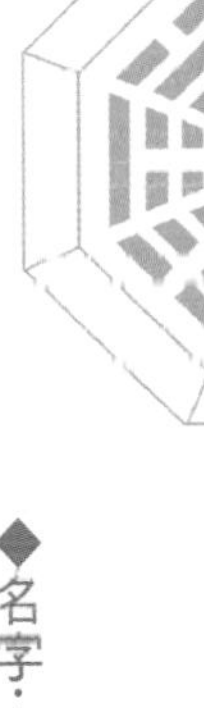

爲什麼同格的會這麼多？

這裡舉常見的配置，如下：「16、9、6」，「16、9、7」，「16、9、4」或十劃姓的徐、夏、高、馬等等。常見的配置：「14、11、4」等等，不勝枚舉。看看這些數字，不是有四劃的，十一劃的佔大多數。筆者過去一直在措詞強調，一再指摘總總的禍害錯誤。也在筆者過去著述的書本「封面標題」——「打破五十年來的熊崎式之混沌誤了國人萬萬千千……」。

名字是那麼重要嗎？

不要說文字上的問題或說文字的「月、雪、梅、春」等等。本身其架構姓名學公式，就是筆者所攻擊並直接指摘的，傷害「國人萬萬千千陷困境……」。「它」是破壞「幸運的毒素」，大家可以看看你的周遭？你的朋友？你的親友？你的兒女？在在不都是依此公式？爲你們取了所謂經八字選擇的「吉祥」配置，所謂的能「大富」？能大貴？最後結果呢？是不是眞的「文字」上出了問題？還是「熊崎式」公式出了問題？

害死人不用刀的方法

再看一看以上所舉例的：三才……16、「9」……「春」字？「4」……「月」字？十劃姓；常用的配局10、11、4之「11」？……「雪、梅、敏」……等字？不都是被文字星的所謂名家？列舉出來的「孤寡又歹命」的分析解說的課題？不要說「文字」的問題，「它」確實有一點影響我們，在這邊先不做論及文字的問題。目前各位讀者均依下列的：十六劃姓：陳、錢、潘、賴……等等。絕大多數都會依「16、9、7」、「16、9、6」、「16、9、4」、「16、9、14」之9？的春？的月？如果離開這些文字不吉祥的？那我們再看看周遭親友，男、女婚姻、事業、家庭、財運上的問題，不都是出了極大傷害及陷入日常生活的災難，感情……也嚴重出現問題？裡頭不也都避開具「文字」使用，避其另類的文字不是也有所謂相當「吉祥文字」之9劃？4劃？等等來作搭配？那還出了問題？請問？這要如何來作圓滿或做自圓其說的……及又另一套解說？

如依他們的利用「公式」不做深入的瞭解，只在意「公式又文字」的架構。如此又發展出潦困不祥及災難問題，那受苦的可不是這一些「專家」來承受。倒楣的將是這一些求教者及你們了！所以在此，一再的呼籲大家「你不要再成為受害者」又「害死人不要用刀」成為間接噩運的幫手及劊子手。

同名、同姓怎麼看法

這裡所舉出的「天運」，「它」就是姓名的「主神」！「它」主宰「名字八字」的命運，「它」驅開同名、同姓的格局「枷鎖」問題！解決「姓名的框框」的思維問題！「它」是「好名字」的命運神，它——確實幫助了我們一生，並積極主導了「命運呈祥」的偉大工程，也絕對引導人們及福蔭子孫的未來，並支配興與衰、幸與不幸、富貴或困厄、長壽及短命的人生運程。也冥冥之中暗地裡……協助你，不小心！它——也一直破壞著你，它——是你及人類「命運神」的指導針。

它——必然的影響你、我、他、家運、事業運、財運、身體運、子女運、健康運、和祥運、智慧運，運幸福。它——更影響祖德的能量磁場，更是你、我、他厚福幸運的「輔助神」福蔭之神。

六十甲子陰、陽五行（天運與民國對照表）

五行 民國	陽木	戊辰，戊戌，庚寅，壬午，壬子 (77/17)，(47)，(39)，(69/09)，(91/31)，(61/01)
五行 民國	陽火	甲戌，甲辰，丙寅，丙申，戊子，戊午 (83/23)，(53)，(75/15)，(45)，(37)，(67/07)
五行 民國	陽土	丙戌，丙辰，戊寅，戊申，庚午，庚子 (35)，(65/05)，(87/27)，(57/34)，(79/19)，(49)
五行 民國	陽金	甲子，甲午，庚辰，庚戌，壬申，壬寅 (73/13)，(43)，(89/29)，(59)，(81/21)，(51)
五行 民國	陽水	甲申，甲寅，丙子，丙午，壬辰，壬戌 (33)，(63)，(85/25)，(55)，(41)，(71/11)
五行 民國	陰木	辛卯，辛酉，己巳，己亥，癸未，癸丑 (40)，(70/10)，(78/18)，(48)，(92/32)，(62/02)
五行 民國	陰火	乙亥，乙巳，丁卯，丁酉，巳丑，己未 (84/24)，(54/18)，(76/16)，(46)，(38)，(68/08)
五行 民國	陰土	丁亥，丁巳，己卯，己酉，辛未，辛丑 (36)，(66/06)，(88/28)，(58)，(80/20)，(50)
五行 民國	陰金	乙丑，乙未，辛巳，辛亥，癸酉，癸卯 (74/14)，(44)，(90/30)，(60)，(82/22)，(52)
五行 民國	陰水	乙酉，乙卯，丁丑，丁未，癸巳，癸亥 (34)，(64)，(86/26)，(56)，(42)，(72/12)

※請記得好好背熟它，它是名字的主運神，也是幸運之神！未來你才會有資格研究笨老子姓名學，進入學術領域，六十甲子之認識與姓名三才五格同樣的重要，希望各位讀者抽空將其背得滾瓜爛熟，你就有資格成爲未來的學術高手。

1.一字五行：

木	火	土	金	水
1、2	3、4	5、6	7、8	9、0

註：單爲陽，雙爲陰。

2.五行相生：

木……生火、火……生土、土……生金、金……生水、水……生木。

3.五行相剋：

木……剋土、土……剋水、水……剋火、火……剋金、金……剋木。

4.姓名外象五格、內象有二十格細分爲八十格、潛象有十格細分四十格

※外象五格：天格、人格、地格、外格、總格。

※內象二十格：天人、天地、天外、天總、人地、人外、人總、外地、外總、地總。

※潛象十格：天人地、天人總、天人外、天地總、天外總、人地總、人外總、地外總、地總外、外地總。

簡例：天、人不合——父母絕緣一輩子辛苦。若：人格生天格——男、女皆刑傷父母，勞碌終身，婚姻必自害或自滅。若：人格剋天格——必苦寂一輩子，男、女必刑剋父母、長輩。與子女無緣，終身無依靠，婚姻必自破或崩離。

再例：生化？剋化？生化就如：木……生火、火……生土、土……生金、金……生水、水……生木。

解：如果我的人格……是陽木21數理，地格……是陰火24數理。就是所謂的「上述」木生火，也就是我人格……陽木21生地格……陰火24，地格……被我人格……陽木21所生化。

「化」……的意思就是「延伸」，剋化的「化」也就是「延伸道理」的名詞。

再解：例如：天格陽火13我人格……陰土16是天格……陽火生化我人格……陰土16，也就是長上、父母對我延伸期待、愛護等等。也就如「我人格生化地格」解意：就是我愛他們，是我勞心的地方。

地格代表是「上述」已做詳細說明，所以「生化、剋化」就是「延伸影響」名詞。切記！

5.五行生化解析：

我生化——代表我付出、我愛你、關心你，欠債的地方、責任的地方、一生拖累的地方、被討厭的地方、麻煩我一生的地方，也是最讓我憂心的地方，拿他沒辦法的地方。

生化我——代表養我、育我、關心、罵我，是父母勞心的地方，也是被罵的狗血淋頭的地方。

剋化我——代表幫助、障礙我、拖累我、破壞我，是我最愛的地方，也是我一生負債的地方。

我剋化——代表得到、助我、得力，是我的貴人，是左右我命運的地方，更是我終身的依靠。

※若：同陰、同陽相遇——剋我、生我、我剋、我生，是眞正得不到回報又無緣相互依靠。同陰、同陽：無緣、淡緣、疏緣、薄緣又甘願無酬，又摸不著的地方。情感易懷念但無怨無恨又煙消雲散、莫可奈何的地方。也就是付出無力求回又沒指望、窮困的地方。若是逢陰、陽助力，就必有眞正的實力。

再解：若天外有陰、陽——男、女之配偶必受其關愛一輩子。若是同陰、同陽——必冷落配偶或疏離一輩子。

天格代表的意義解說

如下圖：

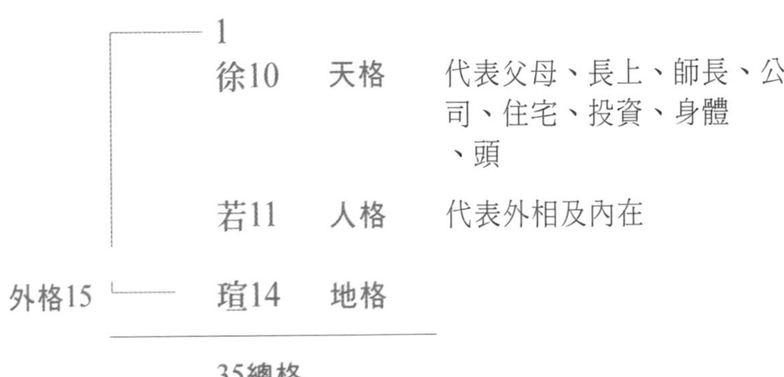

天格——姓名喜受天格來生，意爲父母得力，如人格剋天格或生天格，意爲父母中途沒落，或我未來常自己好景不常。

天格是我們的先天運與後天運，它代表的一生興衰、福分、吉凶、強弱、幸與不幸。如與地格搭配不良必生橫禍，家運空破，刑剋父母，破壞家業，意外突變，一生飄零，四面楚歌，動盪不安，財運不濟，一生拮据，苦不堪言，受人欺凌。與外格配置不當，家運難興。與人格配置不當，必傷及父母。與地格配置不當，必破壞配偶一生事業。與總格配置不當，恐陷一生敗衰不堪。

人格……是心靈中央台。天格……則是倉儲提供者。

人格代表的意義解說

如下圖：

代表：朋友、助手、六親（未婚是配偶、婚後是母親），也代表如地格

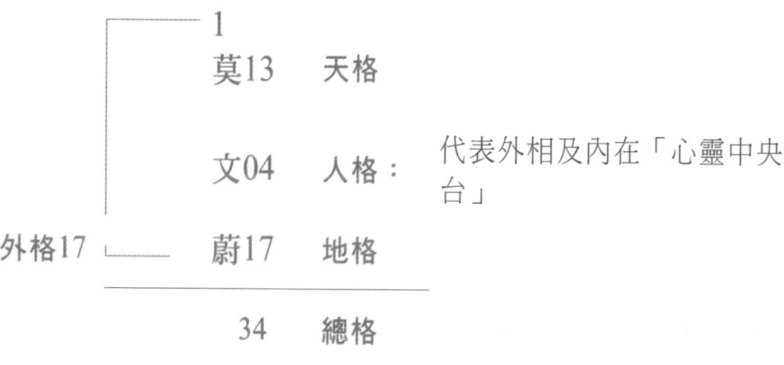

人格……是姓名五格之……全盤指揮所

地格……又是我內心的潛在，外格……更是我內心的全部性態。如果姓名學配置不當，外格……受地格性態完全左右，也受「人格」直接指揮促進，或帶動的影響整個一生命運。

外格……是後天的福分，與「天格」搭配不良，恐生孤男寡女，六親破敗，家道中落。女者必喪夫、剋夫或破壞別離。與地格搭配不良，產生更凶極，家運空破，敗衰家運，恐生配偶引誘第三者空破家業。

人格……更是後天福禍的掌權者，它必左右地格、外格及總格，並支配與天格之間「長上」或因果之直接延

伸。故：人格之力量相當強大，若情緒的衝動加上不懂事的地格飛舞，又外格在旁敲邊鼓。如此必讓人格「主人」就是個人，必受而發生幸與不幸的方向。好……更好，惡劣……更殘忍之十字關變化。故：人格與天格之間若是有衝突或拒絕，當然外格、地格也會直接「幫助」與「加油」而產生吉、凶對峙，而建立終其一生的命運吉、凶因與果。

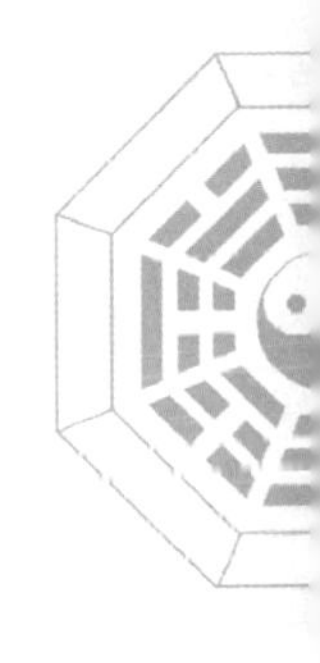

外格代表的意義解說

如下圖：代表：朋友、助手、六親（未婚是配偶，婚後是母親），也代表如地格

1
馬10　天格
英11　人格：　代表外相及內在
外格03　九02　地格
23　總格

外格……是後天的福分，與天格搭配不良，恐生孤男寡女，六親破敗，家道中落，女者必喪夫剋夫或破壞別離。與地格搭配不良，產生更凶極，家運空破，敗衰家運，恐生配偶引誘第三者空破家業。

地格又是我內心的全部，外格更是我內心的全部性態，如果姓名學配置不當，外格受地格性態完全的影響。

人格……是心靈中央台。外格……則是潛伏決事者。

地格代表的意義解說

如下圖：

	1		
	孫10	天格：	
	燕16	人格：	代表外相及內在
外格10	姿09	地格	代表夫妻、子女、兄弟姐妹、住宅、財祿投資（未婚是母親，婚後是配偶）
	35	總格	

地格……代表一生的財富福氣，是先天、後天重要基地，架構良好，一生受福無窮。諸如：地格屬「水」，逢見天格、人格、外格、總格「土」來相逢，必得一生財富，容易創造成功或貴人協助，財源滾滾一生。

最忌「水、火」地格、外格相逢，「火、金」地格、外格相逢。一生災難無窮，家運難通。夫妻崩離，事業中途，精神偏激，小人破壞，易生第三者侵犯，一生不安寧。

人格……是心靈中央台。地格……則是運作促進器。

人格與地格之間的互動

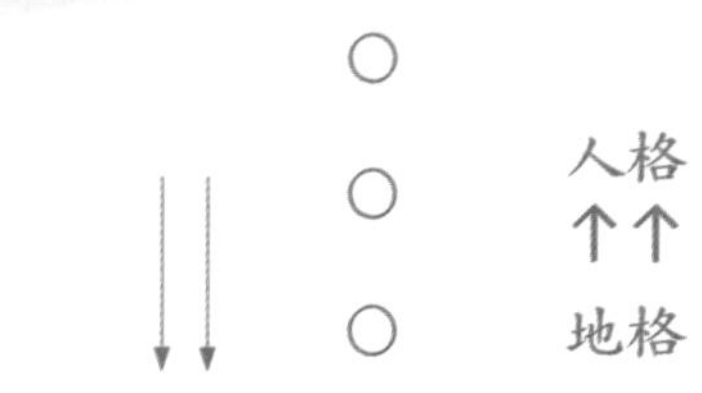

在人格與地格之間的互動，「它」絕對是影響內、外在的表現。因人格是「我」也就是「我內在」的「主」。不管「它」屬於那種五行陰、陽「木、火、土、金、水」，「它」在在的由其各五行的（性）質，性格由此表現出來的力與動或形與態。

所以表現出來的由「內在」發乎的在其表面或行動上可以瞭解端倪出來，是情、是愛或眞心與假意。在其五行及人格與地格互動之下是絕對的表現，絕無法由其個人的體力、智力、能力去掩飾及所能掌控。

如：人格生地格，他就被注定了一生是外和內急的軀體行態。「下次再分析，天格與人格各個生、剋現象」，因筆者必須再加上人格與地格之間的構造行力的表徵及內在諸分析，再做天格與人格的表徵相互關係，完全做好解析。如此一來對姓名有心或有興趣者就比較易懂及認識。

第一現象：所以談到人格與地格的內在行使力之現象，是「外和、內急」的構造體，就由此點來解析人格是「我」也是「主我」，「我」主的表現，我「人格生地格」就是愛護者付出的、不變的、責任的、需要的，也是在乎著的地方。因地格被人格所生，也因地格是主夫妻、弟兄、子女、家庭，包括父母及性之愛的潛在內心及行動的瞬間因素及表現。「它」不用被支使或指揮，甚至環境或背景永遠無法改變其不變的人格生地格「我愛地格」的決心。付出及貢獻任何力量無法來改變「它」的選擇及影響未來而動搖，或改變其志所以就「我愛地格」的心態行動。「它」是外在與內在的全力活動，「它」不做假，表現出來的是可歌可泣的完全力，所以這種配置的性格，張力是道道地地的眞實及願力。

但是這種配置的人往往都很辛苦、很賣力，更會是痛苦力的格局。所表現及付出眞是勞而無功又得不到回報，因與生俱來就「我愛地格」的結構條件之下，是永遠沒辦法改變的事實。這跟前章的「人格生天格」一樣就是無法改變「我生天格」的自不量力之現象。所以「我生地格」就是忠實的信徒，忠實的知己，「它」可以完全努力的奉獻，完全的付出。不過這種配置的人是其結構使然，「它」並不能完全代表是「有能力付出的人」，所以會有「做與實際」完全不符合的窘境與困擾，不管有被其他的格「其四格」所生，永遠就是尙不足的難處表現，「它」也苦於力拙、力短、力缺，但是任由「它」有多大能耐是永遠處於眞正的無奈與苦境。

所以此配置的人比較不受歡迎，或被愛、被關心、被支援、被鼓勵及待遇。如此配置也就會造成內心的急迫性、迫切性的付出及付出需要的心境，但是任由「它」何等的努力去掙扎，永遠是欲振乏力難以得「志」之處境。

第二現象：是因被「我」所愛，所顯現出來的就不均衡，也叫做不公平。因地格的主角是夫妻、弟兄、子女、家庭，包括父母及性愛之間的潛在性。更而造成了人格與地格之間有了磨擦之因素而產生誤會，也拉開了怨恨的近距離。

當然我愛地格「它」就欲顯著急，也擔心愈是如此「它」的力量就愈脆弱，愈無著力點的疲憊心境及苦楚。所產生的「人格生地格」就是謂「盡心盡力」結果得來卻是徒勞無功的局面。

第三現象：如此配置……「它」會顯現出夫妻之間並不融洽，且有貌合神離甚至與子女之間也產生如此現象。表現此配置是「孤掌難鳴」、「有心無力」之嘆。

第四現象：這種配置……往往得不到眞心對待的部屬，除非「它」絕對有先天之條件，否則眞是難以回天乏術。因「我生地格」，就如前章「我生天格」之現象而也近類似態度，對自己「主」力決定都比較「強行」之態度，所以會是「強行」、「行力」，「它」就愈辛苦也愈困難，問題也就愈多。當然付出及責任也就愈麻煩也成了大問題，有欲罷不能的困難。眞是苦於「不是我愛打拼」、「實在無法度」的難題及難言之隱。

所以如此配置，「它」永遠的態度是「眞心的」、「眞情的」、「願意的」，也「愛著的」，不變「潛在的」精神。要改變「它」人格或掌握得住是永遠不可能，也永遠快速成爲事實的。因爲這是「它」的生命也是使命，而且地格也是人格的「心態」及「內在」心理，兩者

之間無形中也會自我磨搓及互動、互影響著，而產生變化或帶動變成主動的力量，而相互支配著，也就是息息相關的結構體。

人格與地格是「我與事情」，是「我與責任」，是「我與配偶」，是「我與感情」、「愛情思維」、「男歡女愛之地」，是「我與未來」的主課。

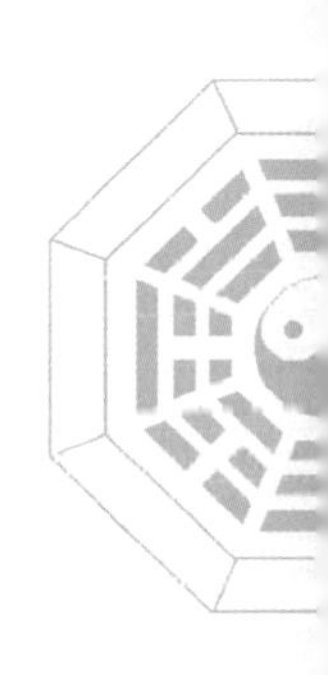

總格代表的意義解說

如下圖：

```
        ┌──── 1
        │       洪10    天格
        │       曉16    人格    代表外相及內在
        │
外格20 └───    蕾19    地格
        ─────────────────────
                45      總格    代表長上、師長、貴人、
                                財祿、外相（也是男女祖
                                家）。
```

總格……則是福祿、財庫、師長、長上，一生之運勢及代表一個人外在之性格與待人接物及家庭運傾向。

總格與地格配置不當，必遭逢四面楚歌，破壞力強，常陷困境，結成冤仇，事業崩敗，常陷敗衰運氣，易生長輩或小人同時破壞家運，配偶窮困，潦倒一生，逢官司必惡化或糾葛加深。

人格……是心靈中央台。總格就是理智協調者。

重點：

●我生：代表辛苦、付出、責任、勞心、勞力、勞苦，又愛又恨，又痛又煩，不得體諒的地方。

●我剋：代表貴人、助我、不甘願我、恨我、我得力的地方。

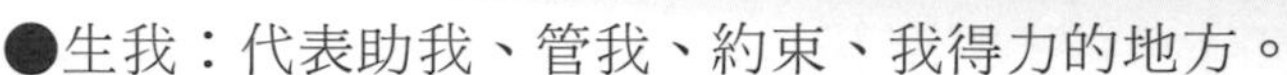

●生我：代表助我、管我、約束、我得力的地方。

●剋我：代表害我、幫我、劫我、破壞我、障礙、限制、不得力的地方。

為什麼會失敗？因為你已離開成功的法則。
為什麼會成功？因為你已拋棄失敗的根源。

笨老子　述

總格影響人格潛在解析

1.人格生總格解析：

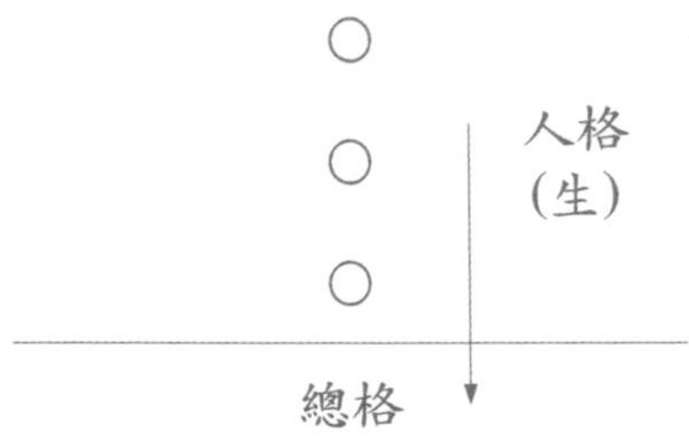

人格生總格箭頭指示：人格與總格「它」主宰了事業、貴人、配偶、家庭幸與不幸。其人格生總格此配置：眞是憂喜參半，同陰、同陽必生憂苦身，勞碌又一生之配置組合。如何的努力，如何的奉獻，如何的責任，如何的負責，如何用盡苦心，皆是枉然之架搆。一生相當辛苦四處漂泊不安定，總是不安寧日。眞有暗淡辛苦悲運來，遭難逆境無所止之嘆！又有浮沈未定難得安，徒加煩惱損精神之命。陰、陽兩造必能排除萬難，成功繁榮四海明。

第一現象：一生處於多辛苦又坎坷，配偶也不得力。自怨自艾何時休？此組合爲人心性寬宏，然卻難有貴人扶一生。總是靠自己，不得配偶心、不得父母心、不得兄弟情，六親離疏。一生也多生風波，盡心盡力無時休，只換來一頭白髮更惹來了不必要的一生辛勞。所以有此配置：又其諸又不當，其情事就顯得更增加性嚴重辛苦，感傷辛酸血淚無人知，孤眠難枕又天明。就此架構婚姻易生異端或不幸，逢見陰、陽兩造必解。

第二現象：財來財去總難聚，唯有靠兩造陰、陽可止休。否則怨偶離異，生死別離眞悲哀。

第三現象：事業總是不安穩，惹來均是非。宜保持泰守自得安，合夥共事總不利忿外眼紅結仇城。

2.人格剋總格解析：

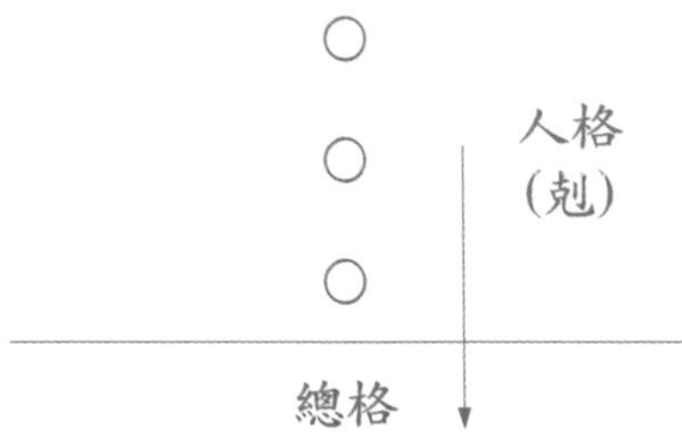

人格剋總格箭頭指示：

人格與總格的均稱配置：可爲後天帶來諸多幸運，包括配偶之間及事業興衰，家庭之旺氣，皆由此人格與總格結合而主司。

※記住：人格生總格，逢同陰、同陽眞不祥。

人格剋總格喜見同陰又同陽，有陰、陽兩造反爲凶，不可不慎。

所以人格與總格，對個人後天的環境具有決定性的主宰力。姓名當中有喜逢見陰、陽雙造，在不當男、女雙造配置，卻又有不喜陰、陽雙造。尤其男性最不宜，恐生拖累，女性次之，恐陷不必要的困擾。

第一現象：因爲人格代表了自己，總格卻代表了與未來之融洽或組合適中。故能得祥和，如果女性配有陰、陽兩造，恐淪爲傭奴，男則淪爲乞丐之命運。其影響之大，不得不慎！同陰造，人格剋總格爲大吉，同陽造爲次吉。如男性配陰、陽兩造，一生權必失落也旁落，永遠無福消受，恐也多災。如同陰造必有後福，得良善配偶又得力得

福蔭之幸。如：同陽造，男性權必落，另一半雖有能力才華，總是空落之命運。

第二現象：如此配置是盛運之組合，唯有兩造男、女皆適中，自可得安吉。在下集、續集會深入做解析，不過女性有此同陰造，可會養成不敬，或不安分而搶權之傾象，較爲不妥。女性之配置：宜陰、陽兩造可相輔而成，男行配之則配偶無力可助，又有爭權之味。唯有兩造姓名比對適中，自可終老，否則難敵此厄運。

※希望讀者好好用心體會研究，必能體會出其奧妙。如不懂，那簡單的提示：「我已準備好跟我惡劣的配偶離婚」。但又人格、總格逢陰、陽。那表示會爲對方父母所牽絆，增加更深的痛苦成爲拖累一生。

※通常男、女姓名的配置：人格、總格同陰、同陽，表示雙方的父母很長命不容易死，比年輕人還長命。如果女性陰、陽配置：公婆身體衰，男性陰、陽配置：岳父母容易病衰。

3.總格生人格解析：

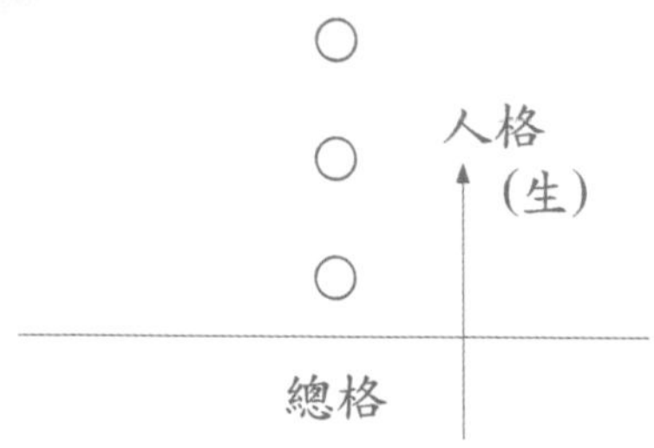

總格生人格箭頭指示：

總格生人格的架構同陰、同陽均爲不利。謂不知量力又強持作爲，又謂不知利害找死對頭的盲目心態。

第一現象：男、女配置：都淪爲兩相其害，恐兩相自造爲貧。也因而似盛亦衰的悲境，一生恐多不安寧漂泊不安。忽起忽落，忽吉又來凶，苦不堪言。男性配置：更不祥，強恃自爲不顧利害、不務實際。恐淪爲寇，爲人多投機好高騖遠。好強出頭，故作表態故做自傲，虛僞藝不專精。難耐寂寞，男、女皆恐桃花情劫。又任性固執而頑劣，心性起伏不定，一生精神也多亂。夫妻多爭端，恐有離異、分居、雜居或外遇，諸多不安寧。

第二現象：男、女皆得強悍之配偶，恐影響事業之發展。一夕間恐淪爲貧困，男、女雙方皆沒落，雙方家庭恐多自傷、自害、自破、自殘之傾向，難得平安。恐淪漂泊「常搬家居住不安定」奔波勞碌而赤貧。此配置：極爲不當配置，凶多未見吉祥。

第三現象：親家宜結好緣，然此配置：男、女皆爲仇造怨之配置，苦不堪言，恐有急變之傾向，恐親家淪爲仇家之演變之不利。一生總處於暗淡又未見光明之路的苦境。

所以人格、總格是後天的主導力量，更是男、女婚約之後的幸與不幸。「它」影響至終老一生，這人格與總格只要配置得宜，其他諸格如不見吉祥亦可逢凶又化吉。也謂危機變成是個轉機，更是良機的扭轉力，不可不愼。「它」主導了你與妳的完全幸與不幸，摧生著「幸運的輔助神」。

然而……有如此架構之組合，其婚姻路程必是千辛萬苦。人格與總格小生，「例如：陰木2生12陰木，22陰木生32陰木，或16陰土生26陰土」稱爲小生。大生再舉：「13陽火生26陰土、11陽木生24陰火，如此就是大生」。也會受其如此影響，也造成相當不利的未來及前途，婚姻感情之幸與禍、喜與悲的始作俑者。

4.總格剋人格解析：

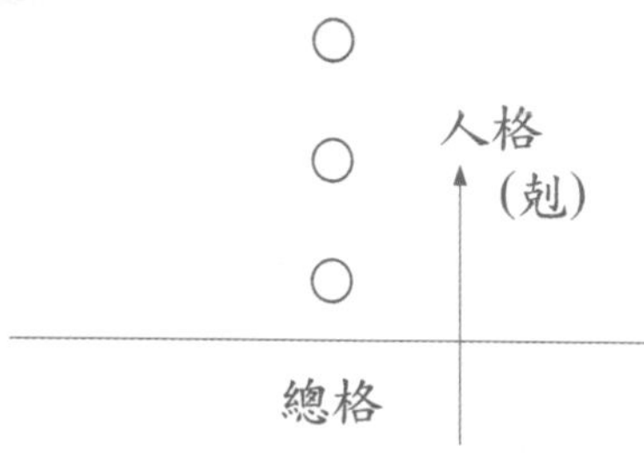

總格剋人格箭頭指示：

總格剋人格的架構，同陰、同陽，陰、陽兩造或陽、陰雙造皆爲不祥，不利於穩固兩造雙方未來幸福之「基石」。「它」主導了破壞力、殘害力，更直接引導走入窮途沒路之悲運。一生多不安祥、不安寧也不穩定於日日、時時、年年、月月。唯「土」、「水」結合可逢大吉。其他五行均不利之配置，一生恐多生災、急變、瞬間失敗，「它」的破壞力強，殘傷力更大，無時無刻扮演著是被害者的絕對角色。

※人格、總格不當剋化必讓男女傷心

所以此配置之男、女，一生具備不服人個性，主觀辛勤也努力。其生活也簡樸積極，努力是特性。不辭辛勞，不眠不休是基本性，然皆得相當辛苦，來得也辛苦。也會在毫無預警之下離亂生波，空敗瞬間拜訪，而生悲來怨的境遇。眞是有謂非業破運災禍重，厄難疊來又慘淡。又曰吉、凶極端終無益，內外不和無安寧日，己身浮沈無可棲，難得又難保妻兒，終不見離散失妻兒。

其上所敘述眞是有苦難言之造，有悲難解之配置。然

對姓名學之學術的懷疑、不相信又排斥的人相當多。但是筆者可以肯定的說，有一定的絕對影響力。所以十幾年前有提了一些文詞，不懂不要排斥。也不要因個人的性能或存什麼心態及態度又不加以探討，又不做一些有積極性、建設性的探討，並來加以曲解。而只以個人之主觀又無知而狂妄的妄加以批評，及論其是非如此。祇不過是庸貧又無恥的行爲而已，能什麼「是」就是「是」，眞理永遠是眞理又不客觀又不……眞難想像這些人又能些什麼？又懂了多少。

我們來背熟人格與總格之歌訣：

人格與總格：是「我」與我之「內在」之間的「個性」，是「我」與我「生活」之行運，是「我」與我「夫妻」的一生關係，是「我」與我「食祿」的命運，是「我」與「事業貴人」的一生，是「我」與我「心態」之行動。

註：「它」督導「我」做不做的「潛在性」，及主導「我」決定或「不決定」相當關連。

不要執迷不悟的公式

從事命相工作者，他們均以簡單的公式三才之五行，或以數理吉凶作爲論斷好與不好，最後也沒辦法自圓其說，就論這個名字不好？如此簡化無法眞正的指出其架構不利及結果，有如此的態度實失爲一個提供最好的或最明確的給予指正，在國內能有眞正用心研究者，那國人就有福了。不過感嘆國內的所謂專家，均還依錯誤的公式，提供給廣大的求教者。如此的愚昧惡劣態度，反不加以糾正，眞讓人感到爲何落得如此下場？均因讀者的寬容養成。如果未來或許多了賢達能有效的監督並徹底改變，那才是眞正的意義。期能珍惜上天賦與人類的恩賜，進而對姓名學學術做一個眞正有效的貢獻及完全奉獻的態度。讓國人能因此獲有天賜福厚而促進吉祥，子孫平安。如此是筆者眞心眞誠並全力以赴的決心，讓姓名學術能福澤大地。

五行特性解析

※木——置於人格：「它」代表野心、嚴肅冷靜、不怒而威、敏銳力強、善於思考、觀察透視人性。你說我就盤算，你說一我知道全盤。善於利用掌握人性，內心自我保護心強，或做早有安排或早有準備的武裝的心態。有侵略性、有巧奪性、有蠶食性、有呑滅性、有不爲人知的伸張性。早有準備的漸近性，一生喜鬥智、善玩心機、內心城府深，有暗渡陳倉之心態。（外格有木，永遠不相信人）

特性人格：主動力、好掌權、有排斥力；於地格，觀察心強、猜忌、漸進伸力。於外格，主見深、善於保護自己，不爲他人左右，有自己的立場，守原則，與人相交或來往，絕對以戲稱交往，老是懷疑他人，不容妥協。

※火——置於人格：「它」代表外在親切、活潑可愛、容易近距離、熱情相交、大方言談、能培養熱絡氣氛。主動力強、配合度高，促進春風環境。海派率性、純眞合作、善於關心他人、懂得體貼周遭人。他可以觀察四周，他能見風轉舵，他能依附附和，他會利用熱心，他觀察力強。你富有他對你更好，你有地位他會願意招呼你。看穿你不行，他會馬上說拜拜難挽得回來。（外格有火，最終結果，以笑抵制）

特性人格：自負、熖禮、不拘小節；於地格，自作聰明、我行我素，對周遭不在乎、不在意，巧言令色，喜打馬虎眼，常以心中一把尺看世界，善觀察、游離狡詐。於外格，以笑自保、唱反調、不依附又不負責任。

※土——置於人格：「它」代表耐性、冷靜、不喜強出頭、不喜受干擾、不喜聽多嘮叨、不喜太親熱、不喜與人肉肉麻麻、不喜與人手攀拉背、不喜太吵雜、不喜話多說不停、不喜太麻煩、不喜談論交情、不喜受委託。任何事不喜參與陌生的聚會，不喜與不太熟的人活動在一起，談人際較冷漠。不喜與不熟多交談，通融性困難、合群力不佳、有怪異或難配合。內心多憂慮影響氣氛。（外格有土，狠又無情，見好就收見不好則拒。）

特性人格：冷漠、不知所措、無力面對；於地格，喜拘泥、量力敷衍、易親易離。於外格，主觀、不領情、絕對不依。

※金——置於人格：「它」代表爲人親切、喜歡主控權、喜歡掌握周遭一切、喜歡帶頭起鬨、喜歡更熱鬧、吵雜聲音不斷是他的興趣。喜歡認識新朋友，喜歡新事物。但喜歡用一把秤來攀交情，容易一見如故，但也容易忘記你。喜歡遊走各處，表現強勢沒心機。裝聰明愛表現，喜歡表現能幹，好管他人事。（外格有金，不會拒絕）

特性人格：好外在、投機、熱力不足；於地格，堅持力、好事、無力反抗。於外格，自私、任性、自負、背叛。

※水——置於人格：「它」代表文靜斯文，不動聲色、喜隨機應變、能適應環境、不急躁也不煩躁、不在意周遭一切。他能見機行事，隨時可有可無。一切不放在心上，他很能配合。要鬧要吵隨大家，他不干涉任何人的自由。只要對他有利的，他會冷靜隨時掌握，他可以配合到底，他也可以玩到底。他不受人建議，他主見很深，他有他的處理方式。隨性、潛藏野心、有滲透、較狡猾。（外格有水，看事辦事，有利做無利則拒。）

特性人格：冷靜、表裡不一、見機行事，於地格，欲奪漸進伸張而依附。於外格，喜自圓、不擇、保護自已。

※ 五行陽性：是動的、突顯的、巨大的、急速的。

※ 五行陰性：是靜的、隱藏的、柔蝕的、緩伸的。

觀念對了，才有前途，心態調整一下，會更幸福。

笨老子　述

人格、地格五行火跟其他五行配置現象

※男人、女人：人格、地格，不能有「火金、金火、木火、火木、火火、火土、土火、金金、水火、火水」配。必說話不算話，不拘小節大腦粗線條。巧言令色裝模作樣，自命清高自以爲高等動物。虎頭蛇尾堅持力空洞，不守時是特性。有壞習慣是自然的行爲，愛吹牛是他（她）的使命，喜出風頭也是他（她）的責任。

孤高自負就是我的個性，喜歡比來比去是我的興趣。我願意不願意是我的自由，答應了沒有做到是我一貫的態度。故：心情時常受情緒化而左右，常受自以爲聰明的心中一把尺來看每個人。

小心喔！他（她）是隨口說說而已喔！包括感情、談愛情都是一樣的喔！小心！會把你（妳）沒事也氣得呱呱叫喔！

※男性者：一生無法成其就，是專靠女人或專靠嘴巴，油腔滑舌，也不要怪男人。是「女人自己喜歡聽」。

※女性者：到處招蜂引蝶、喜歡自找麻煩、行事表現清高、處事低俗、得了便宜又賣乖、喜歡表演裝可愛，像傻大妹、傻大姊。外在喜用假名牌、假手玉，膺品是她的生活必需品。時時愛強出頭，但惹了麻煩不想負責。一生容易做不爲人知的暗事或必淪爲娼，時有第三者之外遇。

人格、地格五行同陰、同陽配置現象

※人格、地格不宜同陰、同陽組合。（女人者：與父母、兄弟無緣，丈夫事業障礙多。）

※如：「木木、火火、土土、金金、水水」，或其他五行均同陰行、同陽行，皆恐生六親疏離、緣分淡薄、情愛莫名、感情陌生或婚姻不當。必生兩地分居，一生夫妻必難得良善照護，或得溫柔懷抱是困難的一件事。兩性相處易生中途，或與周遭友人同居，窩邊草必有分，雜居、分居之不幸。情人、配偶易與自己的故友發生曖昧情事。

※天格、外格女性不宜同陰、同陽，男人則可偉大。女人得之必生孤苦，易生招來欺凌家運不幸、坎坷不幸、無依靠、一生財祿貧乏。男人初限易招冷落、無助、挫折、打擊、奔波，可得良善之助。初限辛苦，中運後可得發展。

※記住熟背：地格是我人格的內在。外格是我地格的內在，更是我人格的決定性。

地格與天格之間問題

有魄力

地格剋天格：男人必衝動野心，權力旁落，夫妻失敗，一生必奔波勞碌，敢做敢爲，投機心重，寡情寡義，同陰、同陽更強，陰陽柔性態度，一生頭痛（創業、處事），女人必失歡，離異、分居、同居，不得依靠終身勞碌。以上皆主觀，不易接納他人，有偏激任意妄爲。

男女色慾嚴重，恐生孤剋父母、配偶、子女，意外災變瞬間破敗。合作不成，恐陷家運敗衰或好景不常。

有魄力

地格生天格：男、女獨立心強不服人，外剛內倔，我行我素喜獨立。男、女早婚必破，易生孤落寡歡。暗自流淚無人知或孤苦伶仃，憂悶四起感情疏離被冷落。一生憂煩不如意、無力感。必有同床異夢，有分居、同居、三角關係。易生衆叛親離，男、女皆同。此配置……必陷一生落落寡歡，或相見恨晚情事。

沒魄力

天格剋地格：男、女皆得良助但較自私，一生多貴人易得成功，易得福報。然欠缺堅持力，積極力不足，不知把握。男、女皆不懂對待自家人或配偶，但得自家人、配偶一生福報。此性

態，一生墨守成規不喜變化。一生好懶成性，依賴心重。為人自私自利、現實，口無遮攔逞口舌之快，善於利用他人口惠不實。

沒魄力

天格生地格：外在樸素保守，但有短視，喜投機，抄短路，優柔寡斷，不敢冒險，易親易離，堅持力不足，能得貴人助，男、女皆得良助，但不懂把握運用，見利忘義，現實自私，保護自己，主觀意識強，為浪費先機者。

一生喜自找麻煩，感情用事，善利用幫助他人，奪人所好，嫉妒心強，情緒化，熱情，內心多計較。

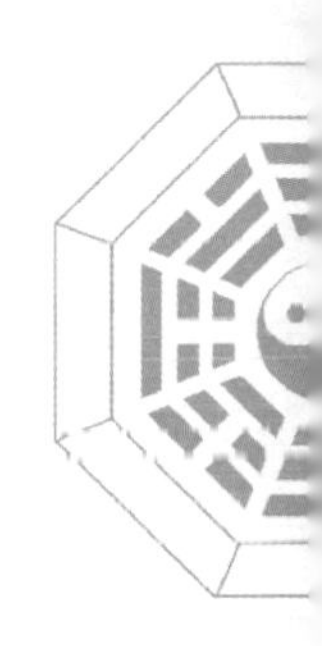

姓名：「官祿、貴人、長輩、六親」關係

配置：地格、外格、總格基本「吉、凶」架構。

地格、外格、總格相互三角陰、陽配：吉祥「土水」組合——必得富貴發展有利。「金木」組合——得當必財富萬貫。同陰、同陽：一生困擾多辛苦勞碌，男、女恐陷落寂與子女無緣，發展障礙多耗損拖累，非難較多。

1

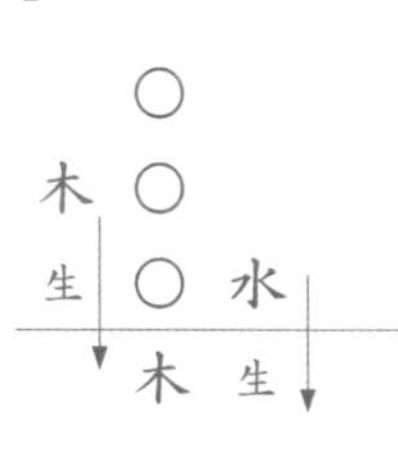

。木。生。水木生

解 1：地格「水」生化總格「木」：若是逢天格「木」一生必孤苦。若幸天格逢「土」——貴人扶助，一生逍遙，財運無缺，不幸逢「火」——災難孤寡難逃。外格「木」生化總格「木」——若幸陽、陰配置，中後運必有發展。若不幸逢見天格逢「土」、逢「火」——晚運不堪，恐生不祥，子女不孝或別離，家運難興，必有災厄或傷心事。

註解：通常姓名的「地格」生化「總格」，一生容易得幸運發展，但恐生自私、保守、現實、保護主義，不談情面重利益之奸商型。

2

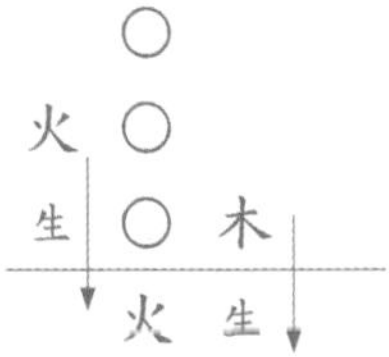

○
火 ○
生 ○ 木
火 生

解 2：地格「木」生化總格「火」：若是逢天格「火」一生必孤苦。若幸天格逢「金」——貴人扶助，一生逍遙，財運無缺，不幸逢「土」——災難孤寡難逃。外格「火」生化總格「火」——若幸陽、陰配置，中後運必有發展。若不幸逢見天格逢「土」、逢「火」、逢「金」——晚運不堪，恐生不祥，子女不孝或別離，家運難興，必有災厄或傷心事。

註解：通常姓名的「地格」生化「總格」，一生容易得幸運發展，但恐生自私、保守、現實、保護主義，不談情面重利益奸商型。

3

```
      ○
土    ○
生 │  ○  火  │
───┼─────────┼───
   ↓  土  生 ↓
```

解 3：地格「火」生化總格「土」：若是逢天格「金」一生必孤苦。若幸天格逢「水」——貴人扶助，一生逍遙，財運無缺，不幸逢「土」——災難孤寡難逃。外格「土」生化總格「土」——若幸陽、陰配置，中後運必有發展。若不幸逢見天格逢「水」、逢「金」——晚運不堪，恐生不祥，子女不孝或別離，家運難興，必有災厄或傷心事。

註解：通常姓名的「地格」生化「總格」，一生容易得幸運發展，但恐生自私、保守、現實、保護主義，不談情面重利益奸商型。

4

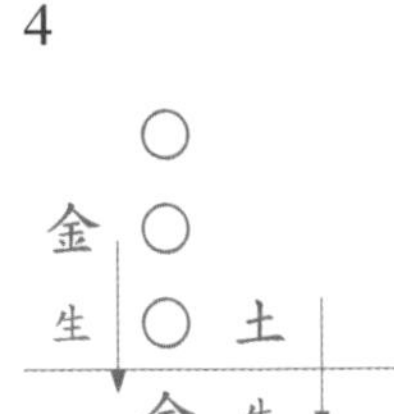

解 4：地格「土」生化總格「金」：若是逢天格「水」一生必孤苦。若幸天格逢「木」——貴人扶助，一生逍遙，財運無缺，不幸逢「金」——災難孤寡難逃。外格「金」生化總格「金」——若幸陽、陰配置，中後運必有發展。若不幸逢見天格逢「木」、逢「水」——晚運不堪恐生不祥，子女不孝或別離，家運難興，必有災厄或傷心事。

註解：通常姓名的「地格」生化「總格」，一生容易得幸運發展，但恐生自私、保守、現實、保護主義，不談情面重利益奸商型。

5

```
     ○
水  ○
│
生 │ ○  金 │
───▼────────┼──
     水  生  ▼
```

解5：地格「金」生化總格「水」：若是逢天格「木」一生必孤苦。若幸天格逢「火」——貴人扶助，一生逍遙，財運無缺，不幸逢「水」——災難孤寡難逃。外格「水」生化總格「水」——若幸陽、陰配置——中後運必有發展。若不幸逢見天格逢「木」、逢「火」——晚運不堪，恐生不祥，子女不孝或別離，家運難興，必有災厄或傷心事。

註解：通常姓名的「地格」生化「總格」，一生容易得幸運發展，但恐生自私、保守、現實、保護主義，不談情面重利益奸商型。

※運……哪抹好，做人就愛成功。哪……抹做人成功，丟是麥過分、呷臭屁。　　笨老子　述

6

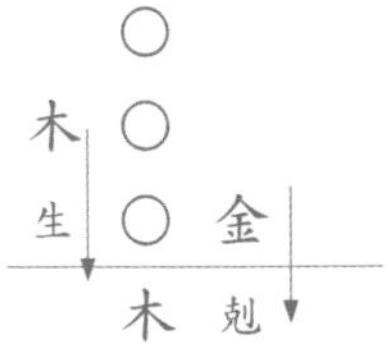

○
木 ○
生 ○ 金
木 剋

解 1：地格「金」剋化總格「木」：若是逢天格「木」一生必孤苦。若幸天格逢「火」——貴人扶助，一生逍遙，財運無缺，不幸逢「水」——災難孤寡難逃。外格「木」生化總格「木」——若幸陽、陰配置，中後運必有發展。若不幸逢見天格逢「土」、逢「火」——晚運不堪，恐生不祥，子女不孝或別離，家運難興，必有災厄或傷心事。

註解：通常姓名的「地格」剋化「總格」，一生容易得幸運發展，但恐生自私、投機或非業，保守、現實、保護主義，不談情面重利益奸商型。

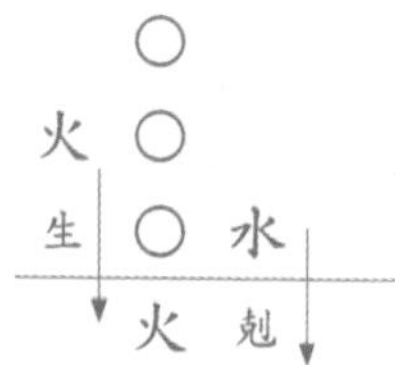

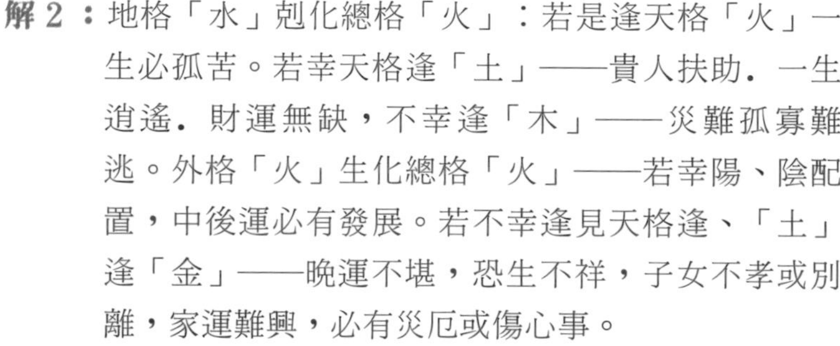

解 2：地格「水」剋化總格「火」：若是逢天格「火」一生必孤苦。若幸天格逢「土」——貴人扶助. 一生逍遙. 財運無缺，不幸逢「木」——災難孤寡難逃。外格「火」生化總格「火」——若幸陽、陰配置，中後運必有發展。若不幸逢見天格逢、「土」逢「金」——晚運不堪，恐生不祥，子女不孝或別離，家運難興，必有災厄或傷心事。

註解：通常姓名的「地格」剋化「總格」，一生容易得幸運發展，但恐生自私、投機或非業，保守、現實、保護主義，不談情面重利益奸商型。

8

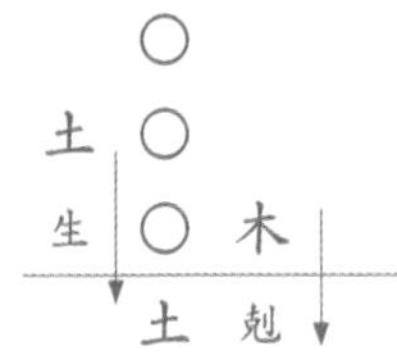

解3：地格「木」剋化總格「土」：若是逢天格「土」一生必孤苦。若幸天格逢「金」——貴人扶助，一生逍遙，財運無缺，不幸逢「火」——災難孤寡難逃。外格「土」生化總格「土」——若幸陽、陰配置，中後運必有發展。若不幸逢見天格逢「水」、逢「金」——晚運不堪，恐生不祥，子女不孝或別離，家運難興，必有災厄或傷心事。

註解：通常姓名的「地格」剋化「總格」，一生容易得幸運發展，但恐生自私、投機或非業，保守、現實、保護主義，不談情面重利益奸商型。

9

○
金 ○
生 ○ 火
金 剋

解 4：地格「火」剋化總格「金」：若是逢天格「金」一生必孤苦。若幸天格逢「水」——貴人扶助，一生逍遙，財運無缺，不幸逢「土」——災難孤寡難逃。外格「金」生化總格「金」——若幸陽、陰配置，中後運必有發展。若不幸逢見天格逢「木」、逢「水」——晚運不堪，恐生不祥，子女不孝或別離，家運難興，必有災厄或傷心事。

註解：通常姓名的「地格」剋化「總格」，一生容易得幸運發展，但恐生自私、投機或非業，保守、現實、保護主義，不談情面重利益奸商型。

10

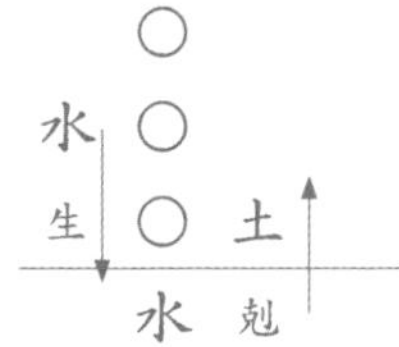

解 5：地格「土」剋化總格「水」：若是逢天格「水」一生必孤苦。若幸天格逢「木」——貴人扶助，一生逍遙，財運無缺，不幸逢「金」災難孤寡難逃。外格「水」生化總格「水」——若幸陽、陰配置，中後運必有發展。若不幸逢見天格逢「木」、逢「火」—— 晚運不堪，恐生不祥，子女不孝或別離，家運難興，必有災厄或傷心事。

註解：通常姓名的「地格」剋化「總格」，一生容易得幸運發展，但恐生自私、投機或非業，保守、現實、保護主義，不談情面重利益奸商型。

※不良的思維、壞的習慣、愛鑽牛角尖，比喝農藥、安非他命更加危險！　笨老子　述

11

○
木 ○
生 ○ 土
木 剋

解1：地格「土」受總格「木」剋化：若是逢天格「水」一生必孤苦。若幸天格逢「木」——貴人扶助，一生逍遙，財運無缺，不幸逢「金」——災難孤寡難逃。外格「木」生化總格「木」——若幸陽、陰配置，中後運必有發展。若不幸逢見天格逢「土」逢「火」——晚運不堪，恐生不祥，子女不孝或別離，家運難興，必有災厄或傷心事。

註解：通常姓名的「地格」被「總格」剋化，一生阻礙重重，是非災難重，受六親迫害，發展失敗，拖累嚴重，合作生非。若配置得當——必九死一生，得萬千掌聲或得萬貫家財，配偶能力共扶，創造門庭得歡笑日。不當配局——一生凋零，爲人較苦幹型或有特殊專業。

12

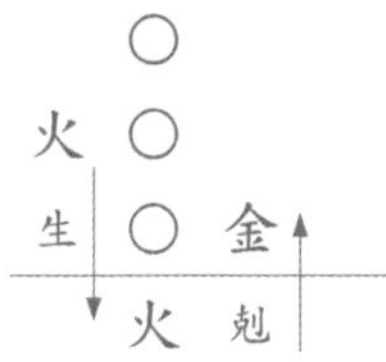

解 2： 地格「金」受總格「火」剋化：若是逢天格「木」一生必孤苦。若幸天格逢「火」——貴人扶助，一生逍遙，財運無缺。不幸逢「水」——災難孤寡難逃。外格「火」生化總格「火」——若幸陽、陰配置，中後運必有發展，若不幸逢見天格逢「金」、逢「土」——晚運不堪，恐生不祥，子女不孝或別離，家運難興，必有災厄或傷心事。

註解： 通常姓名的「地格」被「總格」剋化，一生阻礙重重，是非災難重，受六親迫害，發展失敗，拖累嚴重合作生非。若配置得當——必九死一生，得萬千掌聲或得萬貫家財，配偶能力共扶，創造門庭得歡笑日。不當配局——一生凋零，爲人較苦幹型或有特殊專業。

13

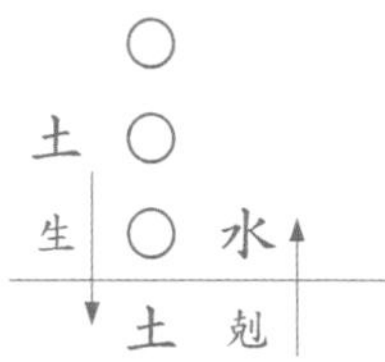

解 3：地格「水」受總格「土」剋化：若是逢天格「火」一生必孤苦。若幸天格逢「土」——貴人扶助，一生逍遙，財運無缺，不幸逢「木」——災難孤寡難逃。外格「土」生化總格「土」——若幸陽、陰配置，中後運必有發展，若不幸逢見天格逢「金」、逢「水」——晚運不堪，恐生不祥，子女不孝或別離家，運難興，必有災厄或傷心事。

註解：通常姓名的「地格」被「總格」剋化，一生阻礙重重，是非災難重，受六親迫害，發展失敗，拖累嚴重，合作生非。若配置得當——必九死一生，得萬千掌聲或得萬貫家財，配偶能力共扶，創造門庭得歡笑日。不當配局——一生凋零爲人較苦幹型或有特殊專業。

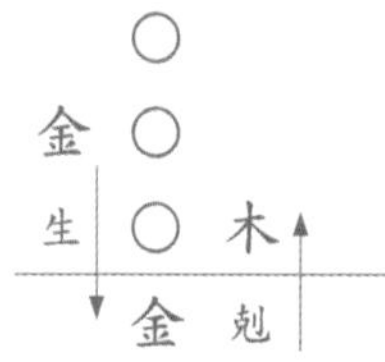

解 4：地格「木」受總格「金」剋化：若是逢天格「土」一生必孤苦。若幸天格逢「金」——貴人扶助，一生逍遙，財運無缺，不幸逢「火」——災難孤寡難逃。外格「金」生化總格「金」——若幸陽、陰配置，中後運必有發展，若不幸逢見天格逢「木」逢「水」——晚運不堪，恐生不祥，子女不孝或別離家，運難興，必有災厄或傷心事。

註解：通常姓名的「地格」被「總格」剋化，一生阻礙重重，是非災難重，受六親迫害，發展失敗，拖累嚴重，合作生非。若配置得當——必九死一生，得萬千掌聲或得萬貫家財，配偶能力共扶，創造門庭得歡笑日。不當配局——一生凋零，爲人較苦幹型或有特殊專業。

15

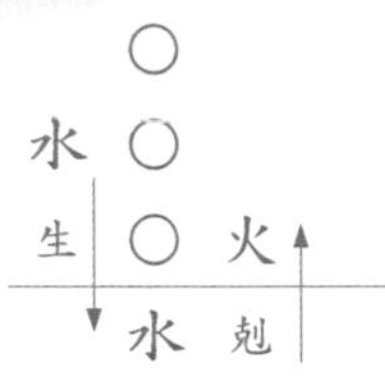

解 4：地格「火」受總格「水」剋化：若是逢天格「金」一生必孤苦。若幸天格逢「水」——貴人扶助，一生逍遙，財運無缺，不幸逢「土」——災難孤寡難逃。外格「水」生化總格「水」——若幸陽、陰配置，中後運必有發展，若不幸逢見天格逢「木」、逢「火」——晚運不堪，恐生不祥，子女不孝或別離，家運難興，必有災厄或傷心事。

註解：通常姓名的「地格」被「總格」剋化，一生阻礙重重，是非災難重。受六親迫害，發展失敗，拖累嚴重，合作生非。若配置得當——必九死一生得萬千掌聲或得萬貫家財，配偶能力共扶，創造門庭得歡笑日。不當配局——一生凋零，爲人較苦幹型或有特殊專業。

※不要用自己有限的一般常識，來建立不成熟的心中一把尺。用來看著世界，來評論事情或判斷一個人。如此……才不會讓自己掉入可憐的又悲哀的人所設下的陷阱。

笨老子　述

16

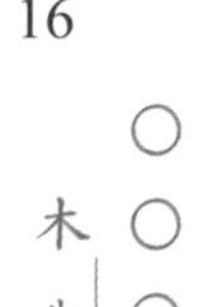
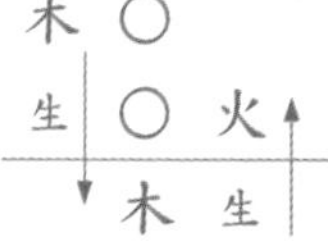

解 1：地格「火」受總格「木」生化：若是逢天格「金」一生必孤苦。若幸天格逢「水」——貴人扶助，一生逍遙，財運無缺，不幸逢「土」——災難孤寡難逃。外格「木」生化總格「木」——若幸陽、陰配置，中後運必有發展。若不幸逢見天格逢「火」、逢「土」——晚運不堪，恐生不祥，子女不孝或別離，家運難興，必有災厄或傷心事。

註解：通常姓名的「地格」被「總格」生化，一生阻礙、困擾重重，是非災難重。受六親疏離無情，發展困難無力前進，意外拖累嚴重，合作生非。若配置得當——必得良善配偶勤儉共扶，不當配局——婚姻必陷多災難。男、女皆清苦而婚，一生財運困難，爲人較苦幹型或有特殊專業。

17

```
　　○
火　○
生│○　土↑
──┼───────┼──
　↓火　生│
```

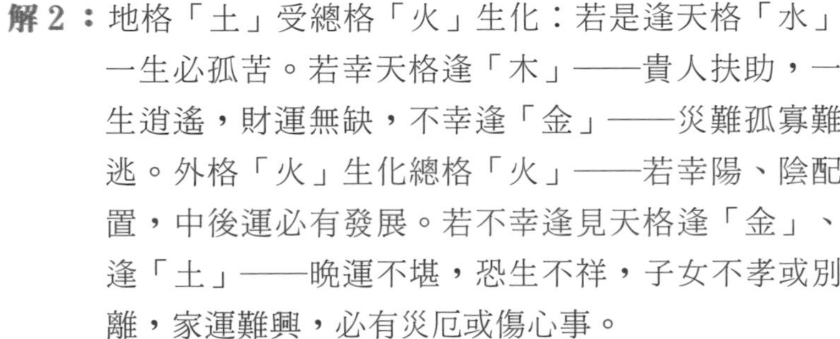

解2：地格「土」受總格「火」生化：若是逢天格「水」一生必孤苦。若幸天格逢「木」——貴人扶助，一生逍遙，財運無缺，不幸逢「金」——災難孤寡難逃。外格「火」生化總格「火」——若幸陽、陰配置，中後運必有發展。若不幸逢見天格逢「金」、逢「土」——晚運不堪，恐生不祥，子女不孝或別離，家運難興，必有災厄或傷心事。

註解：通常姓名的「地格」被「總格」生化，一生阻礙、困擾重重，是非災難重。受六親疏離無情，發展困難，無力前進，意外拖累嚴重，合作生非。若配置得當——必得良善配偶勤儉共扶，不當配局——婚姻必陷多災難。男、女皆清苦而婚，一生財運困難，爲人較苦幹型或有特殊專業。

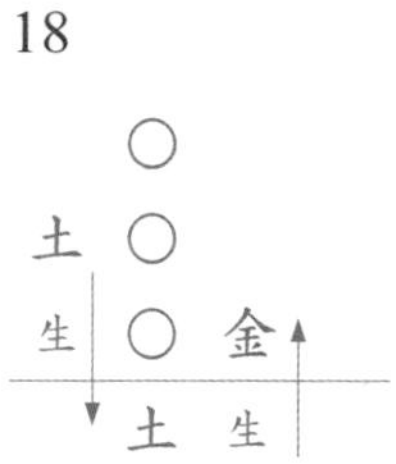

18

　　○
土　○
生　○　金
　　土　生

解3：地格「金」受總格「土」生化：若是逢天格「木」一生必孤苦。若幸天格逢「火」——貴人扶助，一生逍遙，財運無缺，不幸逢「水」——災難孤寡難逃。外格「土」生化總格「土」——若幸陽、陰配置，中後運必有發展。若不幸逢見天格逢「金」、逢「水」——晚運不堪，恐生不祥，子女不孝或別離，家運難興，必有災厄或傷心事。

註解：通常姓名的「地格」被「總格」生化，一生阻礙、困擾重重，是非災難重。受六親疏離無情，發展困難，無力前進，意外拖累嚴重，合作生非。若配置得當——必得良善配偶勤儉共扶，不當配局——婚姻必陷多災難。男、女皆清苦而婚，一生財運困難，為人較苦幹型或有特殊專業。

19

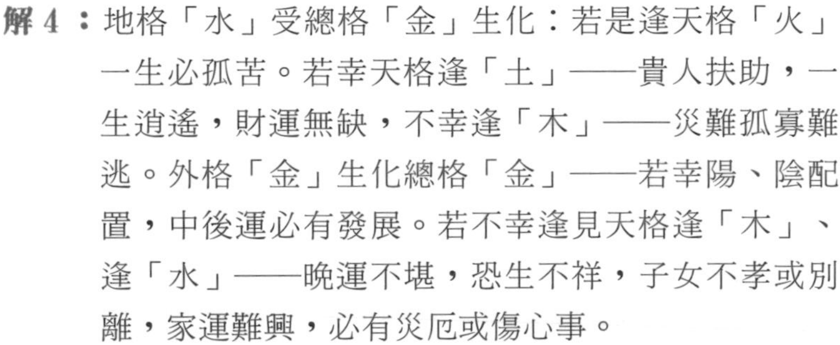

解4：地格「水」受總格「金」生化：若是逢天格「火」一生必孤苦。若幸天格逢「土」——貴人扶助，一生逍遙，財運無缺，不幸逢「木」——災難孤寡難逃。外格「金」生化總格「金」——若幸陽、陰配置，中後運必有發展。若不幸逢見天格逢「木」、逢「水」——晚運不堪，恐生不祥，子女不孝或別離，家運難興，必有災厄或傷心事。

註解：通常姓名的「地格」被「總格」生化，一生阻礙、困擾重重，是非災難重。受六親疏離無情，發展困難，無力前進，意外拖累嚴重，合作生非。若配置得當——必得良善配偶勤儉共扶，不當配局——婚姻必陷多災難。男、女皆清苦而婚，一生財運困難，爲人較苦幹型或有特殊專業。

20

○
火 ○
生 ○ 木
火 生

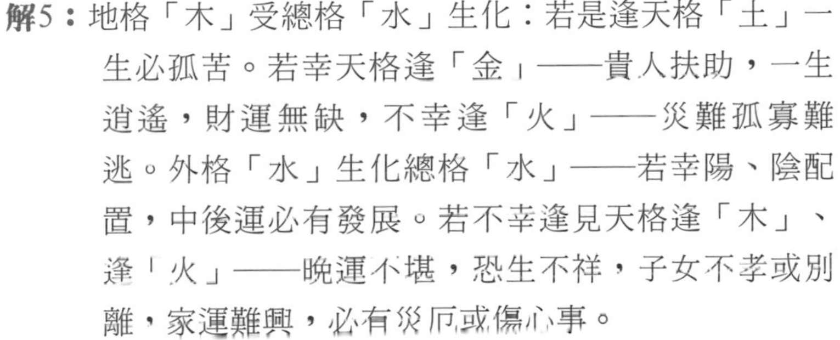

解5：地格「木」受總格「水」生化：若是逢天格「土」一生必孤苦。若幸天格逢「金」——貴人扶助，一生逍遙，財運無缺，不幸逢「火」——災難孤寡難逃。外格「水」生化總格「水」——若幸陽、陰配置，中後運必有發展。若不幸逢見天格逢「木」、逢「火」——晚運不堪，恐生不祥，子女不孝或別離，家運難興，必有災厄或傷心事。

註解：通常姓名的「地格」被「總格」生化，一生阻礙、困擾重重，是非災難重。受六親疏離無情，發展困難無力前進，意外拖累嚴重，合作生非。若配置得當——必得良善配偶勤儉共扶，不當配局——婚姻必陷多災難。男、女皆清苦而婚，一生財運困難，爲人較苦幹型或有特殊專業。

※人眞的很可憐！老是怪罪別人來傷害，事實上一切的不愉快跟損失，都是咎由自取。也因自己的愚昧及幼稚所造成。

笨老子　述

21

○
木 ○
生 ○ 木
木 生

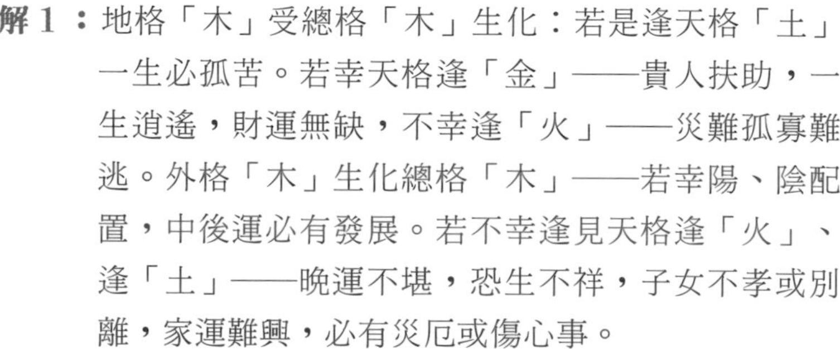

解 1：地格「木」受總格「木」生化：若是逢天格「土」一生必孤苦。若幸天格逢「金」——貴人扶助，一生逍遙，財運無缺，不幸逢「火」——災難孤寡難逃。外格「木」生化總格「木」——若幸陽、陰配置，中後運必有發展。若不幸逢見天格逢「火」、逢「土」——晚運不堪，恐生不祥，子女不孝或別離，家運難興，必有災厄或傷心事。

註解：通常姓名的「地格」被「總格」生化，一生阻礙、困擾重重，是非災難重，受六親疏離無情，發展困難，無力前進，意外拖累嚴重，合作生非。若配置得當——必得良善配偶勤儉共扶，不當配局——婚姻必陷多災難，男、女皆清苦而婚，一生財運困難，爲人較苦幹型或有特殊專業。

22

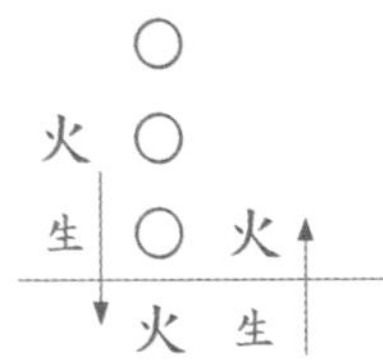

解 2： 地格「火」受總格「火」生化：若是逢天格「金」一生必孤苦。若幸天格逢「水」——貴人扶助，一生逍遙，財運無缺，不幸逢「土」——災難孤寡難逃。外格「火」生化總格「火」——若幸陽、陰配置，中後運必有發展。若不幸逢見天格逢「金」、逢「土」——晚運不堪，恐生不祥，子女不孝或別離，家運難興，必有災厄或傷心事。

註解： 通常姓名的「地格」被「總格」生化，一生阻礙、困擾重重，是非災難重，受六親疏離無情，發展困難，無力前進，意外拖累嚴重，合作生非。若配置得當——必得良善配偶勤儉共扶，不當配局——婚姻必陷多災難，男、女皆清苦而婚，一生財運困難，為人較苦幹型或有特殊專業。

23

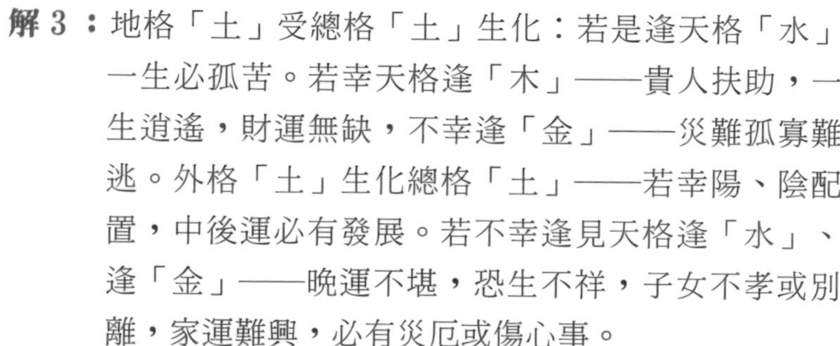

解 3：地格「土」受總格「土」生化：若是逢天格「水」一生必孤苦。若幸天格逢「木」——貴人扶助，一生逍遙，財運無缺，不幸逢「金」——災難孤寡難逃。外格「土」生化總格「土」——若幸陽、陰配置，中後運必有發展。若不幸逢見天格逢「水」、逢「金」——晚運不堪，恐生不祥，子女不孝或別離，家運難興，必有災厄或傷心事。

註解：通常姓名的「地格」被「總格」生化，一生阻礙、困擾重重，是非災難重，受六親疏離無情，發展困難，無力前進，意外拖累嚴重，合作生非。若配置得當——必得良善配偶勤儉共扶，不當配局——婚姻必陷多災難，男、女皆清苦而婚，一生財運困難，爲人較苦幹型或有特殊專業。

24

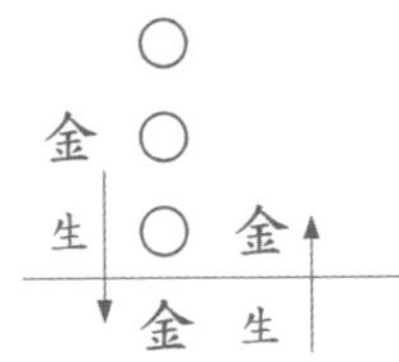

解 4：地格「金」受總格「金」生化：若是逢天格「木」一生必孤苦。若幸天格逢「火」——貴人扶助，一生逍遙，財運無缺，不幸逢「水」——災難孤寡難逃。外格「金」生化總格「金」——若幸陽、陰配置，中後運必有發展。若不幸逢見天格逢「水」、逢「木」……晚運不堪，恐生不祥，子女不孝或別離，家運難興，必有災厄或傷心事。

註解：通常姓名的「地格」被「總格」生化，一生阻礙、困擾重重，是非災難重，受六親疏離無情，發展困難，無力前進，意外拖累嚴重，合作生非。若配置得當——必得良善配偶勤儉共扶，不當配局——婚姻必陷多災難，男、女皆清苦而婚，一生財運困難，爲人較苦幹型或有特殊專業。

25

○
水 ○
生 ○ 水
水 生

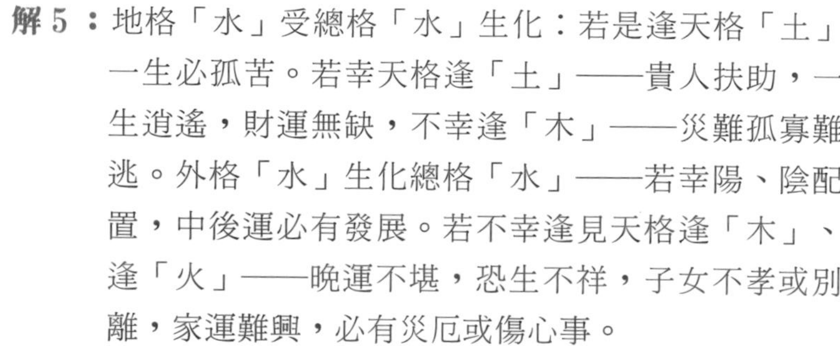

解 5：地格「水」受總格「水」生化：若是逢天格「土」一生必孤苦。若幸天格逢「土」——貴人扶助，一生逍遙，財運無缺，不幸逢「木」——災難孤寡難逃。外格「水」生化總格「水」——若幸陽、陰配置，中後運必有發展。若不幸逢見天格逢「木」、逢「火」——晚運不堪，恐生不祥，子女不孝或別離，家運難興，必有災厄或傷心事。

註解：通常姓名的「地格」被「總格」生化，一生阻礙、困擾重重，是非災難重，受六親疏離無情，發展困難，無力前進，意外拖累嚴重，合作生非。若配置得當——必得良善配偶勤儉共扶，不當配局——婚姻必陷多災難，男、女皆清苦而婚，一生財運困難，爲人較苦幹型或有特殊專業。

26

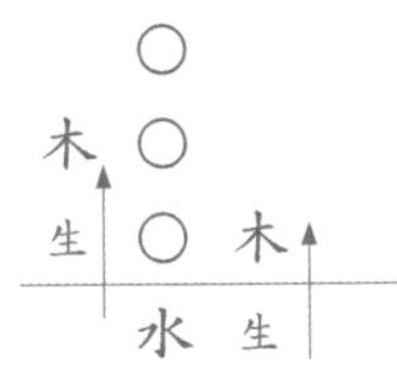

解1：地格「木」受總格「水」生化：若是逢天格「土」一生必孤苦。若幸天格逢「金」——貴人扶助，一生逍遙，財運無缺，不幸逢「火」——災難孤寡難逃。外格「木」受總格「水」生化——若幸陽、陰配置，中後運必有發展。若不幸逢見天格逢「火」、逢「土」——晚運不堪，恐生不祥，子女不孝或別離，家運難興，必有災厄或傷心事。

註解：通常姓名的「地格」被「總格」生化，一生阻礙、困擾重重，是非災難重，受六親疏離無情。發展困難，無力前進，意外拖累嚴重，合作生非。若配置得當——必得良善配偶勤儉共扶，不當配局——婚姻必陷多災難。男、女皆清苦而婚，一生財運困難，爲人較苦幹型或有特殊專業。

27

○
火 ○
生 ○ 火
木 生

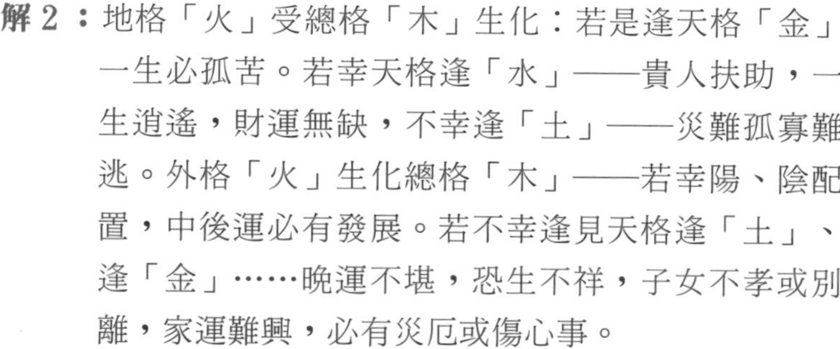

解 2：地格「火」受總格「木」生化：若是逢天格「金」一生必孤苦。若幸天格逢「水」——貴人扶助，一生逍遙，財運無缺，不幸逢「土」——災難孤寡難逃。外格「火」生化總格「木」——若幸陽、陰配置，中後運必有發展。若不幸逢見天格逢「土」、逢「金」……晚運不堪，恐生不祥，子女不孝或別離，家運難興，必有災厄或傷心事。

註解：通常姓名的「地格」被「總格」生化，一生阻礙、困擾重重，是非災難重，受六親疏離無情，發展困難，無力前進，意外拖累嚴重，合作生非。若配置得當——必得良善配偶勤儉共扶，不當配局——婚姻必陷多災難，男、女皆清苦而婚，一生財運困難，爲人較苦幹型或有特殊專業。

28

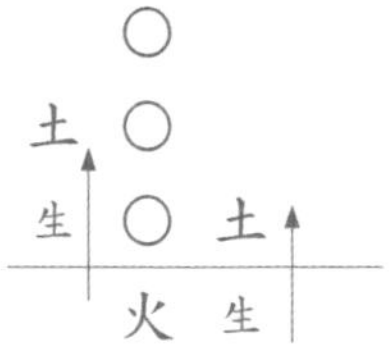

○

土 ○

生 ○ 土

火 生

解3：地格「土」受總格「火」生化；若是逢天格「水」一生必孤苦。若幸天格逢「木」——貴人扶助，一生逍遙，財運無缺，不幸逢「金」——災難孤寡難逃。外格「土」受總格「火」生化——若幸陽、陰配置，中後運必有發展。若不幸逢見天格逢「金」、逢「水」——晚運不堪恐生不祥，子女不孝或別離，家運難興必有災厄或傷心事。

註解：通常姓名的「地格」被「總格」生化，一生阻礙、困擾重重，是非災難重，受六親疏離無情。發展困難，無力前進，意外拖累嚴重，合作生非。若配置得當——必得良善配偶勤儉共扶，不當配局——婚姻必陷多災難。男、女皆清苦而婚，一生財運困難，爲人較苦幹型或有特殊專業。

29

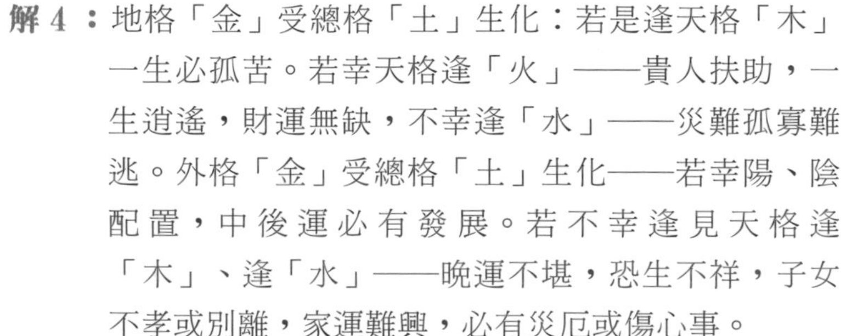

解4：地格「金」受總格「土」生化：若是逢天格「木」一生必孤苦。若幸天格逢「火」——貴人扶助，一生逍遙，財運無缺，不幸逢「水」——災難孤寡難逃。外格「金」受總格「土」生化——若幸陽、陰配置，中後運必有發展。若不幸逢見天格逢「木」、逢「水」——晚運不堪，恐生不祥，子女不孝或別離，家運難興，必有災厄或傷心事。

註解：通常姓名的「地格」被「總格」生化，一生阻礙、困擾重重，是非災難重，受六親疏離無情。發展困難，無力前進，意外拖累嚴重，合作生非。若配置得當——必得良善配偶勤儉共扶，不當配局——婚姻必陷多災難。男、女皆清苦而婚，一生財運困難，爲人較苦幹型或有特殊專業。

30

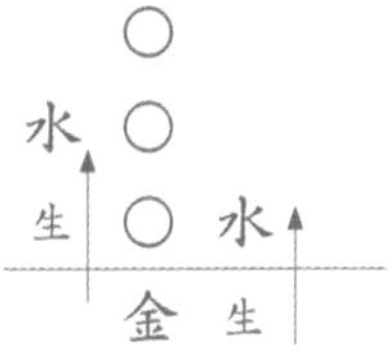

○

水 ○

生 ○ 水

金 生

解 1：地格「水」受總格「金」生化：若是逢天格「火」一生必孤苦。若幸天格逢「土」——貴人扶助，一生逍遙，財運無缺，不幸逢「木」——災難孤寡難逃。外格「水」受總格「金」生化——若幸陽、陰配置，中後運必有發展。若不幸逢見天格逢「木」、逢「火」——晚運不堪，恐生不祥，子女不孝或別離，家運難興，必有災厄或傷心事。

註解：通常姓名的「地格」被「總格」生化，一生阻礙、困擾重重，是非災難重，受六親疏離無情。發展困難，無力前進，意外拖累嚴重，合作生非。若配置得當——必得良善配偶勤儉共扶，不當配局——婚姻必陷多災難。男、女皆清苦而婚，一生財運困難，爲人較苦幹型或有特殊專業。

31

```
       ○
  木   ○
   ↑
  剋│  ○  木↑
──────────────
   │  金  剋│
```

解1： 地格「木」受總格「金」剋化：若是逢天格「土」一生必孤苦。若幸天格逢「金」——貴人扶助，一生逍遙，財運無缺，不幸逢「火」——災難孤寡難逃。外格「木」受總格「金」剋化——若幸陽、陰配置，中後運必有發展。若不幸逢見天格逢「火」、逢「土」——晚運不堪，恐生不祥，子女不孝或別離，家運難興，必有災厄或傷心事。

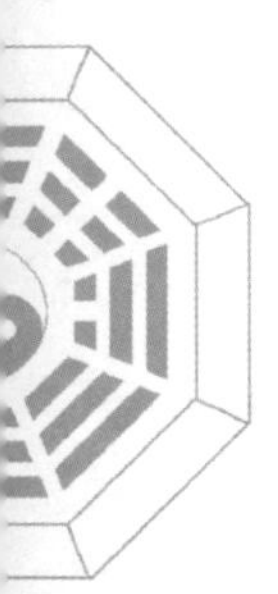

註解： 通常姓名的「地格」被「總格」剋化，一生阻礙、重重，是非災難重，受六親迫害，發展失敗，拖累嚴重，合作生非。若配置得當——必九死一生得萬千掌聲或得萬貫家財，配偶能力共扶，創造門庭得歡笑日。不當配局——一生凋零，爲人較苦幹型或有特殊專業。

32

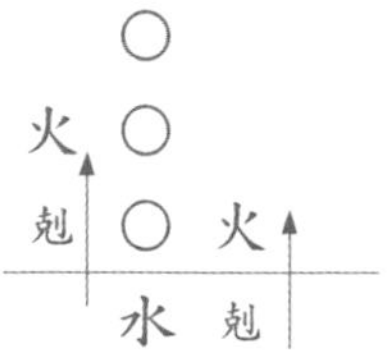

○
火 ○
剋 ○ 火
水 剋

解 2：地格「火」受總格「水」剋化：若是逢天格「金」一生必孤苦。若幸天格逢「水」——貴人扶助，一生逍遙，財運無缺，不幸逢「土」——災難孤寡難逃。外格「火」受總格「水」剋化——若幸陽、陰配置，中後運必有發展。若不幸逢見天格逢「金」、逢「土」——晚運不堪，恐生不祥，子女不孝或別離，家運難興，必有災厄或傷心事。

註解：通常姓名的「地格」被「總格」剋化，一生阻礙、重重，是非災難重，受六親迫害，發展失敗，拖累嚴重，合作生非。若配置得當——必九死一生得萬千掌聲或得萬貫家財，配偶能力共扶，創造門庭得歡笑日。不當配局——一生凋零，爲人較苦幹型或有特殊專業。

33

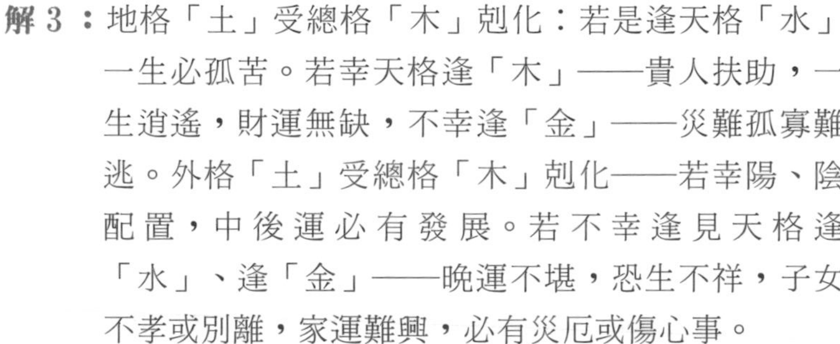

解 3：地格「土」受總格「木」剋化：若是逢天格「水」一生必孤苦。若幸天格逢「木」——貴人扶助，一生逍遙，財運無缺，不幸逢「金」——災難孤寡難逃。外格「土」受總格「木」剋化——若幸陽、陰配置，中後運必有發展。若不幸逢見天格逢「水」、逢「金」——晚運不堪，恐生不祥，子女不孝或別離，家運難興，必有災厄或傷心事。

註解：通常姓名的「地格」被「總格」剋化，一生阻礙、重重，是非災難重，受六親迫害，發展失敗，拖累嚴重，合作生非。若配置得當——必九死一生得萬千掌聲或得萬貫家財，配偶能力共扶，創造門庭得歡笑日。不當配局——一生凋零，為人較苦幹型或有特殊專業。

34

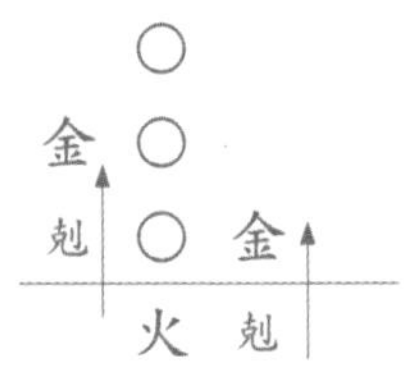

解4：地格「金」受總格「火」剋化：若是逢天格「木」一生必孤苦。若幸天格逢「火」——貴人扶助，一生逍遙，財運無缺，不幸逢「水」——災難孤寡難逃。外格「金」受總格「火」剋化——若幸陽、陰配置，中後運必有發展。若不幸逢見天格逢「木」、逢「水」——晚運不堪，恐生不祥，子女不孝或別離，家運難興，必有災厄或傷心事。

註解：通常姓名的「地格」被「總格」剋化，一生阻礙、重重，是非災難重，受六親迫害，發展失敗，拖累嚴重，合作生非。若配置得當——必九死一生得萬千掌聲或得萬貫家財，配偶能力共扶，創造門庭得歡笑日。不當配局——一生凋零，爲人較苦幹型或有特殊專業。

35

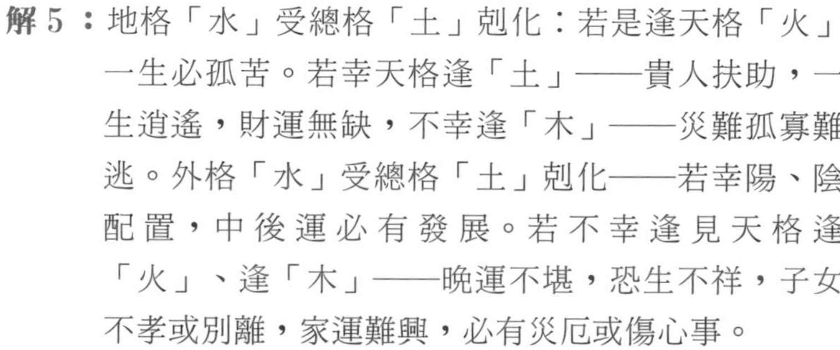

解 5：地格「水」受總格「土」剋化：若是逢天格「火」一生必孤苦。若幸天格逢「土」——貴人扶助，一生逍遙，財運無缺，不幸逢「木」——災難孤寡難逃。外格「水」受總格「土」剋化——若幸陽、陰配置，中後運必有發展。若不幸逢見天格逢「火」、逢「木」——晚運不堪，恐生不祥，子女不孝或別離，家運難興，必有災厄或傷心事。

註解：通常姓名的「地格」被「總格」剋化，一生阻礙、重重，是非災難重，受六親迫害，發展失敗，拖累嚴重合作生非。若配置得當——必九死一生得萬千掌聲或得萬貫家財，配偶能力共扶，創造門庭得歡笑日。不當配局——一生凋零，爲人較苦幹型或有特殊專業。

36

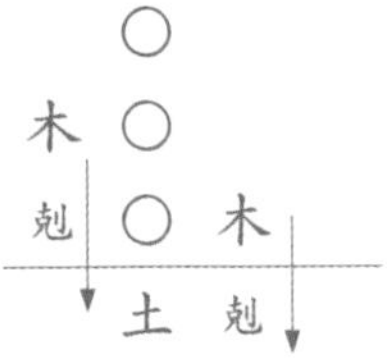

○
木 ○
剋 ○ 木
土 剋

解1：地格「木」剋化總格「土」：若是逢天格「土」一生必孤苦。若幸天格逢「金」——貴人扶助，一生逍遙，財運無缺，不幸逢「火」——災難孤寡難逃。外格「木」剋化總格「土」——若幸陽、陰配置，中後運必有發展。若不幸逢見天格逢「火」、逢「土」……晚運不堪，恐生不祥，子女不孝或別離，家運難興，必有災厄或傷心事。

註解：通常姓名的「地格」剋化「總格」，一生阻礙、重重，是非災難重，受六親迫害，發展失敗，拖累嚴重合作生非。若配置得當——必九死一生得萬千掌聲或得萬貫家財，配偶能力共扶，創造門庭得歡笑日。不當配局——一生凋零，爲人較苦幹型或有特殊專業。

37

〇
火 〇
剋 〇 火
金 剋

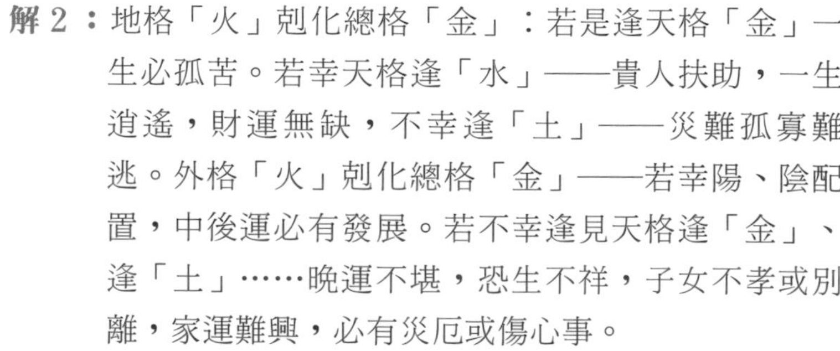

解 2：地格「火」剋化總格「金」：若是逢天格「金」一生必孤苦。若幸天格逢「水」——貴人扶助，一生逍遙，財運無缺，不幸逢「土」——災難孤寡難逃。外格「火」剋化總格「金」——若幸陽、陰配置，中後運必有發展。若不幸逢見天格逢「金」、逢「土」……晚運不堪，恐生不祥，子女不孝或別離，家運難興，必有災厄或傷心事。

註解：通常姓名的「地格」剋化「總格」，一生阻礙、重重，是非災難重，受六親迫害，發展失敗，拖累嚴重，合作生非。若配置得當——必九死一生得萬千掌聲或得萬貫家財，配偶能力共扶，創造門庭得歡笑日。不當配局——一生凋零，爲人較苦幹型或有特殊專業。

38

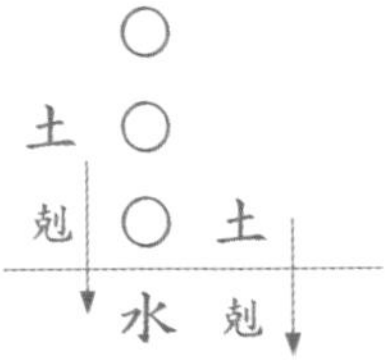

```
    ○
土  ○
剋  ○  土
─────────────
    水  剋
```

解3：地格「土」剋化總格「水」：若是逢天格「水」一生必孤苦。若幸天格逢「木」——貴人扶助，一生逍遙，財運無缺，不幸逢「金」——災難孤寡難逃。外格「土」剋化總格「水」——若幸陽、陰配置，中後運必有發展。若不幸逢見天格逢「水」、逢「金」——晚運不堪，恐生不祥，子女不孝或別離，家運難興，必有災厄或傷心事。

註解：通常姓名的「地格」剋化「總格」，一生阻礙、重重，是非災難重，受六親迫害，發展失敗，拖累嚴重合作生非。若配置得當——必九死一生得萬千掌聲或得萬貫家財，配偶能力共扶，創造門庭得歡笑日。不當配局——一生凋零，爲人較苦幹型或有特殊專業。

39

○
金 ○
剋 ○ 金
木 剋

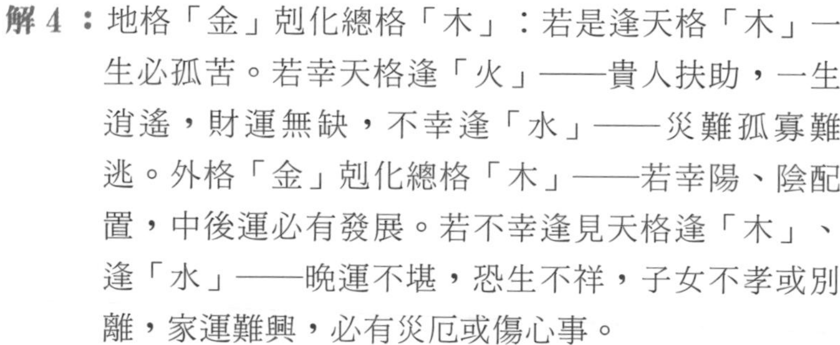

解 4：地格「金」剋化總格「木」：若是逢天格「木」一生必孤苦。若幸天格逢「火」——貴人扶助，一生逍遙，財運無缺，不幸逢「水」——災難孤寡難逃。外格「金」剋化總格「木」——若幸陽、陰配置，中後運必有發展。若不幸逢見天格逢「木」、逢「水」——晚運不堪，恐生不祥，子女不孝或別離，家運難興，必有災厄或傷心事。

註解：通常姓名的「地格」剋化「總格」，一生阻礙、重重，是非災難重，受六親迫害，發展失敗，拖累嚴重合作生非。若配置得當——必九死一生得萬千掌聲或得萬貫家財，配偶能力共扶，創造門庭得歡笑日。不當配局——一生凋零，爲人較苦幹型或有特殊專業。

40

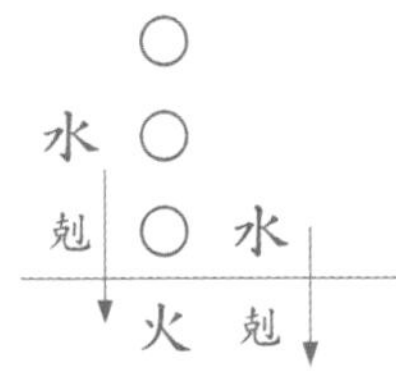

解 5：地格「水」剋化總格「火」：若是逢天格「火」一生必孤苦。若幸天格逢「土」——貴人扶助，一生逍遙，財運無缺，不幸逢「木」——災難孤寡難逃。外格「水」剋化總格「火」——若幸陽、陰配置，中後運必有發展。若不幸逢見天格逢「火」、逢「木」——晚運不堪，恐生不祥，子女不孝或別離，家運難興，必有災厄或傷心事。

註解：通常姓名的「地格」剋化「總格」，一生阻礙、重重，是非災難重，受六親迫害，發展失敗，拖累嚴重合作生非。若配置得當——必九死一生得萬千掌聲或得萬貫家財，配偶能力共扶，創造門庭得歡笑日。不當配局——一生凋零，爲人較苦幹型或有特殊專業。

41

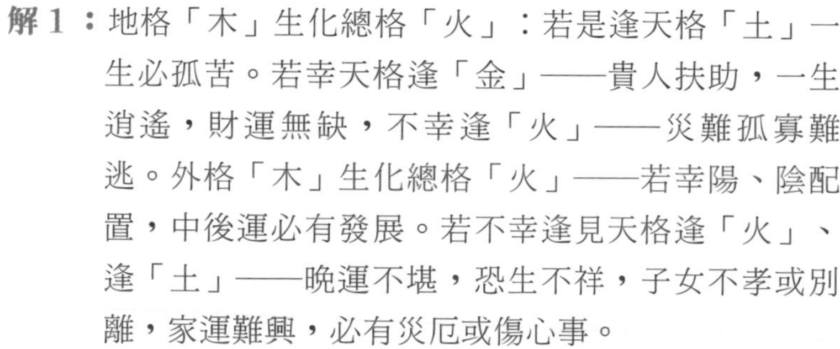

解1： 地格「木」生化總格「火」：若是逢天格「土」一生必孤苦。若幸天格逢「金」——貴人扶助，一生逍遙，財運無缺，不幸逢「火」——災難孤寡難逃。外格「木」生化總格「火」——若幸陽、陰配置，中後運必有發展。若不幸逢見天格逢「火」、逢「土」——晚運不堪，恐生不祥，子女不孝或別離，家運難興，必有災厄或傷心事。

註解： 通常姓名的「地格」生化「總格」，一生阻礙、困擾重重，是非災難重，受六親疏離無情，發展困難，無力前進，意外拖累嚴重，合作生非。若配置得當——必得良善配偶勤儉共扶，不當配局——婚姻必陷多災難。男、女皆清苦而婚，一生財運困難，爲人較苦幹型或有特殊專業。

42

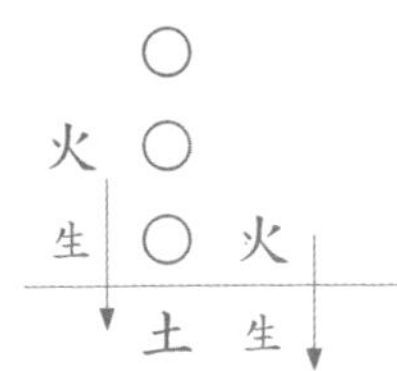

解 2： 地格「火」生化總格「土」：若是逢天格「金」一生必孤苦。若幸天格逢「水」——貴人扶助，一生逍遙，財運無缺，不幸逢「土」——災難孤寡難逃。外格「木」生化總格「火」——若幸陽、陰配置，中後運必有發展。若不幸逢見天格逢「金」、逢「土」——晚運不堪，恐生不祥，子女不孝或別離，家運難興，必有災厄或傷心事。

註解： 通常姓名的「地格」生化「總格」，一生阻礙、困擾重重，是非災難重，受六親疏離無情，發展困難，無力前進，意外拖累嚴重，合作生非。若配置得當——必得良善配偶勤儉共扶，不當配局——婚姻必陷多災難。男、女皆清苦而婚，一生財運困難，爲人較苦幹型或有特殊專業。

43

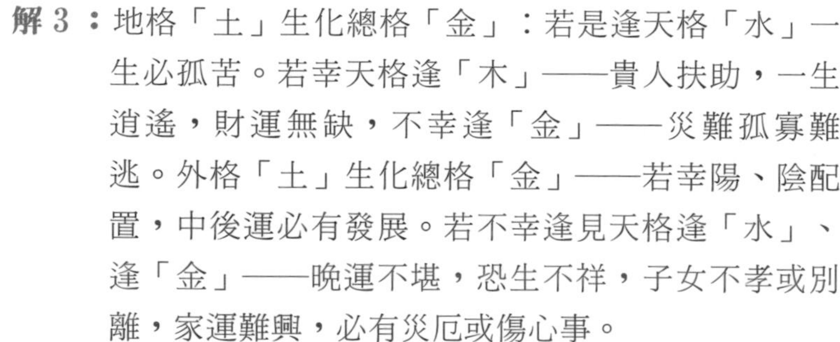

解 3：地格「土」生化總格「金」：若是逢天格「水」一生必孤苦。若幸天格逢「木」──貴人扶助，一生逍遙，財運無缺，不幸逢「金」──災難孤寡難逃。外格「土」生化總格「金」──若幸陽、陰配置，中後運必有發展。若不幸逢見天格逢「水」、逢「金」──晚運不堪，恐生不祥，子女不孝或別離，家運難興，必有災厄或傷心事。

註解：通常姓名的「地格」生化「總格」，一生阻礙、困擾重重，是非災難重，受六親疏離無情，發展困難，無力前進，意外拖累嚴重，合作生非。若配置得當──必得良善配偶勤儉共扶，不當配局──婚姻必陷多災難。男、女皆清苦而婚，一生財運困難，爲人較苦幹型或有特殊專業。

44

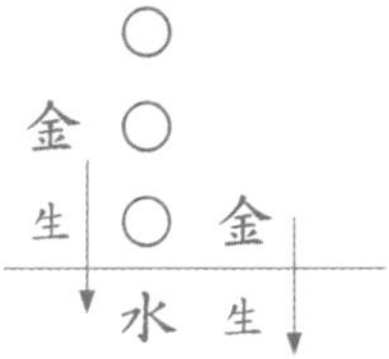

```
    ○
金  ○
生 │○  金
───┼─────┼──
   ↓ 水 生 ↓
```

解4：地格「金」生化總格「水」：若是逢天格「木」一生必孤苦。若幸天格逢「火」——貴人扶助，一生逍遙，財運無缺，不幸逢「水」——災難孤寡難逃。外格「金」生化總格「水」——若幸陽、陰配置，中後運必有發展。若不幸逢見天格逢「木」、逢「水」——晚運不堪，恐生不祥，子女不孝或別離，家運難興，必有災厄或傷心事。

註解：通常姓名的「地格」生化「總格」，一生阻礙、困擾重重，是非災難重，受六親疏離無情，發展困難，無力前進，意外拖累嚴重，合作生非。若配置得當——必得良善配偶勤儉共扶，不當配局——婚姻必陷多災難。男、女皆清苦而婚，一生財運困難，為人較苦幹型或有特殊專業。

45

○
水 ○
生 ○ 水
木 生

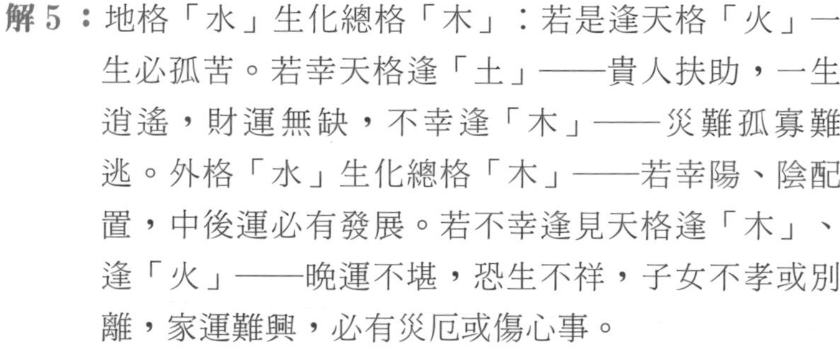

解 5：地格「水」生化總格「木」：若是逢天格「火」一生必孤苦。若幸天格逢「土」——貴人扶助，一生逍遙，財運無缺，不幸逢「木」——災難孤寡難逃。外格「水」生化總格「木」——若幸陽、陰配置，中後運必有發展。若不幸逢見天格逢「木」、逢「火」——晚運不堪，恐生不祥，子女不孝或別離，家運難興，必有災厄或傷心事。

註解：通常姓名的「地格」生化「總格」，一生阻礙、困擾重重，是非災難重，受六親疏離無情，發展困難，無力前進，意外拖累嚴重，合作生非。若配置得當——必得良善配偶勤儉共扶，不當配局——婚姻必陷多災難。男、女皆清苦而婚，一生財運困難，爲人較苦幹型或有特殊專業。

46

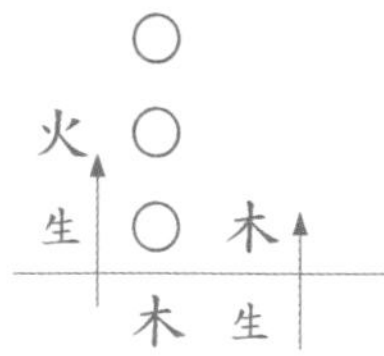

解1：地格「木」受總格「木」生化：若是逢天格「土」一生必孤苦。若幸天格逢「金」——貴人扶助，一生逍遙，財運無缺，不幸逢「火」——災難孤寡難逃。外格「火」受總格「木」生化——若幸陽、陰配置，中後運必有發展。若不幸逢見天格逢「土」、逢「金」——晚運不堪，恐生不祥，子女不孝或別離，家運難興，必有災厄或傷心事。

註解：通常姓名的「地格」被「總格」生化，一生阻礙、困擾重重，是非災難重。受六親疏離無情，發展困難，無力前進，意外拖累嚴重，合作生非。若配置得當——必得良善配偶勤儉共扶，不當配局——婚姻必陷多災難。男、女皆清苦而婚，一生財運困難，爲人較苦幹型或有特殊專業。

47

○
土 ○
生 ○ 火
火 生

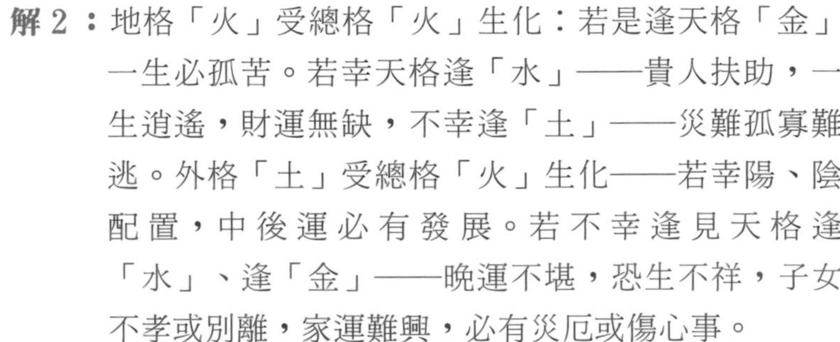

解 2：地格「火」受總格「火」生化：若是逢天格「金」一生必孤苦。若幸天格逢「水」——貴人扶助，一生逍遙，財運無缺，不幸逢「土」——災難孤寡難逃。外格「土」受總格「火」生化——若幸陽、陰配置，中後運必有發展。若不幸逢見天格逢「水」、逢「金」——晚運不堪，恐生不祥，子女不孝或別離，家運難興，必有災厄或傷心事。

註解：通常姓名的「地格」被「總格」生化，一生阻礙、困擾重重，是非災難重。受六親疏離無情，發展困難，無力前進，意外拖累嚴重，合作生非。若配置得當——必得良善配偶勤儉共扶，不當配局——婚姻必陷多災難。男、女皆清苦而婚，一生財運困難，爲人較苦幹型或有特殊專業。

○
金 ○
生 ○ 土
土 生

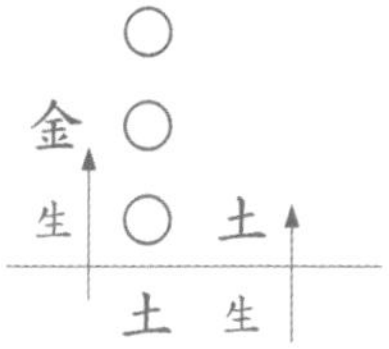

解3：地格「土」受總格「土」生化：若是逢天格「水」一生必孤苦。若幸天格逢「木」——貴人扶助一生逍遙財運無缺，不幸逢「金」——災難孤寡難逃。外格「金」受總格「土」生化——若幸陽、陰配置，中後運必有發展。若不幸逢見天格逢「木」、逢「水」——晚運不堪，恐生不祥，子女不孝或別離，家運難興，必有災厄或傷心事。

註解：通常姓名的「地格」被「總格」生化，一生阻礙、困擾重重，是非災難重。受六親疏離無情，發展困難，無力前進，意外拖累嚴重，合作生非。若配置得當——必得良善配偶勤儉共扶，不當配局——婚姻必陷多災難。男、女皆清苦而婚，一生財運困難，爲人較苦幹型或有特殊專業。

49

○

水 ○

生 ○ 金

金 生

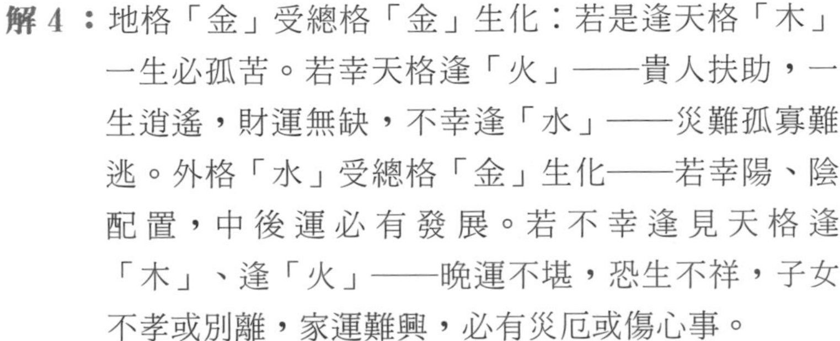

解 4：地格「金」受總格「金」生化：若是逢天格「木」一生必孤苦。若幸天格逢「火」——貴人扶助，一生逍遙，財運無缺，不幸逢「水」——災難孤寡難逃。外格「水」受總格「金」生化——若幸陽、陰配置，中後運必有發展。若不幸逢見天格逢「木」、逢「火」——晚運不堪，恐生不祥，子女不孝或別離，家運難興，必有災厄或傷心事。

註解：通常姓名的「地格」被「總格」生化，一生阻礙、困擾重重，是非災難重。受六親疏離無情，發展困難，無力前進，意外拖累嚴重，合作生非。若配置得當——必得良善配偶勤儉共扶，不當配局——婚姻必陷多災難。男、女皆清苦而婚，一生財運困難，爲人較苦幹型或有特殊專業。

50

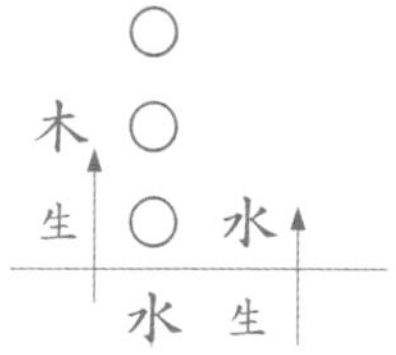

○
木 ○
生 ○ 水
水 生

解5：地格「水」受總格「水」生化：若是逢天格「火」一生必孤苦。若幸天格逢「土」——貴人扶助，一生逍遙，財運無缺，不幸逢「木」——災難孤寡難逃。外格「木」受總格「水」生化——若幸陽、陰配置，中後運必有發展。若不幸逢見天格逢「土」、逢「火」——晚運不堪，恐生不祥，子女不孝或別離，家運難興，必有災厄或傷心事。

註解：通常姓名的「地格」被「總格」生化，一生阻礙、困擾重重，是非災難重。受六親疏離無情，發展困難，無力前進，意外拖累嚴重，合作生非。若配置得當——必得良善配偶勤儉共扶，不當配局——婚姻必陷多災難。男、女皆清苦而婚，一生財運困難，為人較苦幹型或有特殊專業。

51

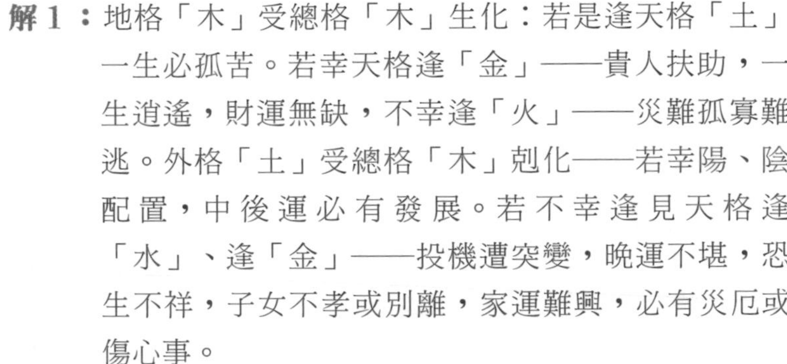

解 1：地格「木」受總格「木」生化：若是逢天格「土」一生必孤苦。若幸天格逢「金」——貴人扶助，一生逍遙，財運無缺，不幸逢「火」——災難孤寡難逃。外格「土」受總格「木」剋化——若幸陽、陰配置，中後運必有發展。若不幸逢見天格逢「水」、逢「金」——投機遭突變，晚運不堪，恐生不祥，子女不孝或別離，家運難興，必有災厄或傷心事。

註解：通常姓名的「地格」被「總格」生化，一生阻礙、困擾重重，是非災難重，受六親疏離無情。發展困難，無力前進，意外拖累嚴重，合作生非。若配置得當——必得良善配偶勤儉共扶，不當配局——婚姻必陷多災難。男、女皆清苦而婚，一生財運困難，爲人較苦幹型或有特殊專業。

52

```
    ○
金  ○
↑
剋  ○  火↑
────────────
    火  生
```

解2：地格「火」受總格「火」生化：若是逢天格「金」一生必孤苦。若幸天格逢「水」——貴人扶助，一生逍遙，財運無缺，不幸逢「土」——災難孤寡難逃。外格「金」受總格「火」剋化——若幸陽、陰配置，中後運必有發展。若不幸逢見天格逢「水」、逢「木」——投機遭突變，晚運不堪，恐生不祥，子女不孝或別離，家運難興，必有災厄或傷心事。

註解：通常姓名的「地格」被「總格」生化，一生阻礙、困擾重重，是非災難重，受六親疏離無情。發展困難，無力前進，意外拖累嚴重，合作生非。若配置得當——必得良善配偶勤儉共扶，不當配局——婚姻必陷多災難。男、女皆清苦而婚，一生財運困難，爲人較苦幹型或有特殊專業。

53

```
     ○
水   ○
↑
剋   ○   土↑
────────────
     土  生
```

解 3：地格「土」受總格「土」生化：若是逢天格「水」一生必孤苦。若幸天格逢「木」——貴人扶助，一生逍遙，財運無缺，不幸逢「金」——災難孤寡難逃。外格「土」受總格「土」剋化——若幸陽、陰配置，中後運必有發展。若不幸逢見天格逢「木」、逢「火」——投機遭突變，晚運不堪，恐生不祥，子女不孝或別離，家運難興，必有災厄或傷心事。

註解：通常姓名的「地格」被「總格」生化，一生阻礙、困擾重重，是非災難重，受六親疏離無情。發展困難，無力前進，意外拖累嚴重，合作生非。若配置得當——必得良善配偶勤儉共扶，不當配局——婚姻必陷多災難。男、女皆清苦而婚，一生財運困難，爲人較苦幹型或有特殊專業。

54

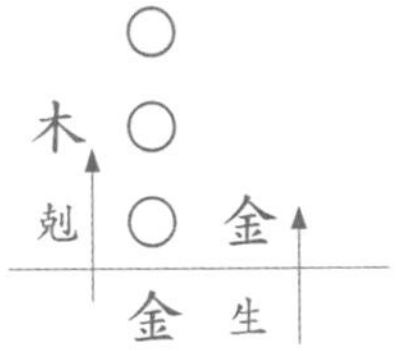

○
木 ○
剋 ○ 金
金 生

解 4：地格「金」受總格「金」生化：若是逢天格「木」一生必孤苦。若幸天格逢「火」——貴人扶助，一生逍遙，財運無缺，不幸逢「水」——災難孤寡難逃。外格「木」受總格「金」剋化——若幸陽、陰配置，中後運必有發展。若不幸逢見天格逢「土」，逢「火」——投機遭突變，晚運不堪，恐生不祥，子女不孝或別離，家運難興，必有災厄或傷心事。

註解：通常姓名的「地格」被「總格」生化，一生阻礙、困擾重重，是非災難重，受六親疏離無情。發展困難，無力前進，意外拖累嚴重，合作生非。若配置得當——必得良善配偶勤儉共扶，不當配局——婚姻必陷多災難。男、女皆清苦而婚，一生財運困難，爲人較苦幹型或有特殊專業。

55

```
      ○
火    ○
↑
剋    ○  水↑
----------------
      水  生
```

解5：地格「水」受總格「水」生化：若是逢天格「火」一生必孤苦。若幸天格逢「土」——貴人扶助，一生逍遙，財運無缺，不幸逢「木」——災難孤寡難逃。外格「火」受總格「水」剋化——若幸陽、陰配置，中後運必有發展。若不幸逢見天格逢「土」、逢「金」——投機遭突變，晚運不堪，恐生不祥，子女不孝或別離，家運難興，必有災厄或傷心事。

註解：通常姓名的「地格」被「總格」生化，一生阻礙、困擾重重，是非災難重，受六親疏離無情。發展困難，無力前進，意外拖累嚴重，合作生非。若配置得當——必得良善配偶勤儉共扶，不當配局——婚姻必陷多災難。男、女皆清苦而婚，一生財運困難，爲人較苦幹型或有特殊專業。

※修道不是裝模作樣，也不是裝斯文，更不是裝死人。而是對責任更進一步，對自己要求更嚴苛，更懂得規範自己，也要能管好自己的本分跟義務。　　笨老子　述

56

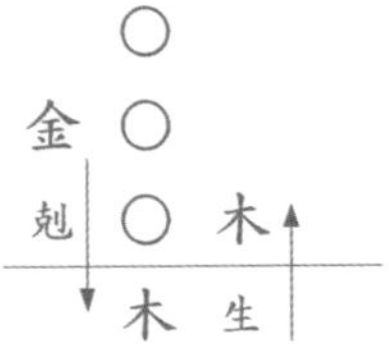

○
金 ○
剋 ○ 木
木 生

解1：地格「木」受總格「木」生化：若是逢天格「土」一生必孤苦。若幸天格逢「金」——貴人扶助，一生逍遙，財運無缺，不幸逢「火」——災難孤寡難逃。外格「金」剋化總格「木」——若幸陽、陰配置，中後運必有發展。若不幸逢見天格逢「木」、逢「水」——晚運不堪，恐生不祥，子女不孝或別離，家運難興，必有災厄或傷心事。

註解：通常姓名的「地格」被「總格」生化，一生阻礙、困擾重重，是非災難重。受六親疏離無情，發展困難，無力前進，意外拖累嚴重，合作生非。若配置得當——必得良善配偶勤儉共扶，不當配局——婚姻必陷多災難。男、女皆清苦而婚，一生財運困難，為人較苦幹型或有特殊專業。

57

解1：地格「火」受總格「火」生化：若是逢天格「金」一生必孤苦。若幸天格逢「水」——貴人扶助，一生逍遙，財運無缺，不幸逢「土」——災難孤寡難逃。外格「水」剋化總格「火」——若幸陽、陰配置，中後運必有發展。若不幸逢見天格逢「木」、逢「火」——晚運不堪，恐生不祥，子女不孝或別離，家運難興，必有災厄或傷心事。

註解：通常姓名的「地格」被「總格」生化，一生阻礙、困擾重重，是非災難重。受六親疏離無情，發展困難，無力前進，意外拖累嚴重，合作生非。若配置得當——必得良善配偶勤儉共扶，不當配局——婚姻必陷多災難。男、女皆清苦而婚，一生財運困難，爲人較苦幹型或有特殊專業。

58

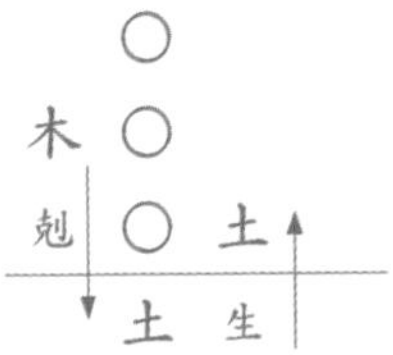

○
木 ○
剋 ○ 土
土 生

解3：地格「土」受總格「土」生化：若是逢天格「木」一生必孤苦。若幸天格逢「木」——貴人扶助，一生逍遙，財運無缺，不幸逢「金」——災難孤寡難逃。外格「木」剋化總格「土」——若幸陽、陰配置，中後運必有發展。若不幸逢見天格逢「土」、逢「火」……晚運不堪，恐生不祥，子女不孝或別離，家運難興，必有災厄或傷心事。

註解：通常姓名的「地格」被「總格」生化，一生阻礙、困擾重重，是非災難重。受六親疏離無情，發展困難，無力前進，意外拖累嚴重，合作生非。若配置得當——必得良善配偶勤儉共扶，不當配局——婚姻必陷多災難。男、女皆清苦而婚，一生財運困難，爲人較苦幹型或有特殊專業。

59

○
火 ○
生 ○ 金
金 生

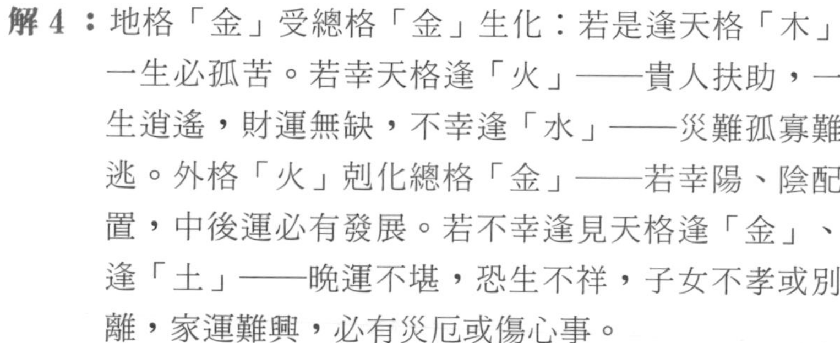

解 4： 地格「金」受總格「金」生化：若是逢天格「木」一生必孤苦。若幸天格逢「火」——貴人扶助，一生逍遙，財運無缺，不幸逢「水」——災難孤寡難逃。外格「火」剋化總格「金」——若幸陽、陰配置，中後運必有發展。若不幸逢見天格逢「金」、逢「土」——晚運不堪，恐生不祥，子女不孝或別離，家運難興，必有災厄或傷心事。

註解： 通常姓名的「地格」被「總格」生化，一生阻礙、困擾重重，是非災難重。受六親疏離無情，發展困難，無力前進，意外拖累嚴重，合作生非。若配置得當——必得良善配偶勤儉共扶，不當配局——婚姻必陷多災難。男、女皆清苦而婚，一生財運困難，爲人較苦幹型或有特殊專業。

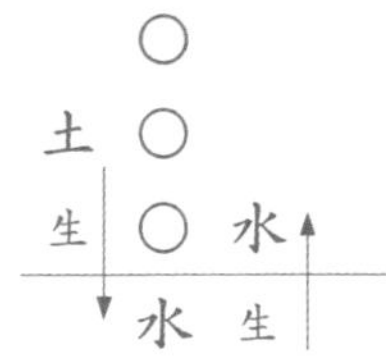

解 5：地格「水」受總格「水」生化：若是逢天格「火」一生必孤苦。若幸天格逢「土」——貴人扶助，一生逍遙，財運無缺，不幸逢「木」——災難孤寡難逃。外格「土」剋化總格「水」——若幸陽、陰配置，中後運必有發展。若不幸逢見大格逢「金」逢「水」——晚運不堪，恐生不祥，子女不孝或別離，家運難興，必有災厄或傷心事。

註解：通常姓名的「地格」被「總格」生化，　生阻礙、困擾重重，是非災難重。受六親疏離無情，發展困難，無力前進，意外拖累嚴重，合作生非。若配置得當——必得良善配偶勤儉共扶，不當配局——婚姻必陷多災難。男、女皆清苦而婚，一生財運困難，爲人較苦幹型或有特殊專業。

61

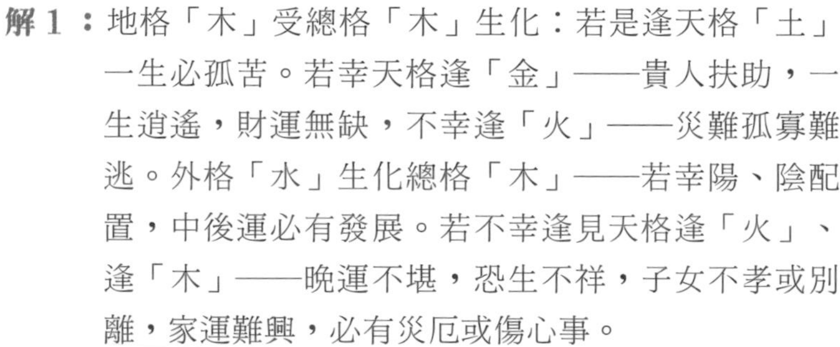

解 1：地格「木」受總格「木」生化：若是逢天格「土」一生必孤苦。若幸天格逢「金」——貴人扶助，一生逍遙，財運無缺，不幸逢「火」——災難孤寡難逃。外格「水」生化總格「木」——若幸陽、陰配置，中後運必有發展。若不幸逢見天格逢「火」、逢「木」——晚運不堪，恐生不祥，子女不孝或別離，家運難興，必有災厄或傷心事。

註解：通常姓名的「地格」被「總格」生化，一生阻礙、困擾重重，是非災難重。受六親疏離無情，發展困難，無力前進，意外拖累嚴重，合作生非。若配置得當——必得良善配偶勤儉共扶，不當配局——婚姻必陷多災難。男、女皆清苦而婚，一生財運困難，爲人較苦幹型或有特殊專業。

62

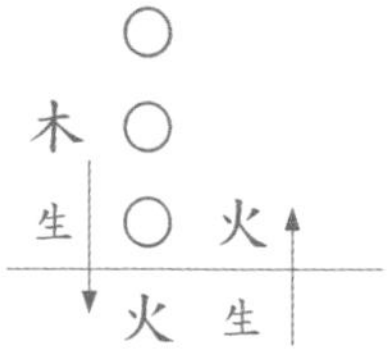

```
     ○
木   ○
 生│ ○  火↑
───┼──────┼──
   ↓ 火  生│
```

解 2：地格「火」受總格「火」生化：若是逢天格「金」一生必孤苦。若幸天格逢「水」——貴人扶助，一生逍遙，財運無缺，不幸逢「土」——災難孤寡難逃。外格「木」生化總格「火」——若幸陽、陰配置，中後運必有發展。若不幸逢見大格逢「火」、逢「土」——晚運不堪，恐生不祥，子女不孝或別離，家運難興，必有災厄或傷心事。

註解：通常姓名的「地格」被「總格」生化，一生阻礙、困擾重重，是非災難重。受六親疏離無情，發展困難，無力前進，意外拖累嚴重，合作生非。若配置得當——必得良善配偶勤儉共扶，不當配局——婚姻必陷多災難。男、女皆清苦而婚，一生財運困難，爲人較苦幹型或有特殊專業。

63

○
火 ○
生 ○ 土
土 生

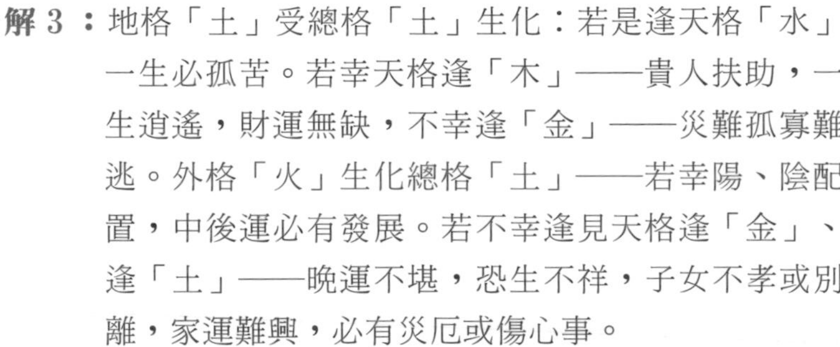

解 3：地格「土」受總格「土」生化：若是逢天格「水」一生必孤苦。若幸天格逢「木」——貴人扶助，一生逍遙，財運無缺，不幸逢「金」——災難孤寡難逃。外格「火」生化總格「土」——若幸陽、陰配置，中後運必有發展。若不幸逢見天格逢「金」、逢「土」——晚運不堪，恐生不祥，子女不孝或別離，家運難興，必有災厄或傷心事。

註解：通常姓名的「地格」被「總格」生化，一生阻礙、困擾重重，是非災難重。受六親疏離無情，發展困難，無力前進，意外拖累嚴重，合作生非。若配置得當——必得良善配偶勤儉共扶，不當配局——婚姻必陷多災難。男、女皆清苦而婚，一生財運困難，爲人較苦幹型或有特殊專業。

64

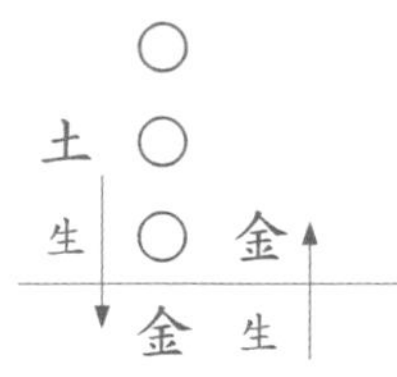

解 4：地格「金」受總格「金」生化：若是逢天格「木」一生必孤苦。若幸天格逢「火」——貴人扶助，一生逍遙，財運無缺，不幸逢「水」——災難孤寡難逃。外格「土」生化總格「金」——若幸陽、陰配置，中後運必有發展。若不幸逢見天格逢「水」、逢「金」——晚運不堪，恐生不祥，子女不孝或別離，家運難興，必有災厄或傷心事。

註解：通常姓名的「地格」被「總格」生化，一生阻礙、困擾重重，是非災難重。受六親疏離無情，發展困難，無力前進，意外拖累嚴重，合作生非。若配置得當——必得良善配偶勤儉共扶，不當配局——婚姻必陷多災難。男、女皆清苦而婚，一生財運困難，爲人較苦幹型或有特殊專業。

65

　　○
金　○
生　○　水
———————
　　水　生

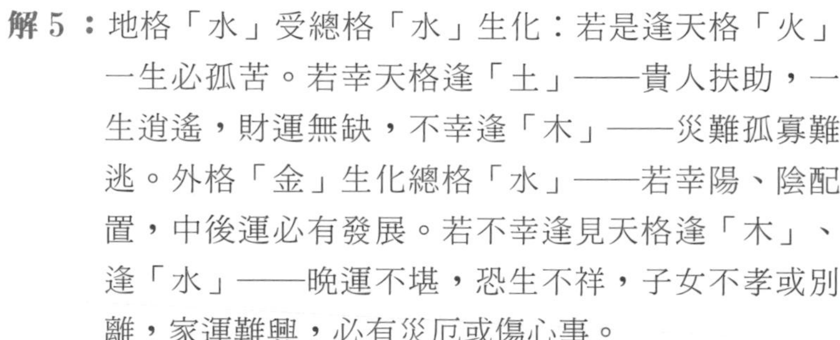

解5：地格「水」受總格「水」生化：若是逢天格「火」一生必孤苦。若幸天格逢「土」——貴人扶助，一生逍遙，財運無缺，不幸逢「木」——災難孤寡難逃。外格「金」生化總格「水」——若幸陽、陰配置，中後運必有發展。若不幸逢見天格逢「木」、逢「水」——晚運不堪，恐生不祥，子女不孝或別離，家運難興，必有災厄或傷心事。

註解：通常姓名的「地格」被「總格」生化，一生阻礙、困擾重重，是非災難重。受六親疏離無情，發展困難，無力前進，意外拖累嚴重，合作生非。若配置得當——必得良善配偶勤儉共扶，不當配局——婚姻必陷多災難。男、女皆清苦而婚，一生財運困難，爲人較苦幹型或有特殊專業。

※修道的法則……就是先讓全家人肯定你及成爲大家學習的榜樣。　笨老子　述

姓名學來觀看人生幸與不幸的關鍵問題

當我們自出生那一刻起，將註定我是誰，也使我擁有了名字，也伴隨我終生，因此「它」也將一生影響我。

再論「它」有多大或多少的影響？有人一派胡言，有人說「它」祇不過是稱呼或稱號而已。更有人說：「我完全不相信！」只有少部分的人說：「或許吧！一點點吧！」，「應該是不足十分之一吧！」

以上的瞭解與認識，使筆者深感不知如何是好的窘境，倍感憂心與擔心。有時候與一些讀者、學生、工商界友人及政商名流、影歌星、主持人等聊天及解釋姓名學的重要性，卻不知如何說得懂講得明。

筆者費盡九牛二虎之力，還是想不出更明確、更貼切的好方法來讓世人瞭解、知道，能夠讓讀者或國人完全接受姓名學的重要性及嚴重性與實用性，令筆者感到焦急萬分。

積久成癌的嚴重問題

一直以來，筆者時時廢寢忘食，不斷日夜苦思、左思右想也陷入苦惱。數十幾年來，筆者歷經交替世紀，實不願再看到整個大環境與台灣社會，只因人心險惡、貪得無厭，利用不學無術，而加害不瞭解的百姓或讀者。諸不知其嚴重性，讓其遭遇百般的困境及無奈。結果也要由他們自個兒來承受一切的前因後果，回過頭來又只能自圓其說，名字不是很重要。

名字不是很重要？那我們要問：請你命名、要你改名又爲了什麼？當初你這位大師、老師不是說我名字不好嗎？不是說我名字壞透了嗎？就是因爲我的名字不好才造成我的家庭、我的婚姻、我的事業、我的父母及財運、身體弄得一團糟。結果請你賜給了又吉祥又好的名字，反而不能解決眼前的問題，而且更讓我們雪上加霜，問題層出不窮。不該來的反而增多了，不該有的及未曾見過的事情都面臨了，更增加了不少的困擾或陷入雪上加霜。請問：到底又怎麼了？或請問有這一些困擾問題的根源何在？又到底是哪地方出了什麼問題？

小心！假藉知名度詐財之名師

眞使人痛心到極點！「請小心辦公室、服務處、匾額或與名人，所謂的大明星及什麼什麼的報導……什麼什麼的主持……什麼什麼的客座講師……什麼什麼的受邀貴賓……什麼什麼的十八代祖傳……什麼什麼的少壯派……什麼什麼的靈山道長……什麼什麼的高山法師……」。

事實上這一些什麼什麼的……才是假藉知名度，利用媒體電視、電台培養出來的「碗糕唬弄名師」。成爲有力的騙術工具，希望讀者眼睛睜大一點，不要再輕易的上當。

當今社會有如此的大師、老師，他們爲什麼還能夠存在這個環境。「是因爲良善的百姓讀者，不知詳察所製造出來的」。讓他們繼續殘害或藉機又增多了要求教者或讀者，與失業的影、歌星狼狽爲奸、合作，共同大吹特吹，競相再買一些所謂的好運，得財運又改運戒指。項鍊經過大師或什麼什麼神加持的八千、五萬不等，還是無法解決目前的困難、問題及困境。讓購買的求教者及我們的婚姻、我們的家庭也爲此大吵一番，或者面臨崩潰的婚姻加深惡化。如此的惡性循環一日復一日，一年復一年。影響整個社會，也讓每個家庭更是哀鴻遍野、求助無門又破壞常年辛苦的所建立的家業。

如此這些大師、名師還繼續泯滅良知，因而繼續走向負面又腐敗，無所不用其極的敲詐行爲。導致國人家運敗衰、運氣窒息。個人問題叢生、百般困擾不斷，陷進無依

無從。導致走向偏激、傷及無辜。最後也只能嘆息自己，無知又幼稚、愚昧，如此不堪憐。

相信讀者要的是好的，那是無可厚非；還要更好的，也可原諒及寬恕。筆者感念甚深，於是將深藏腦海及心中多年心得、功夫提出。願與大家共用，好讓社會、地球、宇宙，都能擁有自己所屬相對的定位。這道理，好比太陽爲什麼叫太陽而非月亮，因爲早期古人以圖畫延伸成象形，演化至今的字體不無道理。又比方爲何會以「天運」天干爲基準，而人姓爲輔與人名爲次輔，都有其根本道理。

更深、更多的解答會在書中一一解說，請讀者用心領會。

本部警告各界

特別注意！請你不要不相信！

例如：生孩子時

「許」姓的成員，不小心發生流年行（土），「分娩」來世上報到，短期間必讓家運敗衰、家運破敗、動盪不安。瞬間顛沛流離，父母不幸崩離，千萬不能不謹愼。

或「曾」姓成員，不小心也發生流年行（水），家運必有敗兆，或瞬間陷入困境。故：非小心不可。

對此，不要不相信或鐵齒，如果是如此的態度，認爲是迷信，那將爲此付出慘痛一生的代價。且無法挽救，恐陷無力之天。因爲鐵齒不相信的心態，將使人承受不幸、慘痛的人生，「眞的，我們鬥不過它！也玩不起」。

想一想，看一看，多想多看，請再冷靜的思考一下

想想故鄉，我們的長輩富甲一方，或是鄰居地方名望，久遠受到推崇，這些都是地方紳士，既富且貴，長久受祖蔭而享受歷久不衰，受人尊崇、受人稱羨，成爲茶餘飯後的美談。

想想我們也曾經想過，如果我們能夠有這樣子的生活環境，不知該有多好，然而卻也料不到，也料想不及，後來他們的子孫結婚了，也生了孩子，但並沒有讓這個家更興旺、更興榮，而是招來無妄或莫名的漸漸沒落，漸漸的疏離，漸漸的凋零，甚至發生突變，災運連連，糾紛四起，朝不保夕，父母崩離或急變，陷入生活困境。

爲何會有如此的現象發生？不是時有所聽聞嗎？家宅都經遠來地理名師、陽宅名師，精心鑑定會富貴綿綿？兒孫的名字也經由大名鼎鼎的所謂的名家、專家、大師、某某老師或什麼教授，「下港眞出名　頂港有名聲」，結果所命出來的所謂吉祥的好名字。或者經所謂的八字命名出來的？如此卻出現了及發現了如此嚴重的事情發生。

不過當事人還是冥頑不靈，死心踼地的死不相信。只好又怪到祖先的墳墓去了，或者又怪……眞的好多怪，不知怪什麼好？也陷進無厘頭的矛盾，最後推給佛祖，推給神明，推給老天或者就到處問神、問卦。要不就解運、改運，發願祭祖殺豬公。又拼命的殺生，連雞鴨都受不了無妄之災，連狗羊兒都跑不掉。如此的哀鴻遍野，弄得血淋

淋的，到處草木皆兵、天下大亂或兵荒馬亂。如何收拾殘局？如何能改善如此的厄運循環？真的讓讀者、求教者無所適從，及既讓人人陷進憂愁，無力回天，結果就是如此的因果惡性循環。

他們哪知道？名字弄錯了！他們哪知道？名字的重要性！他們又哪知道？名字絕對影響人一生！所以冥冥中不可不慎「它」的暗藏，影響幸與不幸？不要再鐵齒！諸如演藝界、企業界都是一樣，都得慎重選擇名字。

姓名弄錯了　危險！

姓氏弄錯，找錯祖先，再弄個敗壞自己的名更是害了你。改錯名讓你灰頭土臉，老怪八字的問題救不了自己。時下爲趕潮流一窩蜂改名、命名，依據錯誤的公式與殘缺斷簡和變相流傳文章「熊崎式八十一數的數理吉、凶」？

事實與眞相就在「笨老子神算」爲你揭曉，並告訴你「表象、內在、潛在」的暗藏問題。「笨老子姓名學」打開你的問號及擴大你的思維，及智慧的視野。從此讓你能進一步更深入的瞭解不再輕易的相信，讓讀者們脫離迷信的範疇，建立一帆風順的運氣，讓人生不再挫折，協助你脫離困境的枷鎖。

南無阿彌陀佛

讓你不再迷信人與人之間的關係

人的成功與發展，絕對不單靠交情，也不祇靠友誼。你需要眞正成功的養分！必來自實際正確的思維及成功實事的要素、明確能量核心的精神問題，就是品質、素質首重發展，成爲永續幸運的工具及建立堅持不能與之匹敵的「內涵」因質。它——才是讓你的基礎實力，建立起成爲最有力的牢固之最，所架起「永恆的生命延續力」及構築百年希望原動力的催生能量大舵手。

故建立永續所追求的榮耀舞臺行列，就是辛苦一輩子的道理。如果聽天由命依循自己的觀念及思維，其力量也完全不可能會有成就的未來，及能得獲有希望日或輕易的讓人們有歡笑日的一天。故：必陷入自己有限的認知，成爲生命運程的災難。導致將使個人陷入不可預期的窮困潦倒，也就是所謂「甘苦一世人」，也危及家庭、妻小、名譽、父母、身家財產及掉入不可自拔、求助無門、四面楚歌、舉債過日、坐吃山空、痛苦時時、生活片片憂慮的「拖屎連」不幸之命運。

姓名與天運相互生剋終其一生分析命運關係

我們來做一個簡單分析一、如下：

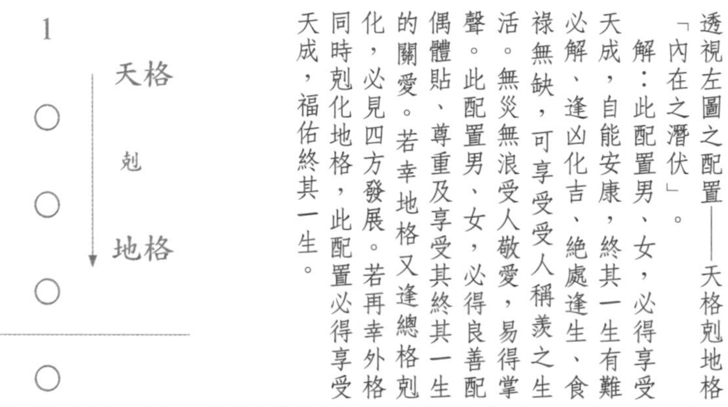

透視左圖之配置——天格剋地格「內在之潛伏」。

解：此配置男、女，必得享受天成，自能安康，終其一生有難必解、逢凶化吉、絕處逢生、食祿無缺，可享受受人稱羨之生活。無災無浪受人敬愛，易得掌聲。此配置男、女，必得良善配偶體貼、尊重及享受其終其一生的關愛。若幸地格又逢總格剋化，必見四方發展。若再幸外格同時剋化地格，此配置必得享受天成，福佑終其一生。

本著作系列……將個人及每日的未來一一的陳述，破除一切所謂的迷信。將事實有價值的命理學術，來做個人的禍福指點明燈。也因此來做生命的事業，形成有利的規劃力量。讓我們能瞭解人性的各階層，所謂知彼知己的重要課題，讓它帶領進入人性複雜的領域，不再受其所蒙蔽或間接受害。如此它——的功能必是有力的及絕對性的，它——必然的擔當起大家及讀者個人終身領航者。它——爲你將盲點及攻不可破的厚牆，一一的爲你掀開及摧毀你主要的障礙，就是人性的虛華及醜陋。它——將可以掀開人性的另一面隱藏的、不爲人知的虛實及潛藏的禍害。如此它——是擔任最佳的能手及角色。

它——未來將繼續扮演你生命過程的重要角色，就是人性「潛伏」破除其假面具的深層及潛藏要命的關鍵成爲你護守將軍。它——陪著你邁向幸運！它——讓你避開不

爲人知的凶禍！它——更讓你在談判過程「得心應手」，也會偷偷的「事先預知」對方或敵方的目的及危機。這一點「它」絕對可以勝任，未來「它」將是你有利成功的要素、談判高手的人物。因「它」時時刻刻的守護在你身旁，忠貞的爲你保護著並協助你完成理想，避開敗衰的命運。「它」願意擔當你終身的好伴侶，也是將「幸運之神」引入你的家門及注入未來的事業吉祥發展，讓你不再悲傷！不再徬徨！

「它」幫助你有好運氣及好人際、好人脈的橋樑，讓你不再外求而進一步懂得如何與之溝通及運作。「它」將協助你排除所有的障礙及困難，並積極幫助你邁向成功的未來。守著「它」不會讓你浪費不必要的金錢及時間，更不會讓你精疲力盡，反而它更增強你身體的健康。讓你有更多的能力排除不必要的「鴻門酒宴」，脫離其不幸的禍害所設下的陷阱。這是「它」的責任，一輩子的職責所任。終身爲保護你的「幸運守門神」！「它」不會讓你再掉淚！再次陷入恐懼災難的陷阱！這是「它」終身生命的義務。

我們來做一個簡單分析二、如下：

1

天格
○

○

地格
○ 剋

○ 總格

透視左圖之配置——總格剋地格「內在之潛伏」。

解：此配置男、女，必見先天之障礙，婚姻破壞，終其一生不得安寧，發展困難。若不幸逢見地格生剋化天格，必見仇人相互破壞、六親破壞、兄弟破壞、有人破壞、姊妹破壞、父母破壞、夫妻破壞、子女破壞。若不幸再逢地格剋化天運，必見絕於六親，陷入自孤成、飄零四方，難得其所或絕於親情。

我們來做一個簡單分析三、如下：

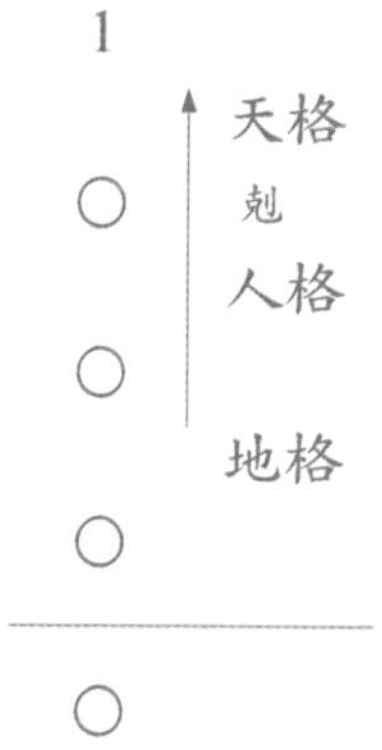

1
○ 天格
剋
○ 人格
○ 地格
○

透視左圖之配置——人格剋天格「內在之潛伏」。

解：此配置男、女，必見勞碌，終其一生離六親、離兄弟、離父母、離妻小、離配偶。不善體，發展辛苦，不得依靠。有此配置男、女，必見刑傷家運難通，夫妻不美。恐生刑剋破壞終其一生運氣，或陷入身衰體弱。若不幸逢見人格生剋化天運，必見困難重疊、災難四起。若不幸逢見天運生化地格，必見破祖敗業、先盛後衰不堪唏噓之命運。

※歌訣命理學

姓名數理妙無窮　陰陽五行在其中

易理精華三才蘊　吉名天佑並興隆

※要訣：凶不是凶，吉言難爲吉，吉中有生無化爲大凶，吉中有生，恐不富也無貴，吉中過多恐藏凶，凶中有制爲不貴則富，凶中有生、有制不富也來貴。

沈重的感言

筆者……已屆六十有餘，爲顧及後代子子孫孫免繼續受害於「熊崎式八十一數理吉、凶」之邪說！故以嚴肅的態度，並將所知、所學及深感驚訝的發現，一一的愼重其事告訴大家。一來讓讀者們及喚醒大家能有所警惕；二來也可以瞭解「它」眞正的學術價値之外，作爲未來不要有再一昧只顧數理「吉、凶」，諸違反道理現象發生。老是用六、七十年的「糊塗又莫名其妙」的藍本，及一成不變的常引利用已嚴重錯誤的「熊崎式八十一數理吉、凶」？來作爲「命名及改名」的「人生第一步」之最重要工程？能避及逃離其謬論。

如此筆者……心願已足矣！這才是眞正的目的。「筆者長期一、二十年來的大鳴大放並大聲疾呼！其邪說的錯誤」然……力有未逮！孤掌難鳴啊！眞是困難啊！畢竟還是有限啊！這才是讓人憂心的一件事。也讓內心成了一輩子的負擔啊！這才是要命啊！最大的苦心楚楚是：笨老子啊！因知道的太多了，才心生恐懼啊！

我們來做一個簡單分析四、如下：

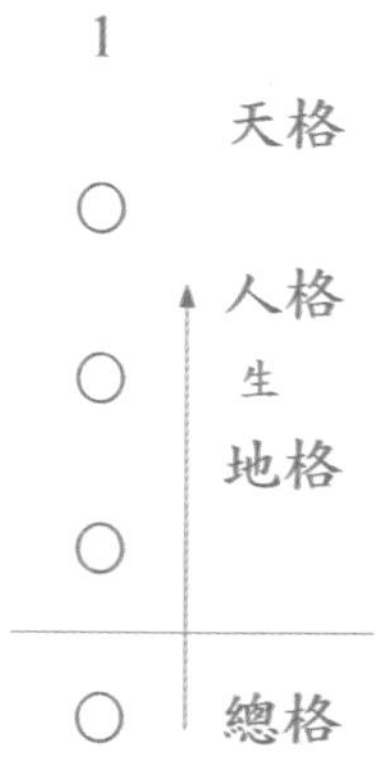

1

天格 ○

人格 ○

生

地格 ○

總格 ○

透視左圖之配置——總格生人格「內在之潛伏」。

解：此配置男、女，必見勞碌奔波終其一生，恐陷財運困難、辛辛苦苦。若不幸地格見剋化天格，必生災難重疊，其配置男、女婚姻必見不安祥、阻礙重重、困厄潦倒、發展無力，恐陷不得要領。逢見人格生化天運，必見漂零自孤成、不得安寧終其一生。

另解：此男、女婚姻必絕六親、或陷入破壞，若幸土水相逢、可解其凶意，其他五行：木水、火木、土火、金土、水金，必見不安祥終其一生。

於今……社會坊間存在的諸多命相館，大家應該曾發現還有很多人或及不相關的從業人員，利用不學無術以「錯誤的吉、凶數理」作爲命名公式、改名組織之架構。他們諸不知道已直接或間接的來傷害了自己，及你、我、他，每個家庭、每一個後代的子子孫孫，成了禍害直接不幸的羔羊，及受莫名無辜替代的，成爲白老鼠之命運，才是最讓大家及笨老子最爲憂心及所關切又擔心的事情。

「想想這二、三十年來有幾個不是經專家、名家命名」結果呢？不是亂得一蹋糊塗！不肖的不肖！投機的投機！不上進的不上進！沒責任的又懶惰的一大堆。不孝父母！不愛家庭！不愛子女！不愛自己！不愛自己心愛的配偶！不是怪東怪西！就是罵東罵西！整天以整待暇，等候機會、等候分家產、等候嫁入豪門、等候娶到有錢人家的千金小姐。眞是糟啊！哪能記得責任的榮耀啊！哪能有志在四方、什麼頂天立地的啊！如此的現象！是哪個地方錯了？大家還不能覺悟嗎？

我們來做一個簡單分析五、如下：

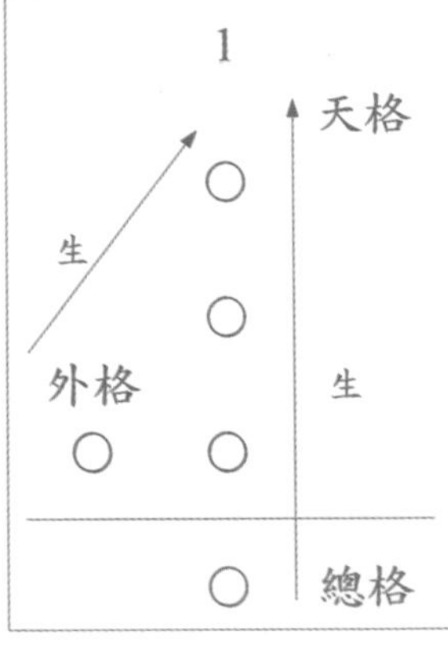

透視左圖之配置——總格生天格與外格生天格同步「內在之潛伏」。

解：此配置男、女，必見辛苦勞碌不堪、奉獻，終其一生不得要領，受人指責、受人不諒解，必見委屈四起、不得依靠，生活危險、災難叢生。男女有此配置，必見淚流陪伴，或終其一生陷顛沛流離、困厄潦倒。

另解：此配置必見婚姻障礙重重，男、女皆得庸夫、棄婦，終其一生不得善體，不得體貼、關心，恐陷冷漠以對或自孤成無力陪伴終身。

筆者……已感至黃昏之年，惶恐之餘更感有急迫切性，故必須把所發現的及實際又正確的學術要領，做一個眞正有條序的系統，理出更有秩序的實際，並做有效的整理。日以夜繼的與時間賽跑，日時心驚肉跳的廢寢忘食，不眠不休的將所有一切的心血「學術祕笈的新發現」全部公諸於世！深懼來不及做最後的告白及解析。使命感的驅使，讓……笨老子不做、也不敢作爲循私個人效法古代之傳統所謂流行身家「私藏」。希望對社會盡一點奉獻及一點心意，奉獻給下一代重要的一份禮物及盡到學術精神的責任。期盼……未來的後代子孫及讀者，不再受其「邪說」來繼續傷害於無形與受及無辜。讓其脫離「邪說」一再帶來更多的不幸災禍，並避免造成生活上的莫名災難，才是國家之幸、民族之幸、人人得而之是幸！

我們來做一個簡單分析六、如下：

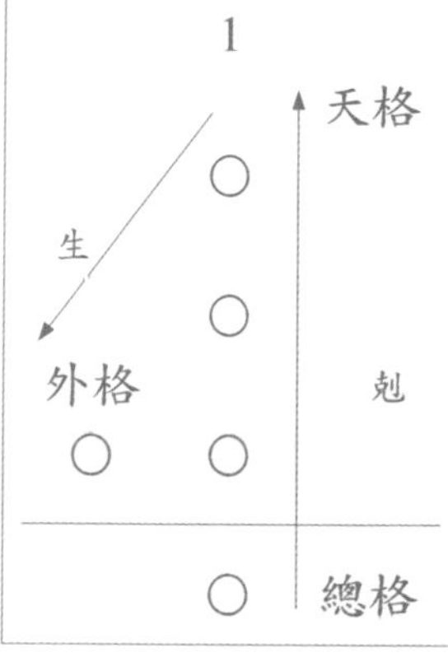

透視左圖之配置——總格剋天格與天格生外格「內在之潛伏」。解：此配置男、女，必見六親分離、家運難通、父母不得力，恐生家道中落或破壞別離，終其一生勞勞碌碌不得其所，發展困苦、財運困難，恐陷舉債過日，若能守勤與儉，末運自可得安康。此配置男女皆不宜早婚，恐陷中途破壞、外力介入，或第三者間接傷害。此配置難見良善配偶，恐生成破壞、運氣莫名，子女不安分離，難見家運歡笑日，祇待強持歡笑、支撐生活。

五行的精神奧精義

姓名數理妙無窮，陰陽五行在其中。天運五格能並行，創造良機福遠長。

易理精華三才蘊，良名天佑並興隆。天運並行循環理，子子孫孫孝行運。

建立企業經營及瞭解透視人際如何進退方法

首先大家共同面對的有很多的爲什麼？

一、爲什麼？有人生了兒女，竟會有由潦困的不可能而富？或由盛極一時之富又平順，瞬間陷入父母刑傷分離、家運敗衰的不幸災難？

二、爲什麼？有人結了婚，竟會一夕間發展四方一路順暢？或接手龐大祖業、父業，由顛峰瞬間的不可能陷入顛沛流離？

三、爲什麼？曾經是一手信任又長期深交的好朋友，因成了合作關係，最後結果成了永遠宿敵，或惡言摧殘、官非相向的不祥手段災難？

四、爲什麼？從租了房子，竟會有人因而致富？也建立富有因而買了房子，瞬間陷入發展小人空破、舉債過日，事業崩離、婚姻災難，陷入官逼不祥的顛沛流離？

五、爲什麼？有那麼多人勤勞的、勤儉的，從來不休息片刻，竟會終其一生陷入潦困。也有從來未曾努力過，也未勤勞過，竟然能享受發展四方、食祿無缺，終其一生受人稱羨？

我們來做一個簡單分析七、如下：

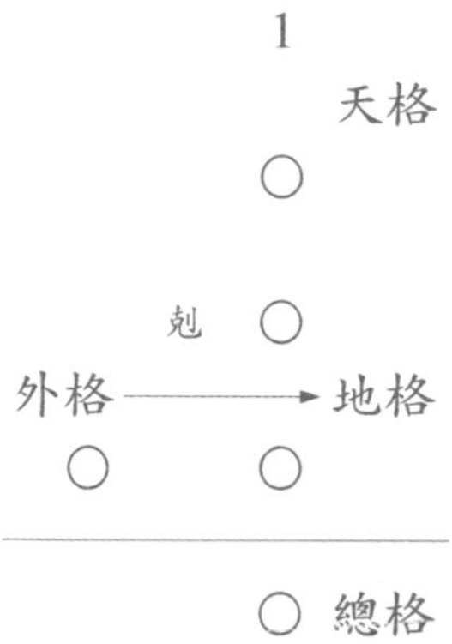

1
天格
○
剋 ○
外格 ——→ 地格
○ ○
總格 ○

透視左圖之配置——外格剋地格「內在之潛伏」。

解：此配置男、女，必見良善配偶扶助與庭終其一生，外緣或人緣必生相當受歡迎，為人寬宏、喜好幫助他人，熱心為人、待人誠懇、不記恨、不記仇、包容心強，終其一生必見慈悲為懷。另解：此配置男、女，必得天佑，有災必解，終其一生逢凶化吉、有困必呈祥。

再解：如此配置男、女，若不幸不當之配置，諸如木金、火水、土木、金火，必見災變或生活災難，若幸逢遇水土必見呈祥。

六、爲什麼？有福氣承受祖業及爸爸的事業，竟發展陷入困境及災難？

七、又爲什麼？沒有福氣承受祖業背景，竟能手無分文白手起家，發展四方受人稱羨？

八、爲什麼？你的愛、你的奉獻、你的付出，竟然留不住婚姻？又爲什麼？沒有愛、沒有付出，也不負起責任，竟然配偶又甘願廝守及奉獻一生無怨無悔？

九、爲什麼？不做善事？不努力？會成爲有錢人？讓大家又罵！又幹！又羨慕的問題。爲什麼你不做壞事？也常做善事？還是讓自己像個窮人？老是買單的，就是無奈！

十、爲什麼？祇會少數的人會成富有？有錢又會成功？

那麼多的爲什麼？大家有沒有想過，這個問題出在哪裡？笨老子著作將會爲大家報告問題的癥結所在。

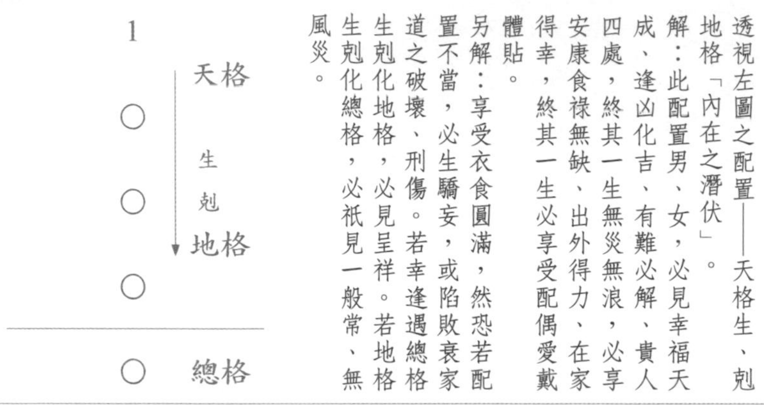

我們來做一個簡單分析八、如下：

透視左圖之配置——天格生、剋地格「內在之潛伏」。

解：此配置男、女，必見幸福天成、逢凶化吉、有難必解、貴人四處，終其一生無災無浪，必享安康食祿無缺、出外得力、在家得幸，終其一生必享受配偶愛戴體貼。

另解：享受衣食圓滿，然恐若配置不當，必生驕妄，或陷敗衰家道之破壞、刑傷。若幸逢遇總格生剋化地格，必見呈祥。若地格生剋化總格，必祇見一般常、無風災。

姓名學的學問，它——能揭穿……命運的世界及奧妙的領域。它——確確實實成了命運之神，也是劊子手。如不愼的配置，命運……將逃不出其被鎖定。

它——將無情的引導命運的災難，讓自己步上不幸的笨蛋、白癡、潦困、狂妄、無知、意外、弱智、偏激及引入失敗洪溝。自覺漂亮又沒做錯過，卻讓老公拋棄了！自覺很帥又努力的自己，讓老婆跑了！無論命運如何的努力掙扎，也難逃其引導陷入失敗命運！「管你什麼星座！管你什麼八字！也不管你什麼斗數的祿權科格！」都敵不了它的催化力量。

有云：知之爲知，學者之知；博聞強記，學者之學。強不知以爲知，飾未學以爲學，則非學者風矣！近代之知識界每有猝然曰：「命相姓名迷信耳！」細審所以則又瞠目相向。是既未睹命理學術「姓名學」之門牆，遑論窺其堂奧，實令智者齒冷，仁者生憐！又安有於所謂學者乎？知之懂之？略之了之？然姓名學典籍浩如淵海「無資可抄查」無其門可入。「祇能概括迷信吉、凶數搪塞塡充一途！」

我們來做一個簡單分析九、如下：

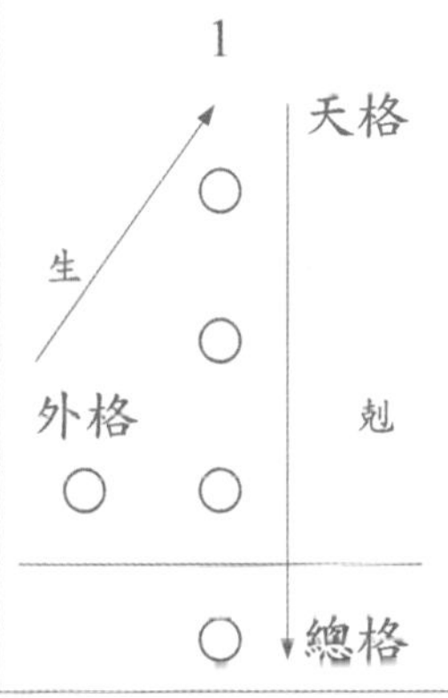

透視左圖之配置——天格剋總格、與外格生天格「內在之潛伏」。解：此配置男、女，必得先盛後衰之配局，出外貴人處處、人緣極佳，享受歡迎、出路方便，終其一生必得良善，先機逢凶化吉、有難必解。然此配置男、女，中後運必見馬失前蹄，恐漸日衰、暗藏破兆分離，或陷入自孤成。若不幸此配置逢地格生化外格，必見庸庸碌碌、力不從心、財運顛倒。若不幸外格被其天運所剋化，必見身衰體敗，晚景不堪，其性態為人自私，或自負難見容他人。

故今之學者亦確有不得其門之歎！縱博聞強記，亦難得其精髓，是欲學者研命理學術「姓名學」仍有待於方便。慨見乎知識界之不知姓名而言姓名，乃發心著述，蓋又俗心之所不能已。也因自命理學、八字、斗數之歷史流傳，「有案可抄」但均淪落「隻字片殘」而妄擁之傳訛，予不文於精神，又無所得何敢讚一詞？故將其淪落迷信者，而失最高「盲盤」領域的「瞎盤」境界！諸不知諸葛亮聞風定乾坤，伯溫……屈指定千年之浩嘆！

時下於無知而自居，眞是無恥至極！本文系列……將揭穿假象的事實。從小處瞭解一切，透視隱藏的吉、凶、禍福。它——將是你拒絕被騙的守護神。它——不用囉哩叭嗦的……八字，也不用繁而複雜的斗數。它——也不再是「個性」吉、凶，它——絕無與倫比，它——了然的讓大家啞口無言其奧妙！「它一旦覺醒，天下震動」

我們來做一個簡單分析十、如下

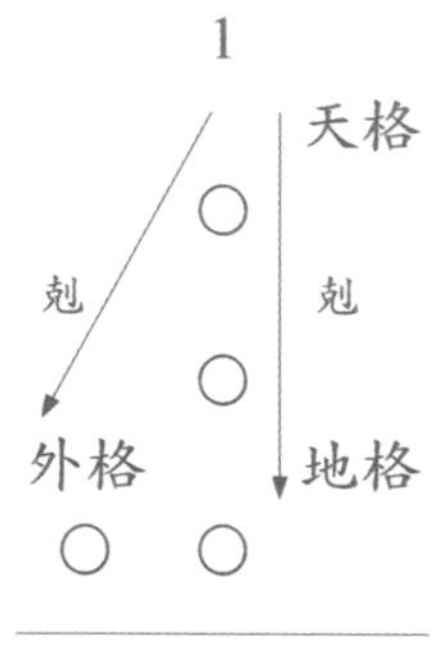

透視左圖之配置——天格剋地格、與天格剋外格「內在之潛伏」。解：此配置男、女，必得享受天佑福祿，出外逢貴，能享受處處貴人扶持，終其一生食祿無缺、有災必解，並得良善體貼愛戴，享盡他人所不能之福祿。若幸總格同時生剋化地格，必見財運亨通，必得良善或賢慧共創興庭，婚姻、健康、桃花朶朶開，人見人愛，享受長輩關心。此配置男、女若不幸逢遇：火火、金金、木火、水火、金火、土火、火土、火金諸如五行，必見自私自利或寡信無義，陷入運氣災難。

命理學術的不堪，是被自居爲大師、專家弄成迷信之命運，又受一文不値的星座滑稽小丑般唬嚨，無的放矢的個性「每個人都一樣，不是脾氣不太好？就是個性太強？感情方面……不是比較主動？就是比較佔有慾？」明天好？後天不好？又將其眞正有價値的，再次淹沒其「命理學術」的眞正精神。

最後要告訴大家的，不管你相不相信或者懶得理會。很多人告訴筆者，包括我們的老東家一再的告誡：「笨老子，盡量簡單化，不要弄得讓讀者不容易明白。」本來天下萬物是單純的一件事，祗是因競爭而自私自利、貪婪、狂妄、無知的因果循環，將人生的事件、問題推擠陷入更複雜，帶來痛苦給自己增添麻煩。筆者這一次也經老東家的建議，會做讓大家容易瞭解的方法，但也將固守其命理學術的精神。

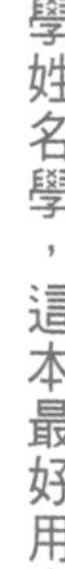

要知道每件事情及事物都有它的複雜，諸如醫學、諸如太空科技及小至個體，也是困難的知識千頭萬緒的學

問，它……不是塑膠玩具啊！老東家曾說：「這麼好的書，有內涵的命理學術，不過很難看得懂。」請問：若看不懂是不是要到你的地方……學習？筆者……沒有回答！不過在這裡要聲明告訴的！要學不學無關筆者。而且筆者沒有將其複雜化，而是提供更多分章、更明確的各段落學術內涵精神力求公開。事……要用心才能建全，智……要昇華才能持性。

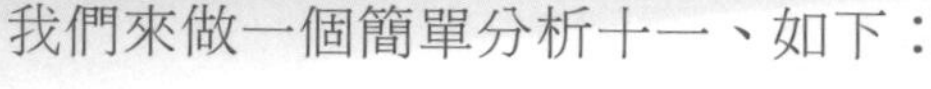
我們來做一個簡單分析十一、如下：

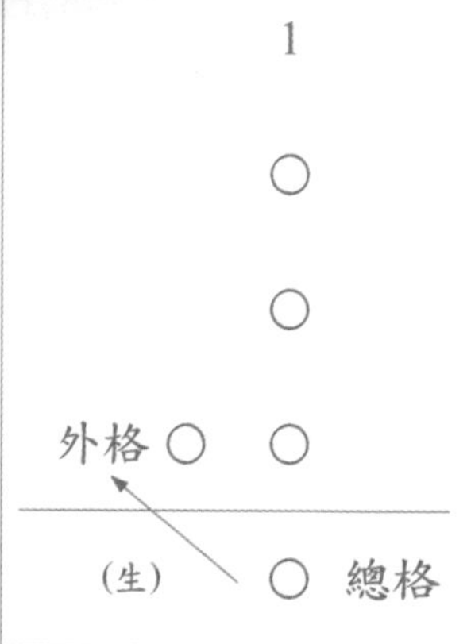

透視左圖之配置——總格生外格「內在之潛伏」。

解：此配置男、女，必擅長財運規劃、冷靜成熟，是天生的睿智者。其性態必養成勤儉、當用則用、該省則省、不輕易浪費一毛錢之精神，故此配置男、女，必終其一生財運無缺，發展雖慢，然均能享受根基雄厚之建立，終其一生不慌不忙。若幸配局得當，或見土水結合，必傲冠群倫、富甲並第，若其他格配置必也享受健康之命運。

總格生外格解析：

總格生外格其人際相當的圓滑，而且處事也是慢條斯理，給人的印象相當的好。好似得當又很恰當的外交手腕，也給人有一種相當的客氣有禮態度。不急躁、不越逾的表現行爲，帶來的好似相當親切、斯文之感。

第一現象：所以如此配置的心性，一直以來都先以溫和又似不可侵犯的外在，給人有一種假象，不知是哪地方的人物？好似哪那地方的紳士，外表始終是溫文又談吐相當嚴謹，往往在人際上都處理相當穩健及把握的或掌控得相當婉轉。尤其在談吐中也一直保持平和、和藹，不失嚴謹，嚴肅中又不失親切，所以其在人際談判中也就備受欣賞、喜歡。

第二現象：

這種組合在與人交談當中，其眼神也相當有注視力，總保持對人仔細的觀察，或有虛探的眼神來窺出下一步要

如何再推進一步或把握任何機會，其高敏感有時候會給一般人喘不過氣來之感。

第三現象：

有此組合的配偶也是一樣的精悍又好掌權，對其觀察力也相當敏銳而且自視也相當高，不容易眞正的親近人，有高高在上之傲態，兩造夫妻也就是現實又高明，因其架構心態是重利益超過友誼及親人，他們除了比較喜歡互相奉承外，更有門當戶對之完全心態，否則是不屑於任何人，而且也相當吝嗇又小氣，其表現往往會請你到大飯店，但是「看」大飯店而招待卻祇不過是小數目，但卻很會藉場所與氣氛條件表現出他們是層級很高，而有水準的生活條件及有種我們的背景環境都高人一等而自炫自詡。

第四現象：

其心性不會有同情心而是以利益做基礎，而是有條件的，但要他們來看你也屬相當不容易，而且這種事也是少有發生的，因其只要有眞利於他們才會浩浩湯湯的參與盛會或關心，否則可難了。

在這裡要告訴大家！

命……好不好？我們無法改變，但是可以改善！有一條通路，就是以智慧引導自己，讓自己清明、讓自己明白，或者先懂得愛惜自己。如果你沒有能力辦得到上述的要求，又不相信或祇知其一不知其二的「半桶水」或大概的心態，祇會把自己推向更惡劣不堪的……顛沛流離一途。「沒人會鳥你也不會有人管你，更不會靠近你及救濟

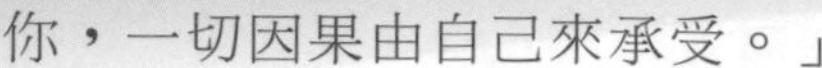

你，一切因果由自己來承受。」

※努力建立讓大家都需要你，不能沒有你，而且讓大多數的人依賴你。如此你才有能力購買到「幸運無比」的入場券。

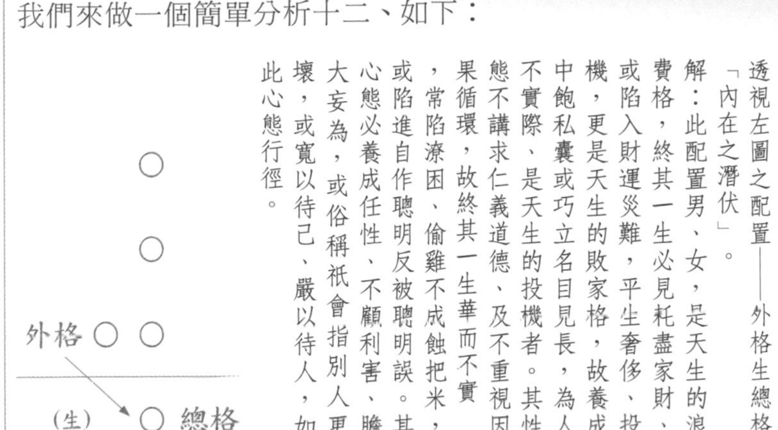

我們來做一個簡單分析十二、如下：

透視左圖之配置——外格生總格「內在之潛伏」。

解：此配置男、女，是天生的浪費格，終其一生必見耗盡家財、或陷入財運災難，平生奢侈、投機，更是天生的敗家格，故養成中飽私囊或巧立名目見長，為人不實際、是天生的投機者。其性態不講求仁義道德、及不重視因果循環，故終其一生華而不實，常陷潦困、偷雞不成蝕把米，或陷進自作聰明反被聰明誤。其心態必養成任性、不顧利害、膽大妄為，或俗稱祇會指別人更壞，或寬以待己、嚴以待人，如此心態行徑。

外格生總格箭頭指示：

外格生總格其心思猶豫不決，喜投機又冒險，虎頭蛇尾，表現熱情，口惠不實，毅力及就業力就顯出比較不能適應。只會雞蛋裡挑骨頭，自我保護心強，喜佔便宜，自覺命不凡，天下最聰明，不過一生常有不足或短缺之之力感。表面上有時雖有強勢之外表，但是時有力「未逮」之恨，也因常猶如不逢時之痛而錯過無數良機之感嘆。

此配置：一生只挑軟柿，表現得熱情又慷慨。事實上自私自利、小氣、重現實，對待配偶無情無義。只有利益共存，可共甘不共苦，一生較不負責任，只以嘴巴應付，說說之表現。對待配偶刻薄，婚姻感情疏離，也較無責任感，只圖所需或保護心強，不擅保護家庭。只圖個人享受，暗藏心機重，較不重情義，有外和內詐、暗藏狐狸心態或先施小惠之手段。故有此配置：很多人就常有上述之現象，時有被聰明誤而因小失大，瞬間陷入敗衰而破敗家業。一生的自私從未關心家人或壓迫配偶，易生遷怒他

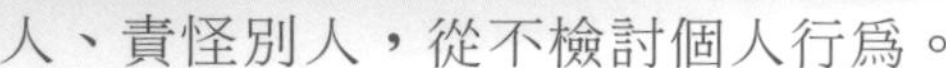

人、責怪別人，從不檢討個人行爲。

此配置：表相的人際相當好，但喜接近狗朋或庸才，不善體人才或忠臣，翻臉在心裡不容易在臉上表現。此配置：是天下狡猾者，如逢外格又剋地格，家運必破敗，事業困難重重。恐陷破兆不祥或引誘第三者拖累配偶，陷家運動盪不安，子女分離。此配置：不宜共夥，中途必生非，固執己見又頑固。表面應付難溝通，喜偷雞蝕把米心態，往往有不知死活，拖累家人、兄弟、姐妹、朋友。又有牆頭草之心態，對異性口惠不實，往往另有目的不安好心，又有強烈的虛榮心及企圖心。但卻使其常面臨這些製造敗衰的遺憾，結果對其任何之事，時抱有興趣及對投資欲望也較高，但就是有不足之恨及力不從心感。

地格、外格、總格三合影響

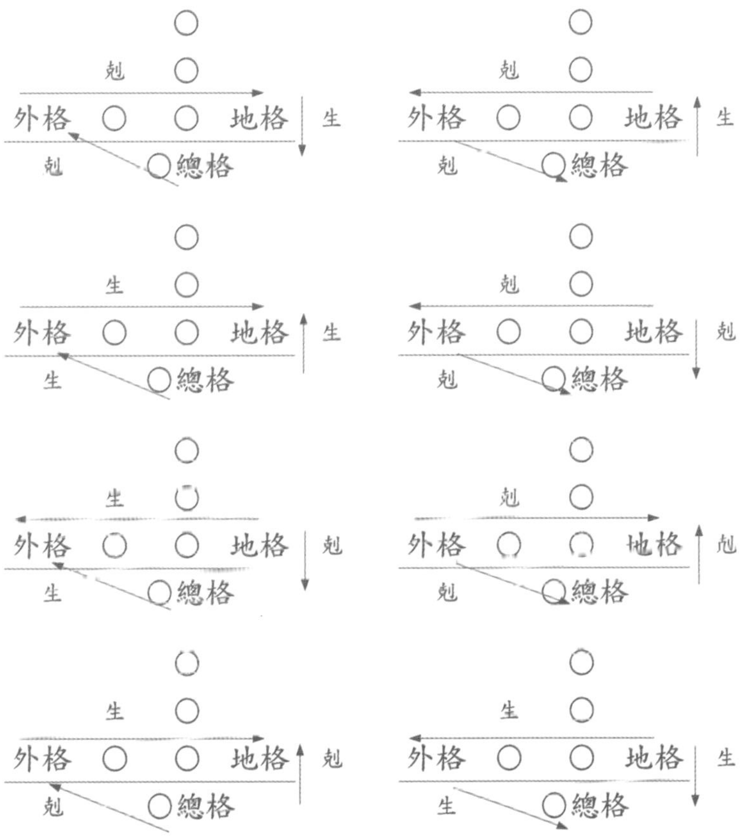

○
剋 ○
外格 ○ ○ 地格 生
剋 ○總格

○
剋 ○
外格 ○ ○ 地格 生
剋 ○總格

○
生 ○
外格 ○ ○ 地格 生
生 ○總格

○
剋 ○
外格 ○ ○ 地格 剋
剋 ○總格

○
生 ○
外格 ○ ○ 地格 剋
生 ○總格

○
剋 ○
外格 ○ ○ 地格 剋
剋 ○總格

○
生 ○
外格 ○ ○ 地格 剋
剋 ○總格

○
生 ○
外格 ○ ○ 地格 生
生 ○總格

在命理推論上，不問先天如何？以今天來做簡論，如夫妻相處得不好，必影響事業，如與六親處得不好，也影響我運作發展或財運。「地格」是我先天的福氣，也代表我日後的配偶。「外格」是我先天的母親，故「地格」與「外格」皆會影響我的福運，「總格」是我先天及後天與配偶的相處關係，更是我先天母親與「我」財運之關係，

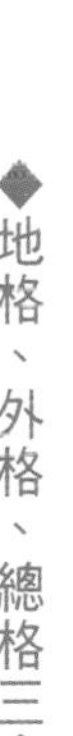

通常只要總格剋外格或生外格就我，老運失去傍侍或得不到子祿之意味，包括有形、無形之定位。

一、若總格剋化天運：子女多，其性獨立、孤僻但較薄弱，終其一生不得子女依靠，然本身易得健康，有老當益壯之身體。「子女無力」。

二、若總格生化天運：子女稀，其性較溫和有禮，但不能獨立，終其一生子女運弱，本身必陷一般常命運，子女不得力。「子女平庸」。

三、若天運剋化總格：必見不同父母之子女，恐陷各分東西，其性勤儉吃苦。本身必陷與子女仇恨分離。「子女孝順」。

四、若天運生化總格：必得子女智慧、獨立。家運可興，本身晚運必見喜極而泣、否極泰來之生命歡笑。「子女得力」。

笨老子姓名三才基本多生、多剋「吉、凶」解讀，內文如下：

諸吉、凶之意解析：「要對照！請先瞭解吉凶解析！」

大吉：主必得上天福佑，有災必解，婚姻必能得良善。衣祿無缺，有貴人相扶。

吉：主必得父母餘蔭及兄弟姊妹或得配偶得力。終其一生可較平順，有困必解。

小吉：主雖有不足，但安然發展。終其一生衣食無虞，配偶小助。

大凶：主必生刑剋家運、父母、配偶、子女。終其一生發展暗藏困難，或意外不祥災難。

凶：主必生顛沛流離人生，或引導破壞家運發展。終其一生必陷災難困厄之不祥危機。

小凶：主必生自破或自招破壞運氣、發展阻礙，婚姻自陷不利，家運、財運、子女難通與不安祥。

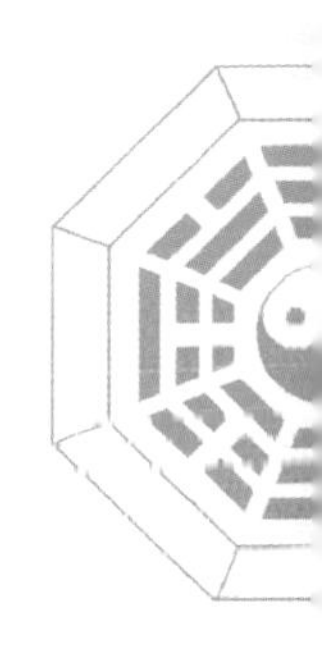

天格、人格、地格組合

笨老子基本三才 500 與天運相互吉、凶對照表

木木木 10.2.9、20.12.9、10.12.19……

1.主運人格=陰、陽　解：若幸陰陽，必得良善，幸運男女皆得配偶扶助，若不幸逢同陰同陽，男女皆辛苦，家運難通恐陷刑傷家運，子女終其一生必勞碌或陷徒勞無功。

逢見與天運來生剋化：一生-小凶。二生-凶。三生-凶。一剋-小吉。二剋--大吉。三剋-小吉帶凶

逢見天運被其生剋化：一生-凶。二生-凶。三生…大凶。一剋-凶。二剋-凶。三剋-大凶。

木木木 11.10.12、21.10.2、11.20.12……

2.主運人格=陽、陰　解：必陷終其一生辛苦奔波，顛沛流離，身衰體敗，家運難通，財運困難，男女必得倔強及不得力之配偶，恐陷自刑傷分離，運氣發展無力，計劃中途陷無力感。

逢見與天運來生剋化：一生-小吉。二生…凶。三生…凶。一剋…小凶。二剋-吉。三剋…凶。

逢見天運被其生剋化：一生-凶。二生…凶。三生…大凶。一剋…小凶。二剋-凶。三剋…大凶。

木木木 10.11.10、20.21.10、10.11.20……

3.主運人格=陽見陽 解：必陷父母、長輩、家運無力，終其一生恐生刑傷或自破刑傷，配偶身衰體敗分離，發展困難，財運事業難通，恐陷終其一生運氣不安祥，停滯不前，陷漂零無依。

逢見與天運來生剋化：一生-吉。二生-凶。三生…凶。一剋…小吉。二剋…小吉。三剋…大凶。

逢見天運被其生剋化：一生…凶。二生…凶。三生---大凶。一剋…凶。二剋…凶。三剋…大凶。

木木木 11.11.11、21.21.11、11.11.21……

4.主運人格=陰見陰 解：必陷終其一生家運漂零孤獨，父母六親、無力別離，恐陷刑傷配偶、子女、兄弟姊妹不安分離，紛擾不祥，運氣難通，發展無門，前進無力，恐陷家道中落。

逢見與天運來生剋化：一生…吉。二生-小凶。三生-凶。一剋-小凶。二剋-吉。三剋…小凶。

逢見天運被其生剋化：一生-凶。二生-凶。三生-凶。一剋-凶。二剋-凶。三剋-大凶。

木木火 10.2.11、20.12.11、10.12.21……

1.主運人格=陰、陽 解：必能享受父母、長輩、貴人、兄弟姊妹終其一生受扶助及良善配偶共創扶持門庭發展平順衣食無虞，有災必解，財運可安，必受四方稱羨，家運得力。

逢見與天運來生剋化：一生-吉。二生-小凶。三生-

凶。一剋-小吉。二剋-吉。

逢見天運被其生剋化：一生-凶。二生-凶。三生-大凶。一剋-凶。二剋-凶。

木木火 11.10.4、21.10.14、11.20.4……

2.主運人格=陽、陰　解：必華而不實，先盛後衰，中途必見破敗家業或意外急變空破，恐陷自刑傷，運氣發展困難，難遂其願，財運困難，恐見終其一生身衰體敗，男女皆得不得力配偶。

逢見與天運來生剋化：一生-小凶。二生-凶。三生-凶。一剋-吉。二剋-小吉。

逢見天運被其生剋化：一生-凶。二生-大凶。三生-大凶。一剋-凶。二剋-凶。

木木火 10.11.2、20.11.12、10.21.12……

3.主運人格=陽見陽　解：必陷自刑傷家運，六親、父母、長輩、兄弟、姊妹、子女恐陷家道中落，運氣困難，發展恐陷停滯，財運難通，必見刑傷配偶，男女有此配置，必不利於家門運氣。

逢見與天運來生剋化：一生-凶。二生-凶。三生-大凶。一剋-小吉。二剋-吉。

逢見天運被其生剋化：一生-凶。二生-凶。三生-大凶。一剋-凶。二剋-凶。

木木火 11.11.3、21.11.13、11.21.13……

4.主運人格=陰見陰　解：必陷父母無力，恐刑傷家運破壞，配偶不安祥，恐陷身衰體敗，勞碌終其一生，男女有此配置，必得良善配偶，然恐陷刑剋，一生發展困難，財運難通，恐陷華而不實無力。

逢見與天運來生剋化：一生-吉。二生-凶。三生-凶。一剋-小吉。二剋-小吉。

逢見天運被其生剋化：一生-凶。二生-凶。三生-凶。一剋-凶。二剋-凶。

木木土 10.2.3、20.12.13、10.12.3……

1.主運人格=陰、陽　解：必見先貧後富，中運貴人扶持得力，男女有此配置，必得良善配偶共創門庭，中運必發展四方得力，財運漸通，有災必解，辛苦必得建功，必享受四海扶助。

逢見與天運來生剋化：一生-吉。二生-吉。一剋-吉。二剋-小吉。

逢見天運被其生剋化：一生-凶。二生-凶。一剋-凶。二剋-凶。

木木土 11.10.6、21.10.16、11.20.6……

2.主運人格=陽、陰　解：必見好景不常，必陷終其一生勞碌奔波，事業困難，財運停滯，男女有此配置，必陷刑傷家運，父母不得力，恐刑剋配偶身衰體敗，子女無力，計劃中途不安寧。

逢見與天運來生剋化：一生-吉。二生-小吉。一剋-小吉。二剋-小凶。

逢見天運被其生剋化：一生-小凶。二生-凶。一剋-小凶。二剋-凶。

木木土 10.11.4、20.11.14、10.21.4……

3.主運人格=陽見陽　解：必見霧裡看花，前進無門，恐陷刑傷家運，父母身衰體敗，中運難見發展，男女有此配置，必生刑破配偶不祥或中途財運窒息，運氣莫名，家道中落，恐陷漂零。

逢見與天運來生剋化：一生-吉。二生-小凶。一剋-小吉。二剋-小吉。

逢見天運被其生剋化：一生-凶。二生-凶。一剋-凶。二剋-大凶。

木木土 11.11.5、21.11.15、11.21.5……

4.主運人格=陰見陰　解：必見先富後貧，男女有此配置，必陷刑傷，父母或配偶崩離，終其一生恐見華而不實，財運難通，恐陷過路財神發展虛發，中途恐陷不得安寧，家運難通或漂零。

逢見與天運來生剋化：一生-小吉。二生-凶。一剋-小吉。二剋-吉。

逢見天運被其生剋化：一生-小凶。二生-凶。一剋-凶。二剋-凶。

木木金 10.2.5、20.12.15、10.12.5……

1.主運人格=陰、陽　解：必見先富後貧，男女皆不利，恐陷家運顛沛流離，婚姻不祥，終其一生恐陷發展困難，

財運難通，恐生刑傷家運，父母、配偶不安，中途不利運氣，恐陷漂零。

逢見與天運來生剋化：一生-吉。二生-凶。一剋-小吉。二剋-小吉。

逢見天運被其生剋化：一生-凶。二生-凶。一剋-凶。二剋-小吉。

木木金 11.10.8、21.10.18、11.20.8……

2.主運人格=陽、陰　解：必見家運、父母不得力恐陷漂零，終其一生勞碌不安寧，財運困難，中途意外破業，男女有此配置，必生刑傷運氣，配偶不利，恐陷身衰體敗，家業漂零不安祥。

逢見與天運來生剋化：一生-吉。二生-凶。一剋-小吉。二剋-小吉。

逢見天運被其生剋化：一生-凶。二生-凶。一剋-凶。二剋-凶。

木木金 10.11.6、20.11.16、10.11.16……

3.主運人格=陽見陽　解：必見家運不安，父母莫名不祥，恐陷終其一生急變災難家運難通，勞碌奔波難得安定，男女有此配置，必陷自陷刑破運氣、婚姻，終其一生財運辛苦，子女漂零無依。

逢見與天運來生剋化：一生-小凶。二生-小凶。一剋-小吉。二剋-吉。

逢見天運被其生剋化：一生-凶。二生-凶。一剋-凶。

二剋-凶。

木木金 11.11.7、21.11.17、11.11.17……

4.主運人格=陰見陰　解：必見家道不祥，恐陷父母破壞別離或終其一生顛沛流離，財運困難，發展無門，計劃中途無力可靠，男女有此配置，必陷莫名不安祥，恐陷刑傷配偶運氣困難。

逢見與天運來生剋化：一生-小凶。二生-凶。一剋-小吉。二剋-小吉。

逢見天運被其生剋化：一生-凶。二生-凶。一剋-凶。二剋-凶。

木木水 10.12.7、20.12.17、10.12.17……

1.主運人格=陰、陽　解：必見家道中落，父母不得力，恐陷刑傷終其一生運氣發展困難，男女有此配置，必見婚姻空破或財運辛苦，勞碌奔波不得依靠，子女無力，陷漂零無依。

逢見與天運來生剋化：一生-吉。二生-小凶。三生-大凶。一剋-小吉。二剋-小吉。

逢見天運被其生剋化：一生-凶。二生-凶。三生-大凶。一剋-凶。二剋-凶。

木木水 11.10.10、21.10.10、11.20.10……

2.主運人格=陽、陰　解：必見刑傷家運，終其一生恐陷運氣莫名勞碌奔波，發展不得要領，財運辛苦，男女有此配置必生相互刑傷破壞，中途恐陷意外分離不祥，子女

無力，莫名無依。

逢見與天運來生剋化：一生-吉。二生-凶。三生-凶。一剋-吉。二剋-吉。

逢見天運被其生剋化：一生-凶。二生-凶。三生-凶。一剋-凶。二剋-凶。

木木水 10.11.8、20.11.18、10.11.18……

3.主運人格–陽見陽　解：必見家道不祥，父母不得力，恐陷破壞別離，家運難通，終其一生必陷東西南北奔波，男女有此配置，必見刑傷破壞運氣，發展困難，財運辛苦，子女無力。

逢見與天運來生剋化：一生-吉。二生-凶。三生-凶。一剋-吉。二剋-小吉。

逢見天運被其生剋化：一生-凶。二生-凶。三生-凶。一剋-凶。二剋-凶。

木木水 11.11.9、21.11.19、11.11.19……

4.主運人格=陰見陰　解：必見家運不安祥，恐陷父母莫名身衰體敗，恐破祖離鄉，終其一生勞碌辛苦不得遂願，男女有此配置，必見清苦分離，終其一生運氣難通，子女無力，恐不祥分離。

逢見與天運來生剋化：一生-吉。二生-凶。三生-凶。一剋-吉。二剋-吉。

逢見天運被其生剋化：一生-凶。二生-凶。三生-凶。一剋-凶。二剋-凶。

木火木 10.4.7、20.14.7、10.14.17……

1.主運人格=陰、陽　解：必見破祖敗業，恐陷刑剋，家道中落，父母莫名不祥分離，終其一生必陷庸庸碌碌，運氣難通，男女有此配置，必陷分道揚鑣，恐陷家運四分東西，子女無依漂零。

逢見與天運來生剋化：一生-吉。二生-凶。三生-大凶。一剋-吉。二剋-吉。

逢見天運被其生剋化：一生-凶。二生-凶。三生-凶。一剋-凶。二剋-凶。

木火木 11.10.10、21.10.10、11.20.10……

2.主運人格=陽、陰　解：必見家道中落，父母無力，恐陷家運漂零無力，終其一生恐見身衰體敗，發展困難，中途意外不安祥，男女有此配置，必見婚姻分離破兆，財運空破，子女四分五裂。

逢見與天運來生剋化：一生-吉。二生-凶。三生-大凶。一剋-吉。二剋-吉。

逢見天運被其生剋化：一生-凶。二生-凶。三生-凶。一剋-凶。二剋-凶。

木火木 10.3.8、20.3.8、10.13.8……

3.主運人格=陽見陽　解：必見家運，父母莫名不祥，破壞分離，恐見家道中落漂零，終其一生必庸庸碌碌，發展窒息，財運無依，男女有此配置，必見相互刑剋分離，破壞運氣，子女無力，分離。

逢見與天運來生剋化：一生-吉。二生-凶。三生-凶。一剋-吉。二剋-吉。

逢見天運被其生剋化：一生-凶。二生-凶。三生-凶。一剋-凶。二剋-凶。

木火木 11.3.9、21.3.9、11.13.9……

4.主運人格=陰見陰　解：必見家道沒落分離，父母不安祥，恐陷刑傷，六親、兄弟終其一生發展困難，必見財運窒息，勞碌奔波四方，男女有此配置，必見不祥，分離家運，子女難通，分離。

逢見與天運來生剋化：一生-吉。二生-凶。三生-凶。一剋-吉。二剋-小吉。

逢見天運被其生剋化：一生-凶。二生-凶。三生-凶。一剋-凶。二剋-凶。

木火火 10.4.9、20.14.9、10.14.9……

1.主運人格=陰、陽　解：必見家運平順，父母安康，享受一時發展，終其一生衣祿無缺，有災必解，必見受人稱羨，男女有此配置，必得意氣風發或良善配偶，財運無虞，家運漸榮。

逢見與天運來生剋化：一生-吉。二生-凶。三生-凶。一剋-小吉。二剋-吉。

逢見天運被其生剋化：一生-凶。二生-凶。三生-凶。一剋-凶。二剋-凶。

木火火 11.2.2、21.12.2、11.12.12……

2.主運人格=陽、陰　解：必見先盛後衰，恐陷破祖敗業，父母不安祥，必陷不得力分離，終其一生發展恐陷中途財運空破，男女有此配置，必見刑傷，身衰分離，財運不穩，恐陷華而不實。

逢見與天運來生剋化：一生-吉。二生-凶。三生-凶。一剋-吉。二剋-吉。

逢見天運被其生剋化：一生-凶。二生-凶。三生-凶。一剋-凶。二剋-凶。

木火火 10.3.10、20.13.10、10.13.10……

3.主運人格=陽見陽　解：必見運氣莫名，恐陷刑傷，父母身衰體敗，家道中落，弟兄成仇分離，終其一生必見華而不實，財運空破，男女有此配置，必生相互刑破，子女不安祥，分離漂零。

逢見與天運來生剋化：一生-吉。二生-凶。三生-凶。一剋-吉。二剋-吉。

逢見天運被其生剋化：一生-凶。二生-凶。三生-凶。一剋-凶。二剋-凶。

木火火 11.3.11、21.13.11、11.13.11……

4.主運人格=陰見陰　解：必見華而不實，家道中落，暗藏破兆，恐陷先盛後衰，中途意外空破，發展陷進災難，男女有此配置，必見相互刑傷，財運不穩，恐陷破耗不穩，家運難通，子女無力。

逢見與天運來生剋化：一生-吉。二生-凶。三生-凶。

一剋-吉。二剋-吉。

逢見天運被其生剋化：一生-凶。二生-凶。三生-凶。一剋-凶。二剋-凶。

木火土 10.4.11、20.14.11、10.14.21……

1.主運人格=陰、陽　解：必見先貧後富，否極泰來，父母健康，家道漸通，平生自可享受安康發展，有災必解，財運無缺，男女有此配置，必得良善共創門庭，子女健康必能享受天佑吉祥。

逢見與天運來生剋化：一生-吉。二生-小吉。一剋-吉。

逢見天運被其生剋化：一生-小凶。二生-凶。一剋-凶。

木火土 11.2.4、21.12.4、11.12.14……

2.主運人格=陽、陰　解：必見家運吉祥，父母得力，門庭穩固，終其一生必享受天成，祖業餘蔭，發展四方，男女有此配置，必見門庭歡笑幸福，財運發達，子女有力，有災必解，享吉祥之命。

逢見與天運來生剋化：一生---大吉。二生-小凶。一剋-吉。

逢見天運被其生剋化：一生-小凶。二生-凶。一剋-凶。

木火土 10.3.2、20.13.2、10.13.12……

3.主運人格=陽見陽　解：必見家運瞬間陷進莫名，恐生刑剋，父母身衰體敗陷進，終其一生華而不實，家道中落，財運必見有虧，難得遂願，男女有此配置，必見相互刑傷，運氣難通，子女無力。

逢見與天運來生剋化：一生-吉。二生-大凶。一剋-吉。

逢見天運被其生剋化：一生-凶。二生-凶。一剋-凶。

木火土 11.3.3、21.13.3、11.13.13……

4.主運人格=陰見陰　解：必見家運漂零或刑傷，父母無力，恐陷終其一生棄祖，別離弟兄莫名，運氣難通，發展困難，勞碌奔波，男女有此配置，必生刑破配偶運氣或陷子女漂零無依。

逢見與天運來生剋化：一生-吉。二生-小凶。一剋-吉。

逢見天運被其生剋化：一生-凶。二生-凶。。一剋-凶。

木火金 10.4.3、20.14.13、10.14.3……

1.主運人格=陰、陽　解：必見家道中落，父母身衰體敗，恐陷破祖棄祖他鄉，終其一生發展必陷辛苦，東西南北奔波，意外不祥災難，男女有此配置，必陷刑破，婚姻不祥，子女反目成仇。

逢見與天運來生剋化：一生-吉。二生-凶。一剋-小吉。

逢見天運被其生剋化：一生-凶。二生-凶。一剋-凶。

木火金 11.2.6、21.12.6、11.12.16……

2.主運人格=陽、陰　解：必見刑剋家運，父母恐生不安祥分離，陷家道中落，破祖敗業，陷顛沛流離，發展困難，財運難通，運氣不安，男女有此配置，必生刑剋配偶，破壞分離，子女無靠漂零。

逢見與天運來生剋化：一生-小吉。二生-凶。一剋-吉。

逢見天運被其生剋化：一生-凶。二生-凶。一剋-凶。

木火金 10.3.4、20.13.4、10.13.14……

3.主運人格=陽見陽　解：必見家道不安祥，恐生刑剋，父母運氣不祥分離，終其一生難見安寧日，發展窒息，財運難通，中途意外生非，男女有此配置，必生成相互孤寡，破壞運氣，子女分離。

逢見與天運來生剋化：一生-小吉。二生-凶。一剋-吉。

逢見天運被其生剋化：一生-凶。二生-凶。一剋-凶。

木火金 11.3.5、21.13.5、11.3.15……

4.主運人格=陰見陰　解：必見家運莫名，恐陷終其一生災難無窮或刑剋，父母破壞分離，中途意外急變災難，發展無門，財運窒息，男女有此配置，必陷相互刑剋，破壞運氣，分離子女，莫名分離。

逢見與天運來生剋化：一生-小吉。二生-凶。一剋-吉。

逢見天運被其生剋化：一生-凶。二生-凶。一剋-凶。

木火水 10.4.5、20.14.5、10.4.15……

1.主運人格=陰、陽　解：必見先富後貧，恐陷家運破兆，祖業難承，恐陷自破家業，陷父母身衰體敗，發展中途空破，意外莫名紛爭，男女有此配置，必陷自招不祥，破壞分離，陷運氣莫名。

逢見與天運來生剋化：一生-吉。二生-凶。一剋-吉。

逢見天運被其生剋化：一生-凶。二生-凶。一剋-凶。

木火水 11.2.8、21.12.8、11.2.18……

2.主運人格=陽、陰　解：必見華而不實，恐生破祖敗業，家道凋零或自刑傷，陷父母身衰體敗，意外不祥，中途發展意外或急變空破，男女此配置，必陷仇恨分離，陷子女漂零無依。

逢見與天運來生剋化：一生-吉。二生-凶。一剋-吉。

逢見天運被其生剋化：一生-凶。二生-凶。一剋-凶。

木火水 10.3.6、20.13.6、10.3.16……

3.主運人格=陽見陽　解：必見刑剋家運，父母身衰體敗，家道中落或破祖離鄉，陷終其一生顛沛流離漂零，發展無門，財運空破，男女有此配置，必生相互刑剋破壞婚姻不祥子女不安祥。

逢見與天運來生剋化：一生-吉。二生-凶。一剋-吉。

逢見天運被其生剋化：一生-凶。二生-凶。一剋-凶。

木火水 11.3.7、21.13.7、11.3.17……

4.主運人格=陰見陰　解：必見家運難通，恐陷破壞父母分離或不祥，弟兄無力，恐陷終其一生顛沛流離，家道難安，發展困難，財運難遂，男女有此配置，必見婚姻不祥，破壞分離，子女凋零。

逢見與天運來生剋化：一生-小吉。二生-凶。一剋-吉。

逢見天運被其生剋化：一生-凶。二生-凶。一剋-凶。

木土木 10.6.5、20.6.15、10.16.15……

1.主運人格=陰、陽　解：必見華而不實，暗藏破壞分離，父母不得力，終其一生恐陷投機發展，一時中途陷不良，恐陷小人利用破壞運道，男女有此配置，必見貌合神離，運氣不安祥。

逢見與天運來生剋化：一生-吉。二生-小凶。一剋-小吉。二剋-小吉。

逢見天運被其生剋化：一生-凶。二生-凶。一剋-凶。二剋-凶。

木土木 11.4.8、21.14.8、11.14.18……

2.主運人格=陽、陰　解：必見家運難通，恐陷破壞別離，父母無力，家道中落，發展困難，財運辛苦，中運必見意外空破，顛沛流離，男女有此配置，必見婚姻分離，子女薄弱，恐陷終其一生不安寧。

逢見與天運來生剋化：一生-吉。二生-凶。一剋-小吉。二剋-小吉。

逢見天運被其生剋化：一生-凶。二生-凶。一剋-凶。二剋-凶。

木土木 10.5.6、20.15.6、10.15.16……

3.主運人格=陽見陽　解：必見家道沒落，恐生刑傷，破壞父母別離，終其一生必陷白費心機，發展無門，財運空虛，是非不安寧，男女有此配置，必見自孤成或相互刑傷破壞，子女無力漂零。

逢見與天運來生剋化：一生-小吉。二生-凶。一剋-小吉。二剋-小吉。

逢見天運被其生剋化：一生-凶。二生-凶。一剋-凶。二剋-凶。

木土木 11.5.7、21.15.7、11.5.17……

4.主運人格=陰見陰　解：必見先盛後衰或先富後貧，暗藏破兆，父母不安祥，家運難通，恐陷顛沛流離，發展困難，恐見破家業，財運辛苦，男女有此配置，必見破壞或相互刑剋，子女不祥，漂零無依。

逢見與天運來生剋化：一生-小吉。二生-凶。一剋-小吉。二剋-小吉。

逢見天運被其生剋化：一生-凶。二生-凶。一剋-凶。二剋-凶。

木土火 10.6.7、20.16.7、10.6.17……

1.主運人格=陰、陽　解：必見家運興隆，父母得力，受人稱羨，然暗藏破兆，恐陷中途家道不安分離，中運華而不實，恐陷小人破業，男女有此配置，必見婚姻不堪，子女辛苦，陷無力分離。

逢見與天運來生剋化：一生-小吉。二生-凶。一剋-吉。

逢見天運被其生剋化：一生-凶。二生-凶。一剋-凶。

木土火 11.4.10、21.14.10、11.14.20……

2.主運人格=陽、陰　解：必見憂喜參半，家運莫名，暗藏破壞，分離父母不得力，恐陷終其一生發展困難，勞勞庸碌，財運空虛，男女有此配置，中途見不安祥分離或意外突變，子女庸碌無力。

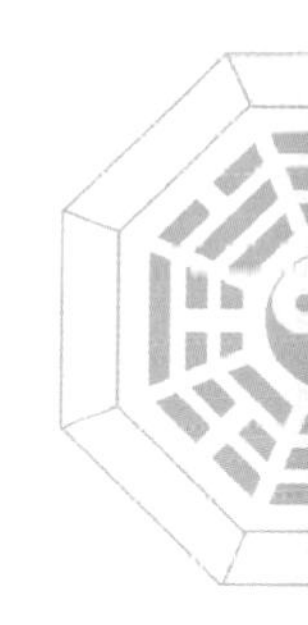

逢見與天運來生剋化：一生-小吉。二生-大凶。一剋-小吉。

逢見天運被其生剋化：一生-凶。二生-凶。一剋-凶。

木土火 10.5.8、20.15.8、10.5.18……

3.主運人格=陽見陽　解：必見家道中落，父母不祥，恐見不安寧分離，家運難通，恐陷終其一生徒勞無功，財運辛苦無力，發展無門，男女有此配置，必見相互刑傷，破壞分離或自孤成，子女漂零。

逢見與天運來生剋化：一生-小吉。二生-凶。一剋-小吉。

逢見天運被其生剋化：一生-凶。二生-凶。一剋-凶。

木土火 11.5.9、21.15.9、11.5.19……

4.主運人格=陰見陰　解：必見華而不實，恐見家運漸入不安，父母不安，終其一生恐陷不實際，發展無力，財運虛有無實，恐見旁落，男女有此配置，必見貌合神離或相互刑傷，破壞分離，子女庸碌無力。

逢見與天運來生剋化：一生-小吉。二生-凶。一剋-小吉。

逢見天運被其生剋化：一生-凶。二生-凶。一剋-凶。

木土土 10.6.9、20.16.9、10.6.19……

1.主運人格=陰、陽　解：必見家運漸通，父母餘蔭，享受否極泰來，終其一生必得貴人、長上扶助或發展，財運無缺，可享受逢凶化吉或安康，男女有此配置，必得良善共扶，創興門庭，子女勤孝。

逢見與天運來生剋化：一生-吉。二生-小吉。一剋-小吉。二剋-吉。

逢見天運被其生剋化：一生-小凶。二生-凶。一剋-凶。二剋-凶。

木土土 11.4.12、21.14.12、11.14.2……

2.主運人格=陽、陰　解：必見先貧後富，中運必得安康，家運日漸平安，父母有助終其一生有災必解，中途必享貴人扶助，發展財運不必憂，男女有此配置，必得勤儉有方，配偶、子女獨立。

逢見與天運來生剋化：一生-吉。二生-小吉。一剋-吉。二剋-吉。

逢見天運被其生剋化：一生-小吉。二生-凶。一剋-凶。二剋-凶。

木土土 10.5.10、20.15.10、10.15.10……

3.主運人格=陽見陽　解：必見華而不實，恐陷不安或刑剋，父母無力，陷終其一生發展無門，財運不實，恐陷白費心機，男女有此配置，必見刑剋，破壞運氣分離或相互刑傷，身衰體敗，家運難榮。

逢見與天運來生剋化：一生-小吉。二生-凶。一剋-小吉。二剋-小吉。

逢見天運被其生剋化：一生-小凶。二生-凶。一剋-凶。二剋-凶。

木土土 11.5.11、21.15.11、11.15.11……

4.主運人格=陰見陰　解：必見先貧後富，父母辛苦，恐見刑傷，投機破壞分離，中運有貴人，必得否極泰來，勤儉興家，財運漸通，男女有此配置，必得良善共創門庭，晚運自安然，子女有力。

逢見與天運來生剋化：一生-小吉。二生-凶。一剋-吉。二剋-吉。

逢見天運被其生剋化：一生-小吉。二生-凶。一剋-凶。二剋-凶。

木土金 10.6.11、20.16.11、10.16.21……

1.主運人格=陰、陽　解：必見家運有驚恐，陷刑傷破壞分離，父母不安祥，必陷家道不安寧，發展困難，財運不濟，是非不斷，男女有此配置，必見相互刑剋，不安分離，難見家運，子女無依漂零。

逢見與天運來生剋化：一生-小吉。二生-凶。一剋-小吉。

逢見天運被其生剋化：一生-小吉。二生-凶。一剋-凶。

木土金 11.4.4、21.14.4、11.14.14……

2.主運人格=陽、陰　解：必見父母不得力，恐見刑傷，家運難通或破壞分離，終其一生必陷顛沛流離，發展辛苦，財運不得力，男女有此配置，必見相互刑傷，分離不利運氣，子女不孝或漂零。

逢見與天運來生剋化：一生-小吉。二生-凶。一剋-小吉。

逢見天運被其生剋化：一生-小吉。二生-凶。一剋-凶。

木土金 10.5.12、20.15.12、10.15.2……

3.主運人格=陽見陽　解：必見父母不安祥，恐陷家運難通，暗藏刑剋破兆，陷家運漂零無力，終其一生發展不利，財運不濟，男女有此配置，必見相互刑剋，破壞婚姻，不安祥分離，子女辛苦無力。

逢見與天運來生剋化：一生-小吉。二生-凶。一剋-小吉。

逢見天運被其生剋化：一生-小吉。二生-凶。一剋-

凶。

木土金 11.5.3、21.15.13、11.5.13……

4.主運人格=陰見陰　解：必見家運辛苦，父母不得力，恐生不祥，刑傷分離或投機，中運可漸，運氣發展必得貴人相扶，財運漸通，男女有此配置，必得良善共扶，晚運勤儉必得家運，子女安康。

逢見與天運來生剋化：一生-吉。二生-小吉。一剋-吉。

逢見天運被其生剋化：一生-小吉。二生-凶。一剋-凶。

木土水 10.6.3、20.16.13、10.6.13……

1.主運人格=陰、陽　解：必見家運辛苦，恐生刑傷，父母不得力，陷終其一生華而不實或發展辛苦，顛沛流離，財運無力，男女有此配置，必相互刑傷，配偶終其一生陷家運不安或分離，子女無力。

逢見與天運來生剋化：一生-小吉。二生-小吉。一剋-吉。

逢見天運被其生剋化：一生-小吉。二生-小吉。一剋-凶。

木土水 11.4.6、21.14.6、11.4.16……

2.主運人格=陽、陰　解：必見家道中落，恐生刑傷，父母破壞運氣或分離，終其一生恐陷辛苦奔波，發展困難，財運空虛，男女有此配置，必相互刑傷，破壞分離，家運難融，子女困難無力。

逢見與天運來生剋化：一生-吉。二生-凶。一剋-吉。

逢見天運被其生剋化：一生-小吉。二生-凶。一剋-凶。

木土水 10.5.4、20.5.14、10.15.14……

3.主運人格=陽見陽　解：必見家運不安祥，恐生刑剋，父母身體不安，恐陷終其一生發展困難或破親，顛沛流離，財運空虛無力，男女有此配置，必見自孤成或破壞分離，子女無力漂零。

逢見與天運來生剋化：一生-小吉。二生-凶。一剋-小吉。

逢見天運被其生剋化：一生-凶。二生---凶。一剋-凶。

木土水 11.5.5、21.5.15、11.15.5……

4.主運人格=陰見陰　解：必見父母無力，家運不安祥分離，發展困難，必陷終其一生顛沛流離，財運辛苦，中運後必得否極泰來，漸入佳境，男女有此配置，早婚必見空破，晚運來得可安康。

逢見與天運來生剋化：一生-吉。二生-小凶。一剋-小吉。

逢見天運被其生剋化：一生-小吉。二生-凶。一剋-小吉。

木金木 10.8.3、20.8.13、10.18.3……

1.主運人格=陰、陽　解：必見家運莫名不安寧，父母不得力，恐生刑傷，弟兄無力，終其一生勞碌奔波，財運無力，發展困難，運程難通，男女有此配置，必見相互刑傷，門庭總難榮，子女無力。

逢見與天運來生剋化：一生-吉。二生-凶。一剋-吉。二剋-吉。

逢見天運被其生剋化：一生-小吉。二生-小吉。一剋-小吉。二剋-凶。

木金木 11.6.6、21.16.6、11.6.16……

2.主運人格=陽、陰　解：必見先貧後富，家運漸通，父母多不安祥，終其一生自靠獨立，中運必得良善配偶共扶興門庭，財運漸通，發展有力，然若能守勤可得安康，恐陷投機不安，子女無力。

逢見與天運來生剋化：一生-吉。二生-凶。一剋-吉。二剋-吉。

逢見天運被其生剋化：一生-小吉。二生-小吉。一剋-小吉。二剋-小吉。

木金木 10.7.4、20.7.14、10.17.4……

3.主運人格=陽見陽　解：必見父母不安，家運難通，恐陷刑傷，破壞分離，終其一生發展困難，財運無力或陷顛沛流離，家運難安，男女有此配置，必見相互刑剋，破壞運氣，子女無力，恐陷漂零。

逢見與天運來生剋化：一生-小吉。二生-凶。一剋-小

吉。二剋-小吉。

逢見天運被其生剋化：一生-小吉。二生-小吉。一剋-小吉。二剋-小吉。

木金木 11.7.5、21.7.15、11.17.5……

4.主運人格=陰見陰　解：必見家運不祥，父母身衰，恐生刑傷破家運，弟兄無力，家道困難，發展有限，財運空虛，男女有此配置，必見相互刑剋，破壞不祥分離，家運難興，子女薄弱陷無助。

逢見與天運來生剋化：一生-小吉。二生-凶。一剋-小吉。二剋-小吉。

逢見天運被其生剋化：一生-小吉。二生-小吉。一剋-小吉。二剋-小吉。

木金火 10.8.5、20.8.15、10.18.5……

1.主運人格=陰、陽　解：必見家運辛苦，起起落落，父母不安，恐陷漂零，家運難通，恐陷終其一生勞勞碌碌，中途敗業，發展破業，男女有此配置，必見婚姻不安，恐生刑傷分離，子女庸碌無力。

逢見與天運來生剋化：一生-小吉。二生-凶。一剋-小吉。

逢見天運被其生剋化：一生-小吉。二生-小吉。一剋-凶。

木金火 11.6.12、21.16.12、11.16.2……

2.主運人格=陽、陰　解：必見家運先盛後衰，好景不常，恐陷紛爭，父母不安寧，家運難通，恐暗藏破兆分離，陷終其一生自破家業，男女有此配置，必見刑剋破壞分離，發展困難，財運陷空虛。

逢見與天運來生剋化：一生-小吉。二生-凶。一剋-小吉。

逢見天運被其生剋化：一生-小吉。二生-小吉。一剋-小吉。

木金火 10.7.6、20.17.6、10.7.16……

3.主運人格=陽見陽　解：必見家道華而不實，父母不安康，終其一生有虛無實，恐生刑傷破家業，發展窒息，財運空虛，男女有此配置，必見相互刑剋，陷入不安祥分離，家業難通，子女無力或不祥。

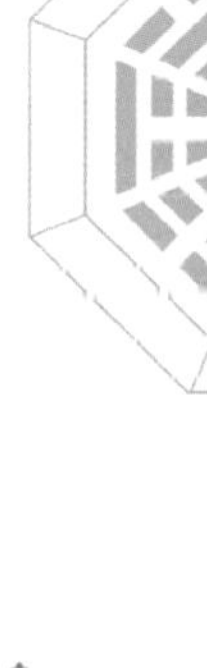

逢見與天運來生剋化：一生-小吉。二生-凶。一剋-小吉。

逢見天運被其生剋化：一生-小吉。二生-小凶。一剋-小吉。

木金火 11.7.7、21.17.7、11.7.17……

4.主運人格=陰見陰　解：必見家運沒落，恐生刑傷，父母不得力或陷破壞別離，家道難榮，發展困難，財運無力，恐陷運氣不安寧，男女有此配置，必見相互刑剋，破壞分離，子女莫名不祥。

逢見與天運來生剋化：一生-小吉。二生-凶。一剋-吉。

逢見天運被其生剋化：一生-小吉。二生-凶。一剋-小吉。

木金土 10.8.7、20.18.7、10.8.17……

1.主運人格=陰、陽　解：必見父母勞碌辛苦，六親無依，恐陷刑傷，家運難通，中來見否極泰來，必有良善扶助，可得發展，男女有此配置，必先盛後衰，中運暗藏破兆，能守待勤，自能安康，子女無力。

逢見與天運來生剋化：一生-小吉。二生-小吉。一剋-小吉。

逢見天運被其生剋化：一生-小吉。二生-凶。一剋-小吉。

木金土 11.6.10、21.16.10、11.6.20……

2.主運人格=陽、陰　解：必見先盛後衰，父母得力，然暗藏破兆，家運不安祥，華而不實，恐陷終其一生發展無力，財運難通，男女有此配置，必見相互刑傷，難得門庭安寧，恐生自孤成或破壞別離。

逢見與天運來生剋化：一生-小吉。二生-小吉。一剋-小凶。

逢見天運被其生剋化：一生-小吉。二生-小吉。一剋-小凶。

木金土 10.7.8、20.17.8、10.7.18……

3.主運人格=陽見陽　解：必見華而不實，家運不安，父母不得力，恐陷刑傷，終其一生衣食不美，發展困難，財運空虛，恐陷是非爭端，男女有此配置，必見相互刑剋，陷家運難通，子女孤獨無力。

逢見與天運來生剋化：一生-小吉。二生-凶。一剋-小吉。

逢見天運被其生剋化：一生-小吉。二生-小吉。一剋-小吉。

木金土 11.7.9、21.17.9、11.7.19……

4.主運人格=陰見陰　解：必見先盛後衰，恐生刑剋，父母不得力，家業難興，恐生破壞分離，終其一生勞碌奔波，財運困難，有虛無實，男女有此配置，必見相互刑剋，陷家運難通，子女無力漂零。

逢見與天運來生剋化：一生-小吉。二生-小吉。一剋-小吉。

逢見天運被其生剋化：一生-凶。二生-凶。一剋-小吉。

木金金 10.8.9、20.18.9、10.8.19……

1.主運人格=陰、陽　解：必見家道沒落，父母辛苦，恐陷刑剋，家業難興，恐生破壞分離，發展困難，財運辛苦不得力，終其一生必勞碌奔波，男女有此配置，必見刑傷，破壞分離，不得良善或子女漂零。

逢見與天運來生剋化：一生-小吉。二生-凶。一剋-凶。二剋-小吉。

逢見天運被其生剋化：一生-小凶。二生-大凶。一剋-

凶。二剋-凶。

木金金 11.6.2、21.6.12、11.16.2……

2.主運人格=陽、陰　解：必見刑剋，家運難通，父母不得力，恐陷破壞分離，家業難興，恐生仇恨分離，陷終其一生顛沛流離，財運無力，發展莫名男女有此配置，必見相互刑剋分離，子女漂零。

逢見與天運來生剋化：一生-小吉。二生-小凶。一剋-小吉。二剋-凶。

逢見天運被其生剋化：一生-小凶。二生-小吉。一剋-小吉。二剋-小吉。

木金金 10.7.10、20.17.10、10.7.20……

3.主運人格=陽見陽　解：必見家道中落，父母不祥，恐生刑剋，終其一生家業難榮，恐陷分離漂零，發展窒息，財運空虛，是非爭端，男女有此配置，必陷刑剋，仇恨分離，恐破家，運難通，子女無力。

逢見與天運來生剋化：一生-凶。二生-凶。一剋-凶。二剋-小吉。

逢見天運被其生剋化：一生-凶。二生-小吉。一剋-小凶。二剋-凶。

木金金 11.7.11、21.17.11、11.7.21……

4.主運人格=陰見陰　解：必見家運辛苦，父母不得力，恐生刑傷，破壞分離，中途意外，發展困難，若能守勤儉中後必見否極泰來，男女有此配置，必生刑剋，破壞運氣分離，子女辛苦漂零。

逢見與天運來生剋化：一生-吉。二生-凶。一剋-凶。二剋-小吉。

逢見天運被其生剋化：一生-小吉。二生-小凶。一剋-凶。二剋-凶。

木金水 10.8.11、20.18.11、10.18.11……

1.主運人格=陰、陽　解：必見家道中落，父母無力，恐陷不安分離，弟兄無力，家業難興，恐陷終其一生勞碌奔波，財運辛苦，發展困難，男女有此配置，必見相互刑傷，陷家運難通，，子女無力。

逢見與天運來生剋化：一生-小吉。二生-凶。一剋-吉。

逢見天運被其生剋化：一生-凶。二生-凶。一剋-小吉。

木金水 11.6.4、21.6.14、11.16.4……

2.主運人格=陽、陰　解：必見家業難興，父母不安寧，恐生刑傷分離，終其一生難見門庭興，恐陷勞碌辛苦，財運無力，發展困難，男女有此配置，必見刑傷，陷入困境分離，子女身衰體弱無力。

逢見與天運來生剋化：一生-凶。二生-凶。一剋-小吉。

逢見天運被其生剋化：一生-小吉。二生-凶。一剋-小吉。

木金水 10.7.12、20.17.12、10.7.2……

3.主運人格=陽見陽　解：必見家運難通，父母身衰體敗，勞碌終身，恐陷刑傷，破壞分離，終其一生發展困難，財運空虛，陷顛沛流離，男女有此配置，必生相互刑傷，破壞運氣難榮，子女無力漂零。

逢見與天運來生剋化：一生-小吉。二生-凶。一剋-吉。

逢見天運被其生剋化：一生-小凶。二生-凶。一剋-小吉。

木金水 11.7.3、21.7.13、11.17.13……

4.主運人格=陰見陰　解：必見家運困難，父母不得力，恐見漂零，難見家業興榮，必生勞碌費心機，財運空虛，中途急變不祥，男女有此配置，必見相互刑傷，陷入衣食不美分離，，子女孤苦漂零。

逢見與天運來生剋化：一生-吉。二生-凶。一剋-吉。

逢見天運被其生剋化：一生-小吉。二生-凶。一剋-小吉。

木水木 10.10.11、20.10.11、10.20.11……

1.主運人格=陰、陽　解：必見家運辛苦，父母不得力，恐生六親沒落，發展無力，家業難興，弟兄無力分離，陷終其一生發展困難，財運空虛，男女有此配置，必陷刑傷，恐生衣食不美，難見門庭，子女無力。

逢見與天運來生剋化：一生-凶。二生-凶。三生-凶。

一剋-凶。二剋-大吉。

逢見天運被其生剋化：一生-凶。二生-凶。三生-凶。一剋-小凶。二剋-吉。

木水木 11.8.4、21.18.4、11.8.14……

2.主運人格=陽、陰　解：必見華而不實，暗藏家業破兆，恐陷分離不祥，父母不安康，陷終其一生勞碌奔波，財運辛苦，發展困難，男女有此配置，必見相互刑傷，難得圓融分離，子女孤苦無力

逢見與天運來生剋化：一生-凶。二生-凶。三生-凶。一剋-吉。二剋-大吉。

逢見天運被其生剋化：一生-凶。二生-凶。三生-凶。一剋-小吉。二剋-小吉。

木水木 10.9.12、20.19.2、10.19.12……

3.主運人格=陽見陽　解：必見家業難興，父母困難，恐陷家道中落分離，終其一生漂零四方，發展無門，財運無力，中途恐陷困厄，男女有此配置，必見刑傷，婚姻不安分離，陷運氣莫名，子女分離。

逢見與天運來生剋化：一生-凶。二生-凶。三生-凶。一剋-小吉。二剋-吉。

逢見天運被其生剋化：一生-凶。二生-凶。三生-凶。一剋-小吉。二剋-小凶。

木水木 11.9.3、21.9.13、11.19.3……

4.主運人格=陰見陰　解：必見家業困難，六親分離，恐陷

刑傷，父母身衰體敗不安，終其一生發展窒息，勞碌奔波，衣食不美，華而不實，男女有此配置，恐生刑剋，中途不祥分離，子女沒落不安。

逢見與天運來生剋化：一生-凶。二生-凶。三生-凶。一剋-吉。二剋-大吉。

逢見天運被其生剋化：一生-凶。二生-凶。三生-凶。一剋-小吉。二剋-小吉。

木水火 10.10.3、20.10.13、10.10.13……

1.主運人格=陰、陽　解：必見家業困難，恐生刑傷，父母身衰體敗，破壞不安分離，家運難通，陷終其一生顚沛流離，財運空虛，發展困難，華而不實，男女有此配置，必見刑傷，破壞分離，子女無依。

逢見與天運來生剋化：一生-小吉。二生-小吉。一剋-小吉。

逢見天運被其生剋化：一生-凶。二生-凶。一剋-小吉。

木水火 11.8.6、21.8.16、11.18.6……

2.主運人格=陽、陰　解：必見家道中落，困難叢生，父母不祥，恐陷身衰體敗，難見曙光，恐生終其一生勞碌奔波，財運無力，發展困難，男女有此配置，必陷衣食不美，刑傷破壞分離，子女漂零。

逢見與天運來生剋化：一生-小吉。二生-小吉。一剋-小吉。

逢見天運被其生剋化：一生-凶。二生-凶。一剋-小吉。

木水火 10.9.4、20.9.14、10.19.4……

3.主運人格=陽見陽　解：必見家道不祥，暗藏破兆分離，父母不安，恐陷身衰分離，必生終其一生無力發展，財運困難，恐陷漂零，四方無依，男女有此配置，必見刑傷，破壞婚姻，不安分離，子女無依。

逢見與天運來生剋化：一生-小吉。二生-小吉。一剋-小吉。

逢見天運被其生剋化：一生-凶。二生-小吉。一剋-小吉。

木水火 11.9.5、21.9.15、11.19.15……

4.主運人格=陰見陰　解：必見家業困難，父母不安祥分離，恐生刑傷，家運破壞門庭，終其一生必陷孤苦勞碌奔波，財運辛苦，發展無門，男女有此配置，必陷刑傷，破壞分離，陷家運，子女無依。

逢見與天運來生剋化：一生-小吉。二生-吉。一剋-小吉。

逢見天運被其生剋化：一生-凶。二生-凶。一剋-吉。

木水土 10.10.5、20.10.15、10.10.15……

1.主運人格=陰、陽　解：必見家運忽明忽暗，華而不實，暗藏破兆分離，恐生刑傷，父母身衰體敗，恐陷投機，發展空破，財運陷入空虛，若能守勤儉自可小安，男女有此配置，必見刑剋，不安分離。

逢見與天運來生剋化：一生-小吉。二生-小吉。一剋-凶。

逢見天運被其生剋化：一生-小吉。二生-小吉。一剋-小吉。

木水土 11.8.8、21.8.18、11.18.8……

2.主運人格=陽、陰　解：必見家運難通，暗藏破兆分離，恐生刑傷破壞，父母身衰體敗，恐陷好景不常，發展困難，財運無力恐，陷破業，男女有此配置，必相互刑剋，自孤成或不安分離，子女庸碌漂零。

逢見與天運來生剋化：一生-小吉。二生-小吉。一剋-凶。

逢見天運被其生剋化：一生-凶。二生-凶。一剋-小吉。

木水土 10.9.6、20.9.16、10.19.6……

3.主運人格=陽見陽　解：必見恐陷家道中落，父母無力或見刑傷，恐身衰體敗，分離不祥，家運難通，六親無力，財運困難，發展無門，恐陷敗業，男女有此配置，必生相互刑剋自孤成或破壞分離。

逢見與天運來生剋化：一生-小吉。二生-小吉。一剋-小凶。

逢見天運被其生剋化：一生-凶。二生-凶。一剋-小吉。

木水土 11.9.7、21.9.17、11.19.7……

4.主運人格=陰見陰　解：必見家運難通或陷父母不安祥分離，終其一生發展困難，恐生破祖敗業，財運辛苦無力，男女有此配置，必陷相互刑傷，不安分離，女者恐陷終其一生自孤成漂零。

逢見與天運來生剋化：一生-小吉。二生-小吉。一剋-小吉。

逢見天運被其生剋化：一生-小吉。二生-小吉。一剋-小吉。

木水金 10.10.7、20.10.17、10.20.7……

1.主運人格=陰、陽　解：必見家運瞬間陷入空破災難，父母不安祥，家道難通，恐陷漂零四方，終其一生發展空破，財運辛苦無力，男女有此配置，必見孤成或相互刑剋，破壞分離，子女無依。

逢見與天運來生剋化：一生-小吉。二生-小凶。一剋-凶。

逢見天運被其生剋化：一生-小凶。二生-小凶。一剋-小凶。

木水金 11.8.10、21.18.10、11.18.20……

2.主運人格=陽、陰　解：必見家運無力，父母不安祥，恐陷家道不安分離或陷終其一生顛沛流離，發展華而不實，財運無力，爭端是非，男女有此配置，必陷相互刑剋自孤成，子女無依漂零。

逢見與天運來生剋化：一生-小吉。二生-小吉。一剋-小凶。

逢見天運被其生剋化：一生-凶。二生-小凶。一剋-凶。

木水金 10.9.8、20.19.8、10.9.18……

3.主運人格=陽見陽　解：必見家運難通，恐陷瞬間破兆分離，父母不安祥，家道漂零無力，恐陷終其一生自孤成或刑傷運氣，發展無門，財運空虛，男女有此配置，恐生相互刑剋，破壞分離，子女無力。

逢見與天運來生剋化：一生-小吉。二生-小吉。一剋-小吉。

逢見天運被其生剋化：一生-小吉。二生-凶。一剋-凶。

木水金 11.9.9、21.19.9、11.9.19……

4.主運人格=陰見陰　解：必見家運難通，恐生破壞別離，父母不安祥，難見家道興，恐陷終其一生勞勞碌碌，財運困難，衹待中後守勤與儉自能安康，男女有此配置，必見刑剋，破壞分離，子女漂零。

逢見與天運來生剋化：一生-小吉。二生-小吉。一剋-小吉。

逢見天運被其生剋化：一生-凶。二生-小凶。一剋-凶。

木水水 10.10.9、20.10.19、10.10.19……

1.主運人格=陰、陽　解：必見家運未明，父母無力，恐陷刑傷，破壞分離，六親無力，必生陷顛沛流離，財運無力，發展辛苦，男女有此配置，必見華而不實，恐生刑傷，破壞分離，子女難興漂零。

逢見與天運來生剋化：一生-凶。二生-凶。三生-凶。一剋-吉。二剋-凶。

逢見天運被其生剋化：一生-凶。二生-凶。三生-凶。一剋-吉。二剋-凶。

木水水 11.8.12、21.18.12、11.18.2……

2.主運人格=陽、陰　解：必見家運無力，父母不安祥，恐陷刑傷自孤成，終其一生身衰體敗，難見安寧，財運辛苦無力，發展不力，男女有此配置，必陷刑傷，相互仇恨或破壞分離，子女無力。

逢見與天運來生剋化：一生-小吉。二生-小吉。三生-凶。一剋-吉。二剋-凶。

逢見天運被其生剋化：一生-凶。二生-小吉。三生-凶。一剋-凶。二剋-凶。

木水水 10.9.10、20.19.10、10.9.20……

3.主運人格=陽見陽　解：必見家運難通，恐陷前途莫名或刑傷破壞父母運氣，陷終其一生自孤成或顛沛流離，發展辛苦，財運無力，男女有此配置，必見相互刑剋，破壞門庭，子女無力無依。

逢見與天運來生剋化：一生-吉。二生-凶。三生-凶。

一剋-小吉。二剋-凶。

逢見天運被其生剋化：一生-凶。二生-凶。三生-凶。一剋-小吉。二剋-凶。

木水水 11.9.11、21.19.11、11.19.11……

4.主運人格=陰見陰　解：必見家運沒落，父母不安祥，恐生刑傷，陷終其一生勞碌奔波，孤苦零丁，財運空虛，發展無門，男女有此配置，必見刑傷，破壞運氣分離，難見家運興，子女孤苦，漂零無依。

逢見與天運來生剋化：一生-小吉。二生-小吉。三生-小凶。一剋-吉。二剋……小吉。

逢見天運被其生剋化：一生-凶。二生-凶。三生-凶。一剋-小吉。二剋-凶。

火木木 2.10.11、12.10.21、2.20.11...

1.主運人格=陰、陽　解：必見家運莫名不祥，恐生刑傷，父母身衰體敗或陷不安分離，恐生終其一生自孤成，發展困難，財運無力，男女有此配置，必見刑傷，破壞或仇恨分離，子女無力漂零。

逢見與天運來生剋化：一生-小吉。二生-凶。三生-凶。一剋-小凶。二剋-小吉。

逢見天運被其生剋化：一生-凶。二生-凶。一剋-小吉。二剋-凶。

火木木 13.8.4、3.8.14、3.18.4……

2.主運人格=陽、陰　解：必見家運難榮，暗藏破壞分離，父母無力，恐陷愁城分離，必生終其一生勞勞碌碌，華而不實，財運困難，發展窒息，男女有此配置，必見刑傷，破壞分離或陷家運漂零無力。

逢見與天運來生剋化：一生-凶。二生-小凶。三生-凶。一剋-小凶。二剋-吉。

逢見天運被其生剋化：一生-凶。二生-凶。三生-凶。一剋-吉。二剋-凶。

火木木 2.9.12、12.19.12、2.19.2……

3.主運人格=陽見陽　解：必見家道難明，父母困難，恐陷無力，六親孤零，家業難興，困難重重，難見天日，財運空虛，男女有此配置，必見相互刑傷，破壞或仇恨分離，難見門庭興，子女無依漂零。

逢見與天運來生剋化：一生-凶。二生-凶。三生-凶。一剋-小吉。二剋-小吉。

逢見天運被其生剋化：一生-凶。二生-小凶。三生-凶。一剋-小吉。二剋-凶。

火木木 3.9.3、13.9.3、3.9.13……

4.主運人格=陰見陰　解：必見家運難通，父母不得力，恐陷不祥分離或難見安祥日，必生身衰體敗，六親孤零，財運空虛，祇待守勤儉晚後得安，男女有此配置，必相互刑傷，破壞分離，衣食不美。

逢見與天運來生剋化：一生-凶。二生-凶。三生-凶。一剋-吉。二剋-小凶。

逢見天運被其生剋化：一生-凶。二生-凶。三生-凶。一剋-吉。二剋-小凶。

火木火 2.10.3、12.10.13、2.10.13……

1.主運人格=陰、陽　解：必見華而不實，家運無力，父母無助，恐陷刑傷，家道中落，陷終其一生發展困難，財運無力，男女有此配置，必生相互刑傷，仇恨分離破壞，家運難通，子女無力漂零。

逢見與天運來生剋化：一生-吉。二生-凶。三生-凶。一剋-小吉。二剋-吉。

逢見天運被其生剋化：一生-凶。二生-凶。三生-凶。一剋-凶。二剋-小吉。

火木火 3.8.6、13.8.16、3.18.6……

2.主運人格=陽、陰　解：必見先盛而衰，家運暗藏破兆分離，恐生不祥，陷終其一生勞碌奔波，財運困難，發展辛苦，有虛無實，男女有此配置，必見相互刑傷，貌合神離或仇恨分離，子女無力。

逢見與天運來生剋化：一生-小吉。二生-小凶。三生-凶。一剋-小吉。二剋-吉。

逢見天運被其生剋化：一生-凶。二生-凶。三生-凶。一剋-凶。二剋-小吉。

火木火 2.9.4、12.9.14、2.19.4……

3.主運人格=陽見陽　解：必見家運通，父母無力，恐陷六親凋零分離，發展陷入烏雲遮地，終其一生勞碌，白費心機，財運空虛，男女有此配置，必生刑傷，相互仇恨或不安分離，子女無力漂零。

逢見與天運來生剋化：一生-小吉。二生-凶。三生-凶。一剋-小吉。二剋-吉。

逢見天運被其生剋化：一生-凶。二生-凶。三生-凶。一剋-凶。二剋-吉。

火木火 3.9.5、13.9.15、3.19.15……

4.主運人格=陰見陰　解：必見家道中落，父母不安祥，恐陷刑傷，身衰體敗，終其一生運氣難通，財運無力，發展窒息，恐生漂零無助，男女有此配置，必見莫名不祥分離，陷子女無力凋零。

逢見與天運來生剋化：一生-凶。二生-凶。三生-凶。一剋-小吉。二剋-小吉。

逢見天運被其生剋化：一生-凶。二生-凶。三生-凶。一剋-凶。二剋-小吉。

火木土 2.10.5、12.10.15、2.10.15……

1.主運人格=陰、陽　解：必見家運忽明忽暗，父母不安祥，恐陷破兆分離，難見門庭興，終其一生勞碌奔波，財運無力，發展破業，恐陷身衰體敗，男女有此配置，必生相互仇恨，破壞運氣，子女不安祥。

逢見與天運來生剋化：一生-小吉。二生-凶。一剋-吉。

逢見天運被其生剋化：一生-凶。二生-凶。一剋-小

吉。

火木土 3.8.8、13.8.18、3.18.8……

2.主運人格=陽、陰　解：必見家運沒落，恐陷刑傷，父母身衰體敗，暗藏破兆，分離不祥，恐陷家運漂零四方，終其一生勞碌，白費心機，財運空虛，發展無門，男女有此配置，必見不安分離，子女無依漂零。

逢見與天運來生剋化：一生-吉。二生-小吉。一剋-吉。

逢見天運被其生剋化：一生-凶。二生-大凶。一剋-小吉。

火木土 2.9.6、12.9.16、2.19.6……

3.主運人格=陽見陽　解：必見家運漂零，父母不安祥，恐生刑傷，破壞家道，恐陷發展窒息，財運貧困，意外急變，終其一生必生憂愁四起，男女有此配置，必相互刑剋，破壞運氣或仇恨分離，子女不安。

逢見與天運來生剋化：一生-小吉。二生-小吉。一剋-小吉。

逢見天運被其生剋化：一生-凶。二生-凶。一剋-小吉。

火木土 3.9.7、13.9.17、3.19.17……

4.主運人格=陰見陰　解：必見家運難通，父母無力，恐生刑剋，陷顚沛流離，發展無門，財運無力，恐陷終其一生勞碌奔波，陷身衰體敗或意外，男女有此配置，必見

刑傷，難見家運，安寧子女凋零。

逢見與天運來生剋化：一生-小吉。二生-凶。一剋-小吉。

逢見天運被其生剋化：一生-凶。二生-小吉。一剋-小吉。

火木金 2.10.7、12.10.17、2.10.17……

1.主運人格=陰、陽　解：必見家運先盛後衰，恐生刑傷，父母不安祥或破壞分離，終其一生華而不實，必陷發展困難，財運空虛，中途意外急變，男女有此配置，必生刑剋，陷配偶運氣莫名，子女不安康。

逢見與天運來生剋化：一生-小吉。二生-凶。一剋-吉。

逢見天運被其生剋化：一生-凶。二生-小吉。一剋-小吉。

火木金 3.8.10、13.8.10、3.18.10……

2.主運人格=陽、陰　解：必見家運華而不實，暗藏破兆，恐生刑傷，父母不利或破壞分離，終其一生必見勞碌奔波，不安寧，財運困苦，發展無力，若能本分勤儉，中後運可得安，男女有此配置，必得良善共扶。

逢見與天運來生剋化：一生-吉。二生-凶。一剋-凶。

逢見天運被其生剋化：一生-小凶。二生-小吉。一剋-吉。

火木金 2.9.8、12.9.18、2.19.18……

3.主運人格=陽見陽　解：必見家運渾渾噩噩不安祥，恐生刑剋，父母身衰體敗，恐生貧困凋零，終其一生恐陷勞碌不堪，財運空虛，男女有此配置，必見刑傷，自孤成或破壞不祥分離，子女庸俗無依。

逢見與天運來生剋化：一生-小吉。二生-凶。一剋-小吉。

逢見天運被其生剋化：一生-凶。二生-凶。一剋-凶。

火木金 3.9.9、13.9.19、3.19.9……

4.主運人格=陰見陰　解：必見家運不祥，恐生刑剋，破壞分離，發展困苦，家業難榮，財運困苦，恐陷終其一生顛沛流離，發展無門，憂愁四起，運氣難通，男女有此配置，必生刑剋破壞分離，漂零無依。

逢見與天運來生剋化：一生-小吉。二生-小凶。一剋-小吉。

逢見天運被其生剋化：一生-凶。二生-小吉。一剋-小凶。

火木水 2.10.9、12.10.19、2.10.19……

1.主運人格=陰、陽　解：必見家運暗藏破兆別離，恐陷華而不實，父母不得力，發展辛苦，終其一生必見財運困難，陷顛沛流離，意外急變，男女有此配置，必見刑剋，破壞運氣分離，子女不安漂零。

逢見與天運來生剋化：一生-小吉。二生-凶。一剋-小

吉。

逢見天運被其生剋化：一生-小凶。二生-凶。一剋-小吉。

火木水 3.8.12、13.18.12、3.18.2……

2.主運人格=陽、陰　解：必見家運陷入孤苦漂零，恐生刑傷，父母身衰體敗或破壞分離，終其一生發展無門，中途恐生急變災難，若能安分勤與儉自能呈祥，男女有此配置，必見刑剋，破壞分離。

逢見與天運來生剋化：一生-小吉。二生-凶。一剋-吉。

逢見天運被其生剋化：一生-凶。二生-凶。一剋-小凶。

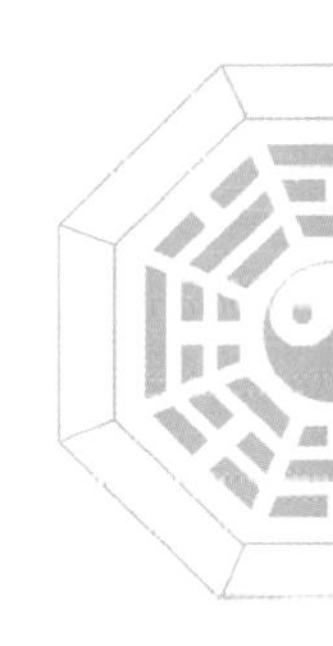

火木水 2.9.10、12.19.10、2.9.20……

3.主運人格=陽見陽　解：必見家運華而不實，恐陷刑傷，父母家道中落或無力，終其一生必勞碌不安枉心機，發展困苦，財運空虛，男女有此配置，必見相互刑剋，破壞分離，子女不安祥漂零。

逢見與天運來生剋化：一生-小吉。二生-凶。一剋-小吉。

逢見天運被其生剋化：一生-凶。二生-凶。一剋-凶。

火木水 3.9.11、13.19.11、3.19.21……

4.主運人格=陰見陰　解：必見家運不祥，恐生破兆刑剋，父母不安分離，家道莫名，恐生顛沛流離，終其一生災難無窮，發展困苦，財運無力，男女有此配置，必生自孤成，或刑傷分離，子女庸俗漂零。

逢見與天運來生剋化：一生-小吉。二生-凶。一剋-凶。

逢見天運被其生剋化：一生-凶。二生-凶。一剋-小凶。

火火木 2.2.9、12.12.9、2.12.19……

1.主運人格=陰、陽　解：必見家道中落，華而不實，恐生刑傷，破壞分離或陷父母不安祥，發展困苦，終其一生恐生自孤成，財運困難，男女有此配置，必見刑傷或仇恨分離，子女難安凋零。

逢見與天運來生剋化：一生-凶。二生-凶。三生-凶。一剋-小吉。二剋-吉。

逢見天運被其生剋化：一生-凶。二生-凶。三生-凶。一剋-小吉。二剋-小吉。

火火木 3.10.12、13.10.2、3.20.12……

2.主運人格=陽、陰　解：必見家運暗藏破兆分離，恐生刑傷，父母陷入身衰體敗，家道無力，終其一生恐生漂零無助，發展困難，財運空虛，男女有此配置，必見仇恨或刑傷中途分離，子女庸俗無力。

逢見與天運來生剋化：一生-凶。二生-凶。三生-凶。一剋-小吉。二剋-吉。

逢見天運被其生剋化：一生-凶。二生-凶。三生-凶。

一剋-凶。二剋-凶。

火火木 2.11.10、12.11.20、2.21.10……

3.主運人格=陽見陽　解：必見家道中落，恐陷忽明忽暗，日時心驚，父母不安康，暗藏破壞分離，恐陷無力凋零，發展無門，財運無力，男女有此配置，必見刑傷自孤成或破壞運氣不祥分離，子女不安康。

逢見與天運來生剋化：一生-凶。二生-凶。三生-凶。一剋-小吉。二剋-吉。

逢見天運被其生剋化：一生-凶。二生-凶。三生-凶。一剋-小吉。二剋-小吉。

火火木 3.11.11、13.11.11、3.21.11……

4.主運人格=陰見陰　解：必見家道困難，恐生刑剋，父母身衰體敗，發展無力，家道困苦，恐陷終其一生勞碌奔波無依，發展窒息，財運空虛，男女有此配置，必見華而不實刑傷破壞分離，子女不安分離。

逢見與天運來生剋化：一生-凶。二生-凶。三生-凶。一剋-小吉。二剋-吉。

逢見天運被其生剋化：一生-凶。二生-凶。三生-凶。一剋-小吉。二剋-小吉。

火火火 2.2.11、12.2.11、2.12.11……

1.主運人格=陰、陽　解：必見先盛後衰，暗藏家運破兆或破壞分離，恐生刑傷，父母不安祥，陷家運漂零，終其一生發展困難，財運破衰，男女有此配置，必見刑剋，破壞運氣或仇恨分離，子女莫名凋零。

逢見與天運來生剋化：一生-凶。二生-凶。三生-凶。一剋-小吉。二剋-小吉。三剋-吉。

逢見天運被其生剋化：一生-凶。二生-凶。三生-凶。一剋-凶。二剋-凶。三剋-大凶。

火火火 3.10.4、13.10.14、3.20.14……

2.主運人格=陽、陰　解：必見家運一時發展，父母得力然暗藏刑傷不安，恐生破壞分離，陷發展破業，財運無力，中途意外不安祥，男女有此配置，必見不祥刑傷，破壞家運，陷子女莫名分離

逢見與天運來生剋化：一生-凶。二生-凶。三生-凶。一剋-小吉。二剋-小吉。三剋-吉。

逢見天運被其生剋化：一生-凶。二生-凶。三生-凶。一剋-凶。二剋-凶。三剋-大凶。

火火火 2.11.2、12.11.12、2.11.12……

3.主運人格=陽見陽　解：必見家道中落，父母不祥分離，恐生刑剋破壞，家運不堪，發展空破，財運有虛無實，中途意外爭端，是非不祥，男女有此配置，必相互刑剋，破壞家運難通，子女不安分離。

逢見與天運來生剋化：一生-凶。二生-凶。三生-凶。一剋-小吉。二剋-小吉。三剋-吉。

逢見天運被其生剋化：一生-凶。二生-凶。三生-凶。一剋-凶。二剋-凶。三剋-大凶。

火火火 3.11.3、13.11.13、3.1.13……

4.主運人格=陰見陰　解：必見家運暗藏破兆分離，恐生華而不實，根基薄弱，恐生刑傷，父母身衰體敗不祥，發展先盛後衰，必見財運空破或破業，男女有此配置，必生刑傷，莫名不安分離，子女漂零。

逢見與天運來生剋化：一生-凶。二生-凶。三生-凶。一剋-小吉。二剋-小吉。三剋-吉。

逢見天運被其生剋化：一生-凶。二生-凶。三生-凶。一剋-凶。二剋-凶。三剋-大凶。

火火土 2.2.3、12.2.13、2.12.3……

1.主運人格=陰、陽　解：必見家運華而不實，恐生先盛後衰，暗藏刑傷，父母恐生瞬間意外分離，若能守勤本分自能呈祥安康，男女有此配置，必得良善相互，然暗藏刑傷，破壞分離，子女無力漂零。

逢見與天運來生剋化：一生-凶。二生-小吉。三生-凶。一剋-吉。二剋-小吉。

逢見天運被其生剋化：一生-凶。二生-凶。一剋-小吉。二剋-凶。

火火土 3.10.6、13.10.16、3.10.16……

2.主運人格=陽、陰　解：必見家運一時發展安定，父母得力，然暗藏根基薄弱，中途意外空破或見刑傷不安，陷財運發展破祖業，男女有此配置，必見華而不實，相互刑傷，破壞分離，子女無力凋零。

逢見與天運來生剋化：一生-凶。二生-小吉。三生-凶。一剋-吉。二剋-小吉。

逢見天運被其生剋化：一生-凶。二生-凶。一剋-小吉。二剋-凶。

火火土 2.11.4、12.11.14、2.11.14……

3.主運人格=陽見陽　解：必見家運莫名不安祥，恐生刑剋，父母身衰體敗或陷家道中落分離，發展困難，終其一生必見顛沛流離，發展無門，財運無力，男女有此配置，必見刑剋，破壞分離，子女庸俗無力。

逢見與天運來生剋化：一生-凶。二生-小吉。三生-凶。一剋-吉。二剋-小吉。

逢見天運被其生剋化：一生-凶。二生-凶。一剋-小吉。二剋-凶。

火火土 3.11.5、13.11.15、3.11.15……

4.主運人格=陰見陰　解：必見家運難通，恐生破壞分離，父母不安祥，終其一生必刑傷，破壞運氣，陷勞碌奔波費心機，財運困難，發展窒息，男女有此配置，必見相互刑傷，仇恨分離，陷子女漂零無依。

逢見與天運來生剋化：一生-凶。二生-小吉。三生-凶。一剋-吉。二剋-小吉。

逢見天運被其生剋化：一生-凶。二生-凶。一剋-小吉。二剋-凶。

火火金 2.2.5、12.2.15、2.12.5……

1.主運人格=陰、陽　解：必見家運忽明忽暗，恐暗藏破壞分離不安寧，必生刑剋，父母身衰體敗，終其一生困難，華而不實，發展無力，財運空虛，男女有此配置，必見刑傷，仇恨分離，子女不安祥。

逢見與天運來生剋化：一生-凶。二生-小吉。一剋-小吉。二剋-小吉。

逢見天運被其生剋化：一生-小吉。二生-小吉。一剋-小吉。二剋-小吉。

火火金 3.10.8、13.10.18、3.10.18……

2.主運人格=陽、陰　解：必見家運困難，恐生刑剋，父母家道難通，發展困苦，有虛無實，勞勞碌碌，終其一生恐生破壞分離，財運無力，男女有此配置，必見刑剋，相互破壞或仇恨分離，陷運氣困厄。

逢見與天運來生剋化：一生-凶。二生-小吉。一剋-小吉。二剋-小吉。

逢見天運被其生剋化：一生-小吉。二生-小吉。一剋-小吉。二剋-小吉。

火火金 2.11.6、12.11.16、2.11.16……

3.主運人格=陽見陽　解：必見家道中落，恐生破壞分離，父母不安祥，恐陷勞碌辛苦或刑傷家運，終其一生華而不實，暗藏破兆不安，財運破業，男女有此配置，必生刑剋，陷配偶身衰體弱，家運難通。

逢見與天運來生剋化：一生-凶。二生-小吉。一剋-小

吉。二剋-小吉。

逢見天運被其生剋化：一生-小吉。二生-小吉。一剋-小吉。二剋-小吉。

火火金 3.11.7、13.11.17、3.11.17……

4.主運人格=陰見陰　解：必見家道困難，恐生刑傷，破壞終其一生運氣，父母困難，六親漂零，發展無力，財運空虛，恐生意外，不安祥，男女有此配置，必見刑傷，仇恨恐生莫名分離，子女無力漂零。

逢見與天運來生剋化：一生-凶。二生-小吉。一剋-小吉。二剋-小吉。

逢見天運被其生剋化：一生-小吉。二生-小吉。一剋-小吉。二剋-小吉。

火火水 2.2.7、12.2.17、2.12.17……

1.主運人格=陰、陽　解：必見家運莫名不安，恐生刑剋，父母身衰體敗，發展窒息困難，運氣顛倒，中途意外不安祥，財運無力，男女有此配置，必見刑傷，或莫名不安祥分離，子女庸俗漂零。

逢見與天運來生剋化：一生-小凶。二生-小吉。一剋-小凶。二剋-小吉。

逢見天運被其生剋化：一生-小吉。二生-小吉。一剋-小吉。二剋-小吉。

火火水 3.10.10、13.10.20、3.20.10……

2.主運人格=陽、陰　解：必見家運難通，恐生刑剋，破壞運氣，父母身衰體敗，不安祥分離，終其一生必陷自孤成漂零，發展無力，財運空虛，男女有此配置，必見刑傷，破壞分離或仇恨不安家業，子女莫名不祥。

逢見與天運來生剋化：一生-小凶。二生-小吉。一剋-小凶。二剋-小吉。

逢見天運被其生剋化：一生-小吉。二生-小吉。一剋-小吉。二剋-小吉。

火火水 2.11.8、12.11.18、2.11.18……

3.主運人格=陽見陽　解：必見家道中落漂零，父母不安祥，恐生莫名不安身弱或分離，終其一生必陷漂零，白費心機，發展無門，財運困難，男女有此配置，必見自孤成刑傷累及配偶或仇恨，莫名分離。

逢見與天運來生剋化：一生-小凶。二生-小吉。一剋-小凶。二剋-小吉。

逢見天運被其生剋化：一生-小吉。二生-小吉。一剋-小吉。二剋-小吉。

火火水 3.11.9、13.11.19、3.11.19……

4.主運人格=陰見陰　解：必見命運不安祥，恐生刑剋，父母身弱，衣食不美，六親無依，必陷困厄，終其一生必勞勞碌碌，發展無門，財運空虛辛苦，男女有此配置，必見刑剋自孤成或漂零，子女不祥。

逢見與天運來生剋化：一生-小凶。二生-小吉。一剋-小凶。二剋-小吉。

逢見天運被其生剋化：一生-小吉。二生-小吉。一剋-小吉。二剋-小吉。

火土木 2.4.7、12.14.7、2.4.17……

1.主運人格=陰、陽　解：必見家運先富後貧，暗藏不安，恐生刑破，父母運氣陷入漂零無力，終其一生發展困難，財運無力，意外不安祥，男女有此配置，必見刑傷仇恨破壞，運氣難榮，子女不安祥。

逢見與天運來生剋化：一生-小吉。二生-小吉。一剋-凶。

逢見天運被其生剋化：一生-凶。二生-小吉。一剋-小凶。

火土木 3.2.10、13.12.10、3.12.10……

2.主運人格=陽、陰　解：必見家道中落，恐生刑傷，父母不安分離或破壞六親凋零，終其一生必陷財運顛倒，發展無門，意外災難，男女有此配置，必見自孤成無力，恐生刑傷，破壞分離，子女不安祥。

逢見與天運來生剋化：一生-小吉。二生-小吉。一剋-凶。

逢見天運被其生剋化：一生-凶。二生-小吉。一剋-小凶。

火土木 2.3.8、12.13.8、2.13.18……

3.主運人格=陽見陽　解：必見家運莫名不安祥，恐生刑剋，破壞別離，父母不安分離，發展無門，財運空虛，

恐陷運氣顛倒，終其一生白費心機，男女有此配置，必見刑傷中途或仇恨分離，子女不祥漂零。

逢見與天運來生剋化：一生-小吉。二生-小吉。一剋-凶。

逢見天運被其生剋化：一生-凶。二生-小吉。一剋-小凶。

火土木 3.3.9、13.3.19、3.13.9……

4.主運人格=陰見陰　解：必見家道烏雲遮地，恐陷不安祥，暗藏破兆漂零，父母不祥分離，終其一生必陷困厄，發展空無門，財運落空，男女有此配置，必見刑傷，仇恨破壞家門運氣，子女不安分離。

逢見與天運來生剋化：一生-小吉。二生-小吉。一剋-凶。

逢見天運被其生剋化：一生-凶。二生-小吉。一剋-小凶。

火土火 2.4.9、12.14.9、2.14.19……

1.主運人格=陰、陽　解：必見家運華而不實，恐陷父母不安康或破壞分離，發展困難，財運無力或陷運氣顛倒，中途意外生非或破業，男女有此配置，必見刑剋，配偶恐生破壞終其一生運氣，子女不安。

逢見與天運來生剋化：一生-小吉。二生-小吉。三生-凶。一剋-凶。二剋-凶。

逢見天運被其生剋化：一生-凶。二生-小吉。三生-

凶。一剋-凶。二剋-凶。

火土火 3.2.2、13.2.12、3.12.12……

2.主運人格=陽、陰　解：必見家運莫名不安祥，父母無力，恐陷家道不安寧，發展無力，有虛無實，財運空虛，中途意外不祥或破壞分離，男女有此配置，必見刑傷，相互仇恨，不安家運，子女無依。

逢見與天運來生剋化：一生-小吉。二生-小吉。三生-凶。一剋-凶。二剋-凶。

逢見天運被其生剋化：一生-凶。二生-小吉。三生-凶。一剋-凶。二剋-凶。

火土火 2.3.10、12.13.10、2.13.10……

3.主運人格=陽見陽　解：必見家道中落，無力乏天，難見興榮，父母無力，恐陷漂零或刑傷，終其一生家運難通，發展無力，財運顛倒，意外不安祥，男女有此配置，中後必見刑傷破壞，分離不祥，子女無力。

逢見與天運來生剋化：一生-小吉。二生-小吉。三生-凶。一剋-凶。二剋-凶。

逢見天運被其生剋化：一生-凶。二生-小吉。三生-凶。一剋-凶。二剋-凶。

火土火 3.3.11、13.3.11、3.13.11……

4.主運人格=陰見陰　解：必見家運難通，父母不安祥或無力，恐陷漂零，六親別離，終其一生衣食不美，發展無力，有虛無實，若能守分勤儉，祇待晚運自安，男女有

此配置，必見刑傷莫名分離，子女庸俗無力。

逢見與天運來生剋化：一生-小吉。二生-小吉。三生-凶。一剋-凶。二剋-凶。

逢見天運被其生剋化：一生-凶。二生-小吉。三生-凶。一剋-凶。二剋-凶。

火土土 2.4.11、12.14.11、2.14.11……

1.主運人格=陰、陽　解：必見家運漸通，父母得力能享一時安康，然暗藏中途意外不安祥，恐不安家道，發展辛苦，若能守勤本分，財運可安，男女有此配置，必得良善配偶共扶，子女獨立健康。

逢見與天運來生剋化：一生-吉。二生-凶。三生-凶。一剋-小凶。二剋-吉。

逢見天運被其生剋化：一生-小凶。二生-凶。一剋-凶。二剋-小凶。

火土土 3.2.4、13.12.4、3.12.14……

2.主運人格=陽、陰　解：必見家運漸安，父母健康可得，門庭安康，發展有利，財運無缺，男女有此配置，必得良善勤儉之配偶共創興庭，然暗藏中途破兆敗業，若能守勤本分自可享受吉祥。

逢見與天運來生剋化：一生-吉。二生-凶。三生-凶。一剋-小凶。二剋-吉。

逢見天運被其生剋化：一生-小凶。二生-凶。一剋-凶。二剋-小凶。

火土土 2.3.12、12.13.12、2.13.12……

3.主運人格=陽見陽　解：必見家運漂零，父母不得力，恐陷困厄無力，發展無門，財運空虛，必陷終其一生華而不實，恐陷破兆敗業或白費心機，男女有此配置，必見刑剋，累及配偶，破壞運氣或身衰體敗。

逢見與天運來生剋化：一生-吉。二生-凶。三生-凶。一剋-小凶。二剋-吉。

逢見天運被其生剋化：一生-小凶。二生-凶。一剋-凶。二剋-小凶。

火土土 3.3.13、13.13.13、3.13.3……

4.主運人格=陰見陰　解：必見家運先貧後漸通，中來必得否極泰來，初運必陷不安祥或刑傷，父母不安寧，六親別離，發展財運辛苦，若能守勤本分，晚運自亨通，然暗藏刑剋，配偶恐陷中途分離不祥。

逢見與天運來生剋化：一生-吉。二生-凶。三生-凶。一剋-小凶。二剋-吉。

逢見天運被其生剋化：一生-小凶。二生-凶。一剋-凶。二剋-小凶。

火土金 2.4.3、12.14.3、2.14.13……

1.主運人格=陰、陽　解：必見家運漸通，父母得壽長，必見否極泰來雲開見月之喜，必有福蔭興門庭，發展漸近有力，財運無憂，男女有此配置，必得良善配偶，然暗藏刑傷，恐生莫名分離，子女漂零。

逢見與天運來生剋化：一生-吉。二生-小吉。一剋-小吉。

逢見天運被其生剋化：一生-凶。一剋-小吉。

火土金 3.2.6、13.12.6、3.12.16……

2.主運人格=陽、陰　解：必見家運莫名不安寧，恐生刑傷，父母不得力，六親孤零，恐生破壞分離，運氣難通，發展辛苦，財運無虞，終其一生必先苦後甘，男女有此配置，必見中途分離不祥，子女不安漂零。

逢見與天運來生剋化：一生-吉。二生-小吉。一剋-小吉。

逢見天運被其生剋化：一生-凶。一剋-小吉。

火土金 2.3.4、12.13.4、2.13.14……

3.主運人格=陽見陽　解：必見家道中落，發展無力，有慮無實，父母辛苦不得力，恐陷漂零或顛沛流離，棄祖他鄉，財運顛倒，家運不安寧，男女有此配置，必見刑剋，恐陷中途破壞分離，子女不安漂零。

逢見與天運來生剋化：一生-吉。二生-小吉。一剋-小吉。

逢見天運被其生剋化：一生-凶。一剋-小吉。

火土金 3.3.5、13.13.5、3.13.5……

4.主運人格=陰見陰　解：必見家運忽明忽暗，恐陷漂零，父母不安祥，恐生刑傷，身衰體敗，終其一生顛沛流離，勞勞碌碌費心機，財運無力，男女有此配置，必見刑傷或中途不安分離，子女無力分離。

逢見與天運來生剋化：一生-吉。二生-小吉。一剋-小吉。

逢見天運被其生剋化：一生-凶。一剋-小吉。

火土水 2.4.5、12.14.5、2.4.15……

1.主運人格=陰、陽　解：必見家運華而不實，恐生刑傷家運，父母不安康分離，中途恐陷敗業，發展無門，財運陷入災難，意外不祥急變，男女有此配置，必見刑剋或中途仇恨分離，子女不安康。

逢見與天運來生剋化：一生-小吉。二生-小吉。一剋-小吉。

逢見天運被其生剋化：一生-小吉。二生-小吉。一剋-凶。

火土水 3.2.8、13.12.8、3.12.18……

2.主運人格=陽、陰　解：必見家道中落，恐生刑剋，父母身體不安或不祥分離，家業難興，恐陷破兆或瞬間急變，災難發展破業，財運不安祥，男女有此配置，必見孤苦零丁或刑傷，破敗運氣，子女不祥。

逢見與天運來生剋化：一生-小吉。二生-小吉。一剋-小吉。

逢見天運被其生剋化：一生-小吉。二生-小吉。一剋-凶。

火土水 2.3.6、12.13.6、2.13.16……

3.主運人格=陽見陽　解：必見家運漂零，恐陷雲遮半月，運氣難通，財運無力空虛，父母不安祥，恐陷破壞分離，終其一生陷顛沛流離，衣食不足，男女有此配置，必見刑傷或中途離異不安寧，子女無力。

逢見與天運來生剋化：一生-小吉。二生-小吉。一剋-小吉。

逢見天運被其生剋化：一生-小吉。二生-小吉。一剋-凶。

火土水 3.3.7、13.13.7、3.13.7……

4.主運人格=陰見陰　解：必見家運，父母不安祥或莫名分離，陷人漂零困厄，意外不祥，災難發展無門，恐陷終其一生無依無靠，男女有此配置，必見刑傷，中途意外不安分離，家業總難榮，子女無力漂零。

逢見與天運來生剋化：一生-小吉。二生-小吉。一剋-小吉。

逢見天運被其生剋化：一生-小吉。二生-小吉。一剋-凶。

火金木 2.6.5、12.16.15、2.6.15……

1.主運人格=陰、陽　解：必見家運華而不實，暗藏破兆分離，恐生刑傷，父母無力，終其一生發展困難，財運無力，運氣顛倒，男女有此配置，必見刑傷，仇恨分離或陷入破壞家運難通，子女不安祥。

逢見與天運來生剋化：一生--小吉。二生-凶。一剋-小吉。

逢見天運被其生剋化：一生-小吉。二生-小吉。一剋-小吉。

火金木 3.4.8、13.14.8、3.14.18……

2.主運人格=陽、陰　解：必見家運莫名不祥，恐陷漂零，顛沛流離，家道動盪不安，父母不安康，發展無力，財運空虛，中途恐生意外急變，男女有此配置，必見中途仇恨分離，子女身衰體敗，無力不祥。

逢見與天運來生剋化：一生--小吉。二生-凶。一剋-小吉。

逢見天運被其生剋化：一生-小吉。二生-小吉。一剋-小吉。

火金木 2.5.6、12.15.6、2.15.16……

3.主運人格=陽見陽　解：必見家運難通，恐陷不安祥刑傷，父母身衰體敗或莫名分離，終其一生必陷困厄，財運難安，意外急變不祥，男女有此配置，必見刑剋，不得善終，恐生破壞，子女不安祥。

逢見與天運來生剋化：一生-小吉。二生-凶。一剋-小吉。

逢見天運被其生剋化：一生-小吉。二生-小吉。一剋-小吉。

火金木 3.5.7、13.15.7、3.5.17……

4.主運人格=陰見陰　解：必見家業難興，父母莫名身衰，恐陷破祖敗業或陷入困厄，終其一生勞勞碌碌，財運空虛，陷投機意外不祥，男女有此配置，必生刑傷，破壞終其一生運氣，子女不安，陷入不祥漂零。

逢見與天運來生剋化：一生--小吉。二生-凶。一剋-小吉。

逢見天運被其生剋化：一生-小吉。二生-小吉。一剋-小吉。

火金火 2.6.7、12.16.7、2.16.17……

1.主運人格=陰、陽　解：必見家運不安，父母不祥，恐生破祖離親，中途意外急變災難，終其一生必顛沛流離或意外官非，財運空破，男女有此配置，必見仇恨刑傷，不安分離，子女孤苦無依不祥。

逢見與天運來生剋化：一生-小吉。二生-凶。一剋-凶。二剋-小吉。

逢見天運被其生剋化：一生-凶。二生-小吉。一剋-凶。二剋-小吉。

火金火 3.4.10、13.14.10、3.14.10……

2.主運人格=陽、陰　解：必見家運難通，恐生刑剋，破壞分離，烏雲遮月意外不祥，父母不安康，終其一生必陷華而不實，孤苦零丁，財運空虛，恐見非業意外，男女有此配置，必陷刑傷自孤成，子女不安祥。

逢見與天運來生剋化：一生-小吉。二生-凶。一剋-凶。二剋-小吉。

逢見天運被其生剋化：一生-凶。二生-小吉。一剋-凶。二剋-小吉。

火金火 2.5.8、12.15.8、2.15.18……

3.主運人格=陽見陽　解：必見家道中落，恐生刑剋，父母身衰體敗，家運凋零，恐陷困厄不得安祥，終其一生發展無門，必陷運氣顛倒，財運空虛，男女有此配置，必見刑傷，仇恨分離破壞，家運難通，子女不祥。

逢見與天運來生剋化：一生-小吉。二生-凶。一剋-凶。二剋-小吉。

逢見天運被其生剋化：一生-凶。二生-小吉。一剋-凶。二剋-小吉。

火金火 3.5.9、13.15.9、3.15.19……

4.主運人格=陰見陰　解：必見家運難通不安寧，恐生莫名不祥破祖，六親發展困難，恐陷困厄災難叢生或意外，終其一生財運困難，男女有此配置，必見刑剋，莫名分離或終其一生自孤成，子女漂零。

逢見與天運來生剋化：一生-小吉。二生-凶。一剋-凶。二剋-小吉。

逢見天運被其生剋化：一生-凶。二生-小吉。一剋-凶。二剋-小吉。

火金土 2.6.9、12.16.9、2.6.19……

1.主運人格=陰、陽　解：必見先盛後衰，暗藏不祥，破壞分離，恐生孤剋父母不得力，華而不實，發展困難，財

運無力，家運難通，男女有此配置，中前婚姻尚安，防中後必生破壞刑傷分離，子女漂零。

逢見與天運來生剋化：一生-小吉。二生-凶。一剋-凶。

逢見天運被其生剋化：一生-凶。二生-小吉。一剋-凶。

火金土 3.4.12、13.14.12、3.14.2……

2.主運人格=陽、陰　解：必見家運小康，恐陷華而不實，暗藏破兆分離，父母不安康，恐生漂零，意外災難發展窒息，財運顛倒，男女有此配置，恐陷好景不常，必見中後刑傷分離，子女不安無依。

逢見與天運來生剋化：一生-小吉。二生-凶。一剋-凶。

逢見天運被其生剋化：一生-凶。二生-小吉。一剋-凶。

火金土 2.5.10、12.15.10、2.15.10……

3.主運人格=陽見陽　解：必見家業難興，恐陷暗藏不安，恐生自破分離，父母無力，必陷非業，陷顛沛流離，白費心機，財運顛倒，意外不祥，男女有此配置，恐陷破兆分離或晚運不得安康，子女薄弱漂零。

逢見與天運來生剋化：一生-小吉。二生-凶。一剋-凶。

逢見天運被其生剋化：一生-凶。二生-小吉。一剋-

凶。

火金土 3.5.11、13.15.11、3.15.11……

4.主運人格=陰見陰　解：必見家運困難，父母無力，發展辛苦，財運顛倒，必生漂零，意外不安寧，若能守勤本分，祇待晚來自得安康，男女有此配置，必見刑傷，中途必生空破分離，子女不安祥無依。

逢見與天運來生剋化：一生-小吉。二生-凶。一剋-凶。

逢見天運被其生剋化：一生-凶。二生-小吉。一剋-凶。

火金金 2.6.11、12.16.11、2.16.11……

1.主運人格=陰、陽　解：必見家運不安祥，恐生刑傷，累及父母不安康，初運辛苦，災難不祥，中來必見上天福蔭，否極泰來，財運無缺，發展有利，男女有此配置，必得良善勤儉共扶，然恐暗藏刑傷分離。

逢見與天運來生剋化：一生-小吉。二生-凶。一剋-凶。二剋-小吉。

逢見天運被其生剋化：一生-凶。二生-凶。一剋-凶。二剋-凶。

火金金 3.4.4、13.14.4、3.14.14……

2.主運人格=陽、陰　解：必見家運華而不實，暗藏破兆分離，恐生刑剋，六親漂零，陷入無助，發展困難，中途意外急變災難，男女有此配置，必先得良善共持，然暗

藏刑傷破壞分離，陷入晚運自孤成，子女不安。

逢見與天運來生剋化：一生-小吉。二生-凶。一剋-凶。二剋-小吉。

逢見天運被其生剋化：一生-凶。二生-凶。一剋-凶。二剋-凶。

火金金 2.5.12、12.15.12、2.15.2……

3.主運人格=陽見陽　解：必見家運難通，恐生敗兆刑剋，父母不安祥或棄祖別離，終其一生必陷顛沛流離，意外急變災難，財運空虛，發展困難，男女有此配置，必得良善，然暗藏破兆分離，晚運孤苦零丁，子女不祥。

逢見與天運來生剋化：一生-小吉。二生-凶。一剋-凶。二剋-小吉。

逢見天運被其生剋化：一生-凶。二生-凶。一剋-凶。二剋-凶。

火金金 3.5.13、13.15.13、3.15.3……

4.主運人格=陰見陰　解：必見家運陷入不祥敗兆，恐生刑傷，父母身衰體敗不安分離，陷終其一生衣食困厄發展，財運顛倒，若能本分守舊，自可小安，男女有此配置，必生刑傷，配偶破壞分離或陷孤零。

逢見與天運來生剋化：一生-小吉。二生-凶。一剋-凶。二剋-小吉。

逢見天運被其生剋化：一生-凶。二生-凶。一剋-凶。二剋-凶。

火金水 2.6.13、12.16.13、2.16.3……

1.主運人格=陰、陽　解：必見家運不安寧，必生意外不祥，破兆孤剋，父母身衰體敗不祥破，六親不安寧，終其一生必見困厄或陷投機非業意外，男女有此配置，必見刑剋配偶，終其一生必陷分離，孤苦零丁。

逢見與天運來生剋化：一生-凶。二生-凶。一剋-小吉。

逢見天運被其生剋化：一生-小吉。二生-凶。一剋-凶。

火金水 3.4.6、13.14.6、3.14.16……

2.主運人格=陽、陰　解：必見家業難興，父母不安祥，恐生莫名分離，發展窒息，財運空虛，意外急變災難或陷烏雲遮月終其一生，男女有此配置，必見刑破，配偶分離或陷意外，陷漂零無依不祥。

逢見與天運來生剋化：一生-凶。二生-凶。一剋-小吉。

逢見天運被其生剋化：一生-小吉。二生-凶。一剋-凶。

火金水 2.5.4、12.15.14、2.15.4……

3.主運人格=陽見陽　解：必見家運陷入不安，動盪不安恐生刑剋，父母不利，陷家道漂零，發展無門或陷入投機非業意外不祥災難，財運困難，男女有此配置，必見刑傷或終其一生孤獨漂零或自孤成。

逢見與天運來生剋化：一生-凶。二生-凶。一剋-小吉。

逢見天運被其生剋化：一生-小吉。二生-凶。一剋-凶。

火金水 3.5.5、13.15.5、3.15.15……

4.主運人格=陰見陰　解：必見家運不祥，恐陷漂零不安寧，父母不安康，恐陷莫名分離，破六親或棄祖別離，陷終其一生災運重疊，發展無門，財運無力，男女有此配置，必見刑剋或自孤戍，子女不安祥。

逢見與天運來生剋化：一生-凶。二生-凶。一剋-小吉。

逢見天運被其生剋化：一生-小吉。二生-凶。一剋-凶。

火水木 2.8.3、12.8.13、2.18.13……

1.主運人格=陰、陽　解：必見家業難榮，父母困苦，恐陷漂零無力，發展困難，財運空虛，中途意外不祥災難，陷終其一生動盪不安，男女有此配置必刑傷配偶或破壞分離，終其一生無依漂零，子女不安康。

逢見與天運來生剋化：一生-小吉。二生-凶。一剋-小吉。

逢見天運被其生剋化：一生-凶。二生-凶。一剋-小吉。

火水木 3.6.6、13.16.6、3.16.16……

2.主運人格=陽、陰　解：必見家運困難，父母不得力，發展無門，財運辛苦，恐破祖離親，中途意外災變不祥，恐陷破業爭端是非，男女有此配置，必見婚姻刑傷不安，恐陷仇恨分離，子女無力漂零。

逢見與天運來生剋化：一生-小吉。二生-凶。一剋-小吉。

逢見天運被其生剋化：一生-凶。二生-凶。一剋-小吉。

火水木 2.7.4、12.7.14、2.17.14……

3.主運人格=陽見陽　解：必見家運困苦，恐陷四面楚歌，父母不得力，恐陷憂愁四起難見安寧日或刑傷家運難通，財運空虛，陷終其一生勞碌奔波費心機，男女有此配置，必見刑傷分離或陷自孤成漂零。

逢見與天運來生剋化：一生-小吉。二生-凶。一剋-小吉。

逢見天運被其生剋化：一生-凶。二生-凶。一剋-小吉。

火水木 3.7.5、13.17.15、3.17.5……

4.主運人格=陰見陰　解：必見家運難興，恐陷終其一生家道中落，父母不安康，恐陷漂零無依或困厄，發展窒息，財運空虛，意外急變災難，男女有此配置，必見好景不常，恐陷意外分離，晚運可得配偶共扶。

逢見與天運來生剋化：一生-小吉。二生-凶。一剋-小

吉。

逢見天運被其生剋化：一生-凶。二生-凶。一剋-小吉。

火水火 2.8.5、12.8.15、2.18.15……

1.主運人格=陰、陽　解：必見家運有虛無實，父母無力，家道難興，發展有限，財運無力，終其一生勞勞碌碌，白費心機，中途恐生意外不安祥，男女有此配置，必見刑傷，不安寧分離，子女薄弱無力。

逢見與天運來生剋化：一生-小吉。二生-凶。一剋-小吉。二剋-吉。

逢見天運被其生剋化：一生-小凶。二生-小吉。一剋-凶。二剋-小吉。

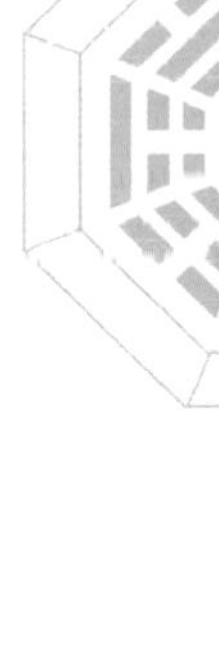

火水火 3.6.8、13.6.18、3.16.18……

2.主運人格=陽、陰　解：必見家運烏雲遮月，發展窒息，暗藏破兆分離，父母不安祥，家運難通，終其一生必陷勞碌奔波，財運辛苦，中途意外不祥，男女有此配置，必見刑傷破壞分離，子女不祥漂零。

逢見與天運來生剋化：一生-小吉。二生-凶。一剋-小吉。二剋-吉。

逢見天運被其生剋化：一生-小凶。二生-小吉。一剋-凶。二剋-小吉。

火水火 2.7.6、12.7.16、2.17.16……

3.主運人格=陽見陽　解：必見家運窒息難通，恐生刑傷，父母身衰體敗或漂零，終其一生勞勞碌碌，運氣顛倒，發展困難，中途意外不安祥，男女有此配置，必見刑剋，累及配偶破壞運氣，子女孤苦零丁。

逢見與天運來生剋化：一生-小吉。二生-凶。一剋-小吉。二剋-吉。

逢見天運被其生剋化：一生-小凶。二生-小吉。一剋-凶。二剋-小吉。

火水火 3.7.7、13.17.7、3.17.17……

4.主運人格=陰見陰　解：必見家道中落，父母不安祥，恐生急變或漂零四方，恐陷終其一生運氣困厄，發展無力，財運空虛，勞碌奔波或意外，男女有此配置，中途恐生急變，仇恨分離，子女無依。

逢見與天運來生剋化：一生-小吉。二生-凶。一剋-小吉。二剋-吉。

逢見天運被其生剋化：一生-小凶。二生-小吉。一剋-凶。二剋-小吉。

火水土 2.8.7、12.8.17、2.18.17……

1.主運人格=陰、陽　解：必見家運無力，恐生刑傷，父母身弱，六親漂零，財運辛苦，發展無力，恐陷終其一生力不從心，勞勞碌碌皆費心，男女有此配置，初限必生爭端刑傷，若能忍和，中後必見否極泰來，可得安。

逢見與天運來生剋化：一生-小吉。二生-凶。一剋-小凶。

逢見天運被其生剋化：一生-小凶。二生-小吉。一剋-小吉。

火水土 3.6.10、13.16.10、3.16.10……

2.主運人格=陽、陰　解：必見家道不安，父母不得力，恐陷六親凋零或破祖別離，終其一生顛沛流離，財運空虛，發展無力，恐生意外，不安祥，男女有此配置，必見刑傷，仇恨恐生破壞運氣，家運難通。

逢見與天運來生剋化：一生-小吉。二生-凶。一剋-小凶。

逢見天運被其生剋化：一生-小凶。二生-小吉。一剋-小吉。

火水土 2.7.8、12.17.8、2.17.18……

3.主運人格=陽見陽　解：必見家運不明，恐生刑剋，父母不安祥分離，陷家運難通，恐生困厄，終其一生六親無力，恐生破壞別離，發展無門，財運空虛，男女有此配置，必見仇恨分離，陷子女漂零無依。

逢見與天運來生剋化：一生-小吉。二生-凶。一剋-小凶。

逢見天運被其生剋化：一生-小凶。二生-小吉。一剋-小吉。

火水土 3.7.9、13.17.9、3.17.19……

4.主運人格=陰見陰　解：必見家運不祥，恐陷烏雲遮月，難遇親人，恐陷凋零分離，父母不安祥，發展窒息，恐

陷無力，財運不力，勞勞碌碌費心機或意外不祥，男女有此配置，必生刑剋自孤成，兒女不祥。

逢見與天運來生剋化：一生-小吉。二生-凶。一剋-小凶。

逢見天運被其生剋化：一生-小凶。二生-小吉。一剋-小吉。

火水金 2.8.9、12.18.9、2.8.19……

1.主運人格=陰、陽　解：必見家運困難，華而不實，父母辛苦無力，恐見意外不安祥，陷終其一生家運難通或勞奔四方，破親別離，發展無力，財運空虛，男女有此配置，必見自孤成不祥崩離子女無依。

逢見與天運來生剋化：一生-小吉。二生-凶。一剋-小凶。

逢見天運被其生剋化：一生-小吉。二生-凶。一剋-凶。

火水金 3.6.12、13.16.12、3.16.12……

2.主運人格=陽、陰　解：必見家運發展一時，父母得力，然暗藏破兆分離，恐生刑傷，父母不安祥或陷意外災難，發展辛苦，財運恐生不祥災難，男女有此配置，必見仇恨刑傷，中途意外崩離自孤成。

逢見與天運來生剋化：一生-小吉。二生-凶。一剋-小凶。

逢見天運被其生剋化：一生-小吉。二生-凶。一剋-

凶。

火水金 2.7.10、12.17.10、2.17.20……

3.主運人格=陽見陽　解：必見家運難通，恐陷無力，意外不安祥，恐生刑傷，父母身衰或不安分離，終其一生華而不實，恐根基薄弱，財運霧裡看花，男女有此配置，必見刑剋，崩離不祥或自孤成無依。

逢見與天運來生剋化：一生-小吉。二生-凶。一剋-小凶。

逢見天運被其生剋化：一生-小吉。二生-凶。一剋-凶。

火水金 3.7.11、13.17.11、3.17.11……

4.主運人格=陰見陰　解：必見家運困難，華而不實，父母莫名不安祥，恐生刑傷破壞別離，六親凋零，恐陷無力發展，財運困難，意外爭端生非，男女有此配置，必見刑傷分離，恐破壞家運難通，子女漂零。

逢見與天運來生剋化：一生-小吉。二生-凶。一剋-小凶。

逢見天運被其生剋化：一生-小吉。二生-凶。一剋-凶。

火水水 2.8.11、12.18.11、2.18.11……

1.主運人格=陰、陽　解：必見家運瞬間空破，恐生敗兆凋零或刑剋父母不祥分離，陷終其一生災運重疊，意外不祥，發展生災，財運不安，男女有此配置，必見孤剋配偶或不祥分離，陷自孤成無依。

逢見與天運來生剋化：一生-小凶。二生-小凶。一剋-小吉。二剋-小吉。

逢見天運被其生剋化：一生-小吉。二生-小凶。一剋-凶。二剋-凶。

火水水 3.6.4、13.16.4、3.16.14……

2.主運人格=陽、陰　解：必見家運辛苦，父母恐陷身衰體弱，家道中落，陷入不安祥或漂零，恐生刑傷，終其一生運氣東走西奔，財運辛苦，發展困難或意外災變，男女有此配置，必見婚姻不安寧，子女難安。

逢見與天運來生剋化：一生-小凶。二生-小凶。一剋-小吉。二剋-小吉。

逢見天運被其生剋化：一生-小吉。二生-小凶。一剋-凶。二剋-凶。

火水水 2.7.12、12.17.12、2.17.12……

3.主運人格=陽見陽　解：必見家道不安祥，恐陷刑剋，父母不安分離，家運困難，恐陷潦困，六親別離，災難意外，恐陷終其一生顛沛流離，發展無力，財運空虛，男女有此配置，必見仇恨分離或相互刑剋不安。

逢見與天運來生剋化：一生-小凶。二生-小凶。一剋-小吉。二剋-小吉。

逢見天運被其生剋化：一生-小吉。二生-小凶。一剋-凶。二剋-凶。

火水水 3.7.13、13.17.13、3.17.13……

4.主運人格=陰見陰　解：必見家運困難，父母身衰體弱，六親凋零，弟兄無力，財運空虛，恐陷終其一生勞勞碌碌費心機，發展困難或中途意外，男女有此配置，必陷自孤成或刑剋破壞分離，子女莫名。

逢見與天運來生剋化：一生-小凶。二生-小凶。一剋-小吉。二剋-小吉。

逢見天運被其生剋化：一生-小吉。二生-小凶。一剋-凶。二剋-凶。

土木木 4.8.3、14.8.13、4.18.13……

1.主運人格=陰、陽　解：必見家運華而不實，暗藏破兆分離，父母不得力，發展困難，恐陷中途意外急變災難或身衰體弱，男女有此配置，必見婚姻不安祥或相互刑傷破壞，仇恨分離，子女不安祥漂零。

逢見與天運來生剋化：一生-小凶。二生-小凶。一剋-小凶。二剋-小吉。

逢見天運被其生剋化：一生-小吉。二生-小凶。一剋-小凶。二剋-凶。

土木木 5.6.6、15.16.6、5.16.16……

2.主運人格=陽、陰　解：必見家道陷入不安祥或破祖離親，父母身衰體弱不安祥，家運難通，計劃困難，中途恐陷意外災變或陷入財運不安祥，男女有此配置，必見早婚破敗，祇待中後婚姻自安祥。

逢見與天運來生剋化：一生-小凶。二生-小凶。一剋-小凶。二剋-小吉。

逢見天運被其生剋化：一生-小吉。二生-小凶。一剋-小凶。二剋-凶。

土木木 4.7.4、14.7.14、4.17.14……

3.主運人格=陽見陽　解：必見家道中落，六親漂零，父母無力，恐生刑傷，運氣難通或陷終其一生勞勞碌碌費心機，發展無力，財運困難，男女有此配置，早婚必見空破或分離，若能忍和修性，晚運婚姻自得安。

逢見與天運來生剋化：一生-小凶。二生-小凶。一剋-小凶。二剋-小吉。

逢見天運被其生剋化：一生-小吉。二生-小凶。一剋-小凶。二剋-凶。

土木木 5.7.5、15.7.15、5.17.15……

4.主運人格=陰見陰　解：必見家運不安祥，恐陷破祖離鄉，弟兄莫名分離，父母不得力，恐陷意外或不安祥，發展困難，財運辛苦，恐陷勞碌奔波不安寧或破業，男女有此配置，必見仇恨分離，若能修性，中後可安康。

逢見與天運來生剋化：一生-小凶。二生-小凶。一剋-小凶。二剋-小吉。

逢見天運被其生剋化：一生-小吉。二生-小凶。一剋-小凶。二剋-凶。

土木火 4.8.5、14.8.15、4.18.15……

1.主運人格=陰、陽　解：必見家運華而不實，暗藏破壞分離，父母不得力，恐見不安祥，陷入漂零，家運難通，發展陷入不安祥，財運空虛，男女有此配置，早婚必見中途或相互破壞分離，若能勤修，晚運自安康。

逢見與天運來生剋化：一生-小吉。二生-凶。一剋-小吉。

逢見天運被其生剋化：一生-凶。二生-凶。一剋-小吉。

土木火 5.6.8、15.16.8、5.16.18……

2.主運人格=陽、陰　解：必見家道中落，恐陷父母身衰體弱或不安祥糾葛，家運陷入發展困難，華而不實，暗藏破壞分離，男女有此配置，必見婚姻不安祥，恐生仇恨相互破壞，祇待忍和自能得後安康。

逢見與天運來生剋化：一生-小吉。二生-凶。一剋-小吉。

逢見天運被其生剋化：一生-凶。二生-凶。一剋-小吉。

土木火 4.7.6、14.17.6、4.17.16……

3.主運人格=陽見陽　解：必見家運不安分離或陷入漂零，父母身衰體弱，發展無力，計劃困難，財運辛苦，中途意外急變災難，男女有此配置，必見刑剋或不安分離，陷家運難通，子女無力漂零或不安祥。

逢見與天運來生剋化：一生-小吉。二生-凶。一剋-小

吉。

逢見天運被其生剋化：一生-凶。二生-凶。一剋-小吉。

土木火 5.7.7、15.17.7、5.17.17……

4.主運人格=陰見陰　解：必見家運華而不實，暗藏破壞分離，恐陷刑傷，父母不得力，六親凋零，發展窒息，財運難通，中途意外急變災難，男女有此配置，必見刑傷分離，若能安然，祇待勤修，後運自然通。

逢見與天運來生剋化：一生-小吉。二生-凶。一剋-小吉。

逢見天運被其生剋化：一生-凶。二生-凶。一剋-小吉。

土木土 4.8.7、14.8.17、4.18.17……

1.主運人格=陰、陽　解：必見家運困難，父母不得力，恐陷不安祥分離，發展無力，財運辛苦，計劃困難，恐陷終其一生顚沛流離，勞碌費心，男女有此配置，必見不安祥分離或相互刑傷，陷運氣難通。

逢見與天運來生剋化：一生-吉。二生-凶。一剋-小吉。二剋-吉。

逢見天運被其生剋化：一生-凶。二生-小凶。一剋-凶。二剋-吉。

土木土5.6.10、15.16.10、5.16.10……

2.主運人格=陽、陰　解：必見家運華而不實，父母不得力，莫名分離，男女有此配置，中運前後可得一時發展，然暗藏破兆或陷根基薄弱，意外災難，婚姻不安祥或陷入自孤成，子女不安祥漂零。

逢見與天運來生剋化：一生-吉。二生-凶。一剋-小吉。二剋-吉。

逢見天運被其生剋化：一生-凶。二生-小凶。一剋-凶。二剋-吉。

土木土 4.7.8、14.17.8、4.7.18……

3.主運人格=陽見陽　解：必見家運烏雲遮日，父母辛苦，六親漂零，弟兄無力，恐陷終其一生勞勞碌碌，白費心機，恐陷終其一生顛沛流離，婚姻莫名或意外災變，若能勤修必能逢九死一生，晚運可得安。

逢見與天運來生剋化：一生-吉。二生-凶。一剋-小吉。二剋-吉。

逢見天運被其生剋化：一生-凶。二生-小凶。一剋-凶。二剋-吉。

土木土 5.7.9、15.17.9、5.17.19……

4.主運人格=陰見陰　解：必見家道困難，華而不實，恐生莫名不安祥或刑傷父母，陷家運難通，恐生破壞分離，發展困難，陷終其一生勞勞碌碌費心機，男女有此配置，必見刑剋自孤成，子女莫名不祥，漂零。

逢見與天運來生剋化：一生-吉。二生-凶。一剋-小吉。二剋-吉。

逢見天運被其生剋化：一生-凶。二生-小凶。一剋-凶。二剋-吉。

土木金 4.8.9、14.18.9、4.18.19……

1.主運人格=陰、陽　解：必見家道中落，恐陷華而不實，暗藏不安分離或刑傷，父母身弱，六親困難，弟兄無力，陷終其一生勞勞碌碌，白費心機，發展困難，男女有此配置，必見刑傷，不安祥分離或無依。

逢見與天運來生剋化：一生-小吉。二生-凶。一剋-小凶。

逢見天運被其生剋化：一生-凶。二生-凶。一剋-凶。

土木金 5.6.12、15.16.12、5.16.12……

2.主運人格=陽、陰　解：必見家運不安祥，恐生破壞別離，父母陷無力或困難，六親無靠，發展無門，財運困難，中後可得小安，然暗藏根基薄弱，陷入不安祥，男女有此配置，必見刑傷或傷心分離，子女不安。

逢見與天運來生剋化：一生-小吉。二生-凶。一剋-小凶。

逢見天運被其生剋化：一生-凶。二生-凶。一剋-凶。

土木金 4.7.10、14.17.10、4.17.10……

3.主運人格=陽見陽　解：必見家道華而不實，父母不安祥，恐生刑傷，家運難通，發展陷入無力，財運空虛或中途陷意外不祥災難，男女有此配置，必見刑剋自孤成或相互破壞運氣，陷門庭凋零，子女不安祥。

逢見與天運來生剋化：一生-小吉。二生-凶。一剋-小凶。

逢見天運被其生剋化：一生-凶。二生-凶。一剋-凶。

土木金 5.7.11、15.17.11、5.17.11……

4.主運人格=陰見陰　解：必見家運困難，父母辛苦不得力，發展困難，財運辛苦，恐陷刑傷不安寧，若能守舊可得小安，男女有此配置，必見婚姻貌合神離或陷入自孤成破壞，累及家運，子女不安康。

逢見與天運來生剋化：一生-小吉。二生-凶。一剋-小凶。

逢見天運被其生剋化：一生-凶。二生-凶。一剋-凶。

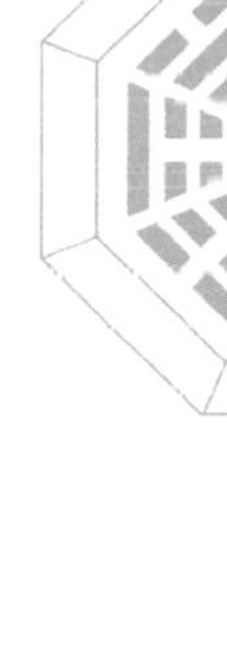

土木水 4.8.11、14.8.11、4.18.11……

1.主運人格=陰、陽　解：必見家運發展一時，然暗藏根基薄弱，恐陷破壞凋零，父母不得力，發展困難，財運華而不實，陷終其一生白費心機，男女有此配置，必見刑傷，相互累及或破壞分離自孤成，子女不安凋零。

逢見與天運來生剋化：一生-凶。二生-凶。一剋-小吉。

逢見天運被其生剋化：一生-凶。二生-小凶。一剋-凶。

土木水 5.6.4、15.6.14、5.16.14……

2.主運人格=陽、陰　解：必見家運，父母一時得力，受人稱羨，然暗藏破兆，恐陷莫名不安祥分離，發展破業，財運陷入不安祥或意外生非，男女有此配置，必先盛後衰，暗藏破壞或刑剋分離，子女漂零。

逢見與天運來生剋化：一生-凶。二生-凶。一剋-小吉。

逢見天運被其生剋化：一生-凶。二生-小凶。一剋-凶。

土木水 4.7.12、14.17.12、4.17.12……

3.主運人格=陽見陽　解：必見家運華而不實，恐陷先盛後衰，父母不安分離，陷入家道中落，中途意外不安祥，財運陷入破業，男女有此配置，必見意外不安，破壞分離或相互刑傷漂零，子女無依。

逢見與天運來生剋化：一生-凶。二生-凶。一剋-小吉。

逢見天運被其生剋化：一生-凶。二生-小凶。一剋-凶。

土木水 5.7.13、15.17.3、5.17.13……

4.主運人格=陰見陰　解：必見家運忽明忽暗或一時發展，然暗藏破壞分離或根基薄弱，陷財運空虛無力，陷終其一生白費心機，男女有此配置，必見仇恨分離或中途相互破壞，陷家運難通，子女無力漂零。

逢見與天運來生剋化：一生-凶。二生-凶。一剋-小吉。

逢見天運被其生剋化：一生-凶。二生-小凶。一剋-

凶。

土火木 4.10.11、14.10.11、4.20.11……

1.主運人格=陰、陽　解：必見家運一時虛華，父母有力，然暗藏瞬間破壞分離，恐生刑傷，家運困難或陷漂零，發展無力，財運不濟，意外不安祥，男女有此配置，必見終其一生相互刑傷自孤成，子女不祥。

逢見與天運來生剋化：一生-小吉。二生-凶。一剋-凶。

逢見天運被其生剋化：一生-小凶。二生-小凶。一剋-小凶。

土火木 5.8.4、15.8.14、5.18.14……

2.主運人格=陽、陰　解：必見家運困難，恐陷意外不安祥，發展困難，父母別離，華而不實，根基無力，恐陷漂零，發展意外，財運不安祥，恐生白費心機，男女有此配置，必陷終其一生不安分離，子女莫名不祥。

逢見與天運來生剋化：一生-小吉。二生-凶。一剋-凶。

逢見天運被其生剋化：一生-小凶。二生-小凶。一剋-小凶。

土火木 4.9.12、14.19.12、4.19.12……

3.主運人格=陽見陽　解：必見家運陷入不安分離，恐生刑剋，父母或家道中落，弟兄無力發展費心機，財運困難計劃中途意外生非，男女有此配置，必見相互刑剋或破

壞分離，陷家運難通，子女不安祥。

逢見與天運來生剋化：一生-小吉。二生-凶。一剋-凶。

逢見天運被其生剋化：一生-小凶。二生-小凶。一剋-小凶。

土火木 5.9.13、15.9.13、5.19.13……

4.主運人格=陰見陰　解：必見家道中落，父母不得力，恐生破祖，陷終其一生東奔西走，發展困難，華而不實，財運空虛，男女有此配置，必見不安祥分離或陷自孤成或終其一生無力，子女不安祥，凋零。

逢見與天運來生剋化：一生-小吉。二生-凶。一剋-凶。

逢見天運被其生剋化：一生-小凶。二生-小凶。一剋-小凶。

土火火 4.10.13、14.20.13、4.20.13……

1.主運人格=陰、陽　解：必見家運華而不實，暗藏破壞分離，家道中落，發展困難，弟兄無力計劃，中途財運空虛，恐陷家道瞬間不安祥，男女有此配置，必見貌合神離或仇恨刑傷，子女莫名不祥。

逢見與天運來生剋化：一生-小凶。二生-凶。三生-凶。一剋-小吉。二剋-小吉。

逢見天運被其生剋化：一生-凶。二生-小凶。三生-凶。一剋-吉。二剋-凶。

土火火 5.8.6、15.8.16、5.18.16……

2.主運人格=陽、陰　解：必見家運動盪不安，陷父母瞬間破壞別離或不安祥，終其一生恐陷華而不實，計劃陷入不安災難，財運無力，男女有此配置，早婚必見中途，祇待忍和，中晚運後自可安然。

逢見與天運來生剋化：一生-小凶。二生-凶。三生-凶。一剋-小吉。二剋-小吉。

逢見天運被其生剋化：一生-凶。二生-小凶。三生-凶。一剋-吉。二剋-凶。

土火火 4.9.4、14.9.14、4.19.14……

3.主運人格=陽見陽　解：必見家運困難，父母不安祥，六親不得力，弟兄薄弱，恐生刑傷，家道中落，陷終其一生顛沛流離，發展遭難，意外生非，有此配置男女，必見相互刑傷或破壞，運氣難通陷婚姻中途或不得要領之苦。

逢見與天運來生剋化：一生-小凶。二生-凶。三生-凶。一剋-小吉。二剋-小吉。

逢見天運被其生剋化：一生-凶。二生-小凶。三生-凶。一剋-吉。二剋-凶。

土火火 5.9.5、15.9.15、5.19.5……

4.主運人格=陰見陰　解：必見家運漂零，父母不得力，六親拒絕之苦，難見撥雲見月之日，陷終其一生發展困難，財運陷入災難不安祥，有此配置男女，必見傷心或陷情色十字關，中途婚姻離異或不倫分離。

逢見與天運來生剋化：一生-小凶。二生-凶。三生-凶。一剋-小吉。二剋-小吉。

逢見天運被其生剋化：一生-凶。二生-小凶。三生-凶。一剋-吉。二剋-凶。

土火土 4.10.5、14.10.15、4.10.15……

1.主運人格=陰、陽　解：必見家運難通，恐陷終其一生顛沛流離之配置，發展難安，財運陷入困厄或災難，中途意外合作生非，發展破業，陷入不得要領，有此配置男女，必見相互仇恨或爭端莫名，陷運氣不安祥。

逢見與天運來生剋化：一生-吉。二生-凶。三生-凶。一剋-凶。二剋-吉。

逢見天運被其生剋化：一生-凶。二生-凶。三生-凶。一剋-凶。二剋-小吉。

土火土 5.8.8、15.8.18、5.18.8……

2.主運人格=陽、陰　解：必見家運困難，恐生刑傷，家道中落，父母不安祥分離，弟兄薄弱，六親拒絕，終其一生外祥內憂，難見歡笑日，發展無門，有此配置男女，必見相互刑剋，恐生中途莫名不安分離或陷婚姻困難。

逢見與天運來生剋化：一生-吉。二生-凶。三生-凶。一剋-凶。二剋-吉。

逢見天運被其生剋化：一生-凶。二生-凶。三生-凶。一剋-凶。二剋-小吉。

土火土 4.9.6、14.9.16、4.19.16……

3.主運人格=陽見陽　解：必見家運不得力，恐生刑傷，父母不安康，家道難明，弟兄無力，恐陷終其一生顛沛流離，財運空虛之苦，陷終其一生河中撈月之不堪，有此配置男女，必見刑傷，中途意外，莫名分離。

逢見與天運來生剋化：一生-吉。二生-凶。三生-凶。一剋-凶。二剋-吉。

逢見天運被其生剋化：一生-凶。二生-凶。三生-凶。一剋-凶。二剋-小吉。

土火土 5.9.7、15.9.17、5.19.17……

4.主運人格=陰見陰　解：必見家運難通，父母不得力，恐陷刑傷，陷家道終其一生難興，發展困難，財運空虛，中途意外生非，陷終其一生勞勞碌碌費心機，有此配置男女，必見相互刑傷或貌合神離，陷運氣莫名不安祥。

逢見與天運來生剋化：一生-吉。二生-凶。三生-凶。一剋-凶。二剋-吉。

逢見天運被其生剋化：一生-凶。二生-凶。三生-凶。一剋-凶。二剋-小吉。

土火金 4.10.17、14.10.17、4.10.7……

1.主運人格=陰、陽　解：必見家道中落，父母無力，恐陷漂零或無依，發展困難，六親薄弱，終其一生恐陷孤獨無助，財運空虛，意外生非，男女有此配置，必見刑傷貌合神離難見歡笑，子女無力漂零。

逢見與天運來生剋化：一生-小吉。二生-小吉。一剋-小吉。

逢見天運被其生剋化：一生-凶。一剋-小吉。

土火金 5.8.10、15.18.10、5.18.10……

2.主運人格=陽、陰　解：必見家運難通，父母不得力，恐陷刑傷，終其一生發展困苦，財運顛倒，男女有此配置，必見相互仇恨分離，陷家運不得安寧，子女無力漂零，難見門庭興之不堪。

逢見與天運來生剋化：一生-小吉。二生-小吉。一剋-小吉。

逢見天運被其生剋化：一生-凶。一剋-小吉。

土火金 4.9.8、14.9.18、4.19.8……

3.主運人格=陽見陽　解：必見家道中落，父母不安祥，發展無門，恐陷困苦，財運空缺，必陷終其一生衣食不美或漂零四方，勞勞碌碌枉心機，男女有此配置，必見愁城難有歡笑，子女無力。

逢見與天運來生剋化：一生-小吉。二生-小吉。一剋-小吉。

逢見天運被其生剋化：一生-凶。一剋-小吉。

土火金 5.9.9、15.19.9、5.9.19……

4.主運人格=陰見陰　解：必見家運困難，六親別離，父母不安祥，恐陷刑傷，破壞分離，發展困難終其一生必陷衣祿不整，意外生災或不祥，男女有此配置，必見刑

傷，不安分離，子女無力凋零。

逢見與天運來生剋化：一生-小吉。二生-小吉。一剋-小吉。

逢見天運被其生剋化：一生-凶。一剋-小吉。

土火水 4.10.9、14.10.19、4.10.19……

1.主運人格=陰、陽　解：必見家運一時安寧，父母小康，然暗藏破壞分離，家道困難，恐陷財運無力，發展無門，中途意外災變或陷入意外生非，男女有此配置，必見刑傷，孤獨或漂零終其一生。

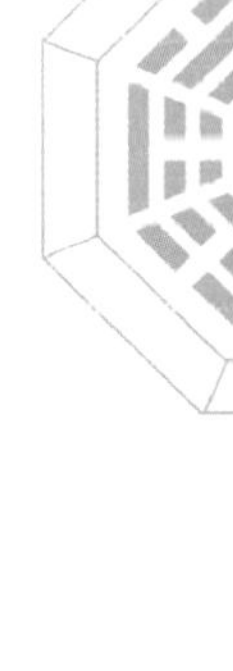

逢見與天運來生剋化：一生-小吉。二生-小吉。一剋-小吉。

逢見天運被其生剋化：一生-小吉。二生-凶。一剋-小吉。

土火水 5.8.12、15.18.12、5.18.12……

2.主運人格=陽、陰　解：必見家運忽明忽暗，恐生刑傷分離，陷父母身衰體敗，發展困難，弟兄無力，財運有虛無實，終其一生必勞勞碌碌，男女有此配置，必見孤獨漂零或相互刑傷破壞，門庭難榮。

逢見與天運來生剋化：一生-小吉。二生-小吉。一剋-小吉。

逢見天運被其生剋化：一生-小吉。二生-凶。一剋-小吉。

土火水 4.9.10、14.9.10、4.19.10……

3.主運人格=陽見陽　解：必見家道莫名不安祥，恐生刑傷，父母身衰體敗或破壞分離，衣食不美，財運困難，發展無力，終其一生恐陷顛沛流離，男女有此配置，婚姻必生破壞分離，子女庸俗，身弱無力。

逢見與天運來生剋化：一生-小吉。二生-小吉。一剋-小吉。

逢見天運被其生剋化：一生-小吉。二生-凶。一剋-小吉。

土火水 5.9.11、15.19.11、5.19.11……

4.主運人格=陰見陰　解：必見家運烏雲遮月，父母無力，恐陷破兆，分離不安祥，門庭總難榮，終其一生恐陷勞勞碌碌，發展無力，財運困難，男女有此配置，必見中途分離或刑傷破壞，子女薄弱無力。

逢見與天運來生剋化：一生-小吉。二生-小吉。一剋-小吉。

逢見天運被其生剋化：一生-小吉。二生-凶。一剋-小吉。

土土木 4.12.9、14.12.19、4.2.19……

1.主運人格=陰、陽　解：必見家道不安祥，恐陷刑剋，父母家運漂零無力或不安祥分離，終其一生必見顛沛流離，財運顛倒，男女有此配置，必見仇恨或刑傷破壞分離，子女無力或莫名漂零。

逢見與天運來生剋化：一生-凶。二生-小吉。一剋-凶。二剋-凶。

逢見天運被其生剋化：一生-小吉。二生-凶。一剋-小吉。二剋-凶。

土土木 5.10.12、15.10.2、5.20.12……

2.主運人格=陽、陰　解：必見家運瞬間漂零無依，父母不得力，恐見刑剋破壞，身衰體敗，終其一生發展困難，財運空虛，勞勞碌碌枉心機，衣食不美，男女有此配置，必見自孤成，子女莫名漂零。

逢見與天運來生剋化：一生-凶。二生-小吉。一剋-凶。二剋-凶。

逢見天運被其生剋化：一生-小吉。二生-凶。一剋-小吉。二剋-凶。

土土木 4.11.10、14.11.20、4.21.10……

3.主運人格=陽見陽　解：必見家運莫名不安祥，父母不安寧，恐生刑剋，不祥分離，家運凋零，發展無門，財運無力，弟兄無助，意外急變，男女有此配置，必見相互刑剋，難得圓融，恐生仇恨分離，子女莫名。

逢見與天運來生剋化：一生-凶。二生-小吉。一剋-凶。二剋-凶。

逢見天運被其生剋化：一生-小吉。二生-凶。一剋-小吉。二剋-凶。

土土木 5.11.11、15.21.11、5.11.21……

4.主運人格=陰見陰　解：必見家運華而不實，暗藏破兆分離，恐生刑傷，父母不安祥，陷終其一生顛沛流離，無力發展，若能守勤本分，祇晚後自安康，男女有此配置，必生刑傷，若能相忍，必得轉祥。

逢見與天運來生剋化：一生-凶。二生-小吉。一剋-凶。二剋-凶。

逢見天運被其生剋化：一生-小吉。二生-凶。一剋-小吉。二剋-凶。

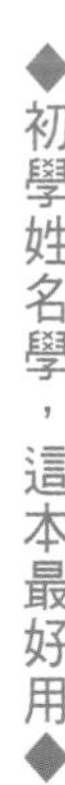

土土火 4.12.11、14.12.11、4.12.21……

1.主運人格=陰、陽　解：必見家運難通，前進無門，父母不得力，六親別離，弟兄無力分離，陷終其一生不安祥，發展無力，財運顛倒，中途意外破業，此配置男女，必見中途分離或婚姻不安祥，子女薄弱漂零。

逢見與天運來生剋化：一生-小吉。二生-凶。三生-凶。一剋-凶。二剋-小凶。

逢見天運被其生剋化：一生-小吉。二生-凶。三生-凶。一剋-凶。二剋-凶。

土土火 5.10.4、15.10.14、5.10.14……

2.主運人格=陽、陰　解：必見家運一時得力，父母安康，然恐陷好景不常，暗藏破兆，合作生非，發展陷入破業災難，中運前後必見瞬間急變空破，有此配置男女，終其一生難見祥和，恐生自孤成或陷入漂零。

逢見與天運來生剋化：一生-小吉。二生-凶。三生-

凶。一剋-凶。二剋-小凶。

逢見天運被其生剋化：一生-小吉。二生-凶。三生-凶。一剋-凶。二剋-凶。

土土火 4.11.12、14.21.2、4.21.12……

3.主運人格=陽見陽　解：必見家運烏雲遮月，恐陷維谷之苦，父母不安祥，陷家道動盪不安，恐生終其一生漂零困厄，財運莫名不安祥，發展無門，有此配置男女，必見傷心或情色十字關，恐生意外非類糾葛破壞。

逢見與天運來生剋化：一生-小吉。二生-凶。三生-凶。一剋-凶。二剋-小凶。

逢見天運被其生剋化：一生-小吉。二生-凶。三生-凶。一剋-凶。二剋-凶。

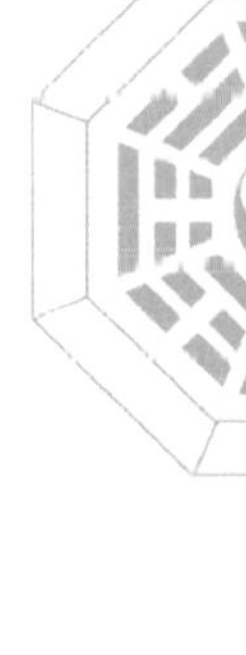

土土火 5.11.13、15.11.3、5.21.3……

4.主運人格=陰見陰　解：必見家運困苦難安，恐陷窒息，不得發展，父母不得力，恐陷身衰體弱，六親拒絕，財運無門，恐陷河中撈月之不堪，有此配置男女，必見相互仇恨分離或爭端莫名，陷家道不安或陷入不堪。

逢見與天運來生剋化：一生-小吉。二生-凶。三生-凶。一剋-凶。二剋-小凶。

逢見天運被其生剋化：一生-小吉。二生-凶。三生-凶。一剋-凶。二剋-凶。

土土土 4.12.3、14.12.13、4.12.13……

1.主運人格=陰、陽　解：必見家運忽明忽暗或陷烏雲遮月之不堪，父母不得力，恐生六親疏離，終其一生發展困難，有虛無實，勞勞碌碌費心機，陷入華而不實，恐生根基衰弱，婚姻必見不安祥分離。

逢見與天運來生剋化：一生-凶。二生-凶。三生-凶。一剋-小吉。二剋-小吉。三剋-小吉。

逢見天運被其生剋化：一生-凶。二生-凶。三生-凶。一剋-凶。二剋-凶。三剋-凶。

土土土 5.10.6、15.10.16、5.20.16……

2.主運人格=陽、陰　解：必見家運沒落，父母不得力，恐生不祥分離，家道難明，弟兄難安，中途恐陷意外急變災難，發展不安祥，財運空虛，有此配置男女，婚姻必陷災難重疊或陷入第三者破壞分離或漂零。

逢見與天運來生剋化：一生-凶。二生-凶。三生-凶。一剋-小吉。二剋-小吉。三剋-小吉。

逢見天運被其生剋化：一生-凶。二生-凶。三生-凶。一剋-凶。二剋-凶。三剋-凶。

土土土 4.11.4、14.11.14、4.11.14……

3.主運人格=陽見陽　解：必見家運難通，恐生外祥內憂之苦，六親疏離或拒絕，終其一生陷顛沛流離，發展破業，財運陷入災難，合作生非，有此配置男女，必見傷心或情色十字關，難遂己願或陷進自孤成。

逢見與天運來生剋化：一生-凶。二生-凶。三生-凶。一剋-小吉。二剋-小吉。三剋-小吉。

逢見天運被其生剋化：一生-凶。二生-凶。三生-凶。一剋-凶。二剋-凶。三剋-凶。

土土土 5.11.5、15.11.15、5.11.15……

4.主運人格=陰見陰　解：必見家運華而不實，恐生暗藏刑剋，父母身衰體敗，陷終其一生家運難安或困厄漂零，中途外祥內憂可得一時發展，然暗藏敗兆，有此配置男女，必見婚姻不堪，恐生自孤成或陷入不安祥。

逢見與天運來生剋化：一生-凶。二生-凶。三生-凶。一剋-小吉。二剋-小吉。三剋-小吉。

逢見天運被其生剋化：一生-凶。二生-凶。三生-凶。一剋-凶。二剋-凶。三剋-凶。

土土金 4.12.5、14.2.15、4.12.15……

1.主運人格=陰、陽　解：必見家運一時得興，父母得力，受人稱羨，有此配置男女，必得良善配偶共興門庭，然恐暗藏非類糾葛破壞或陷第三者敗衰家運，此配置必見婚姻仇恨，若能守勤守舊，必得安祥。

逢見與天運來生剋化：一生-凶。二生-小吉。三生-凶。一剋-小吉。二剋-小吉。

逢見天運被其生剋化：一生-凶。二生-凶。三生-凶。一剋-小吉。二剋-凶。

土土金 5.10.8、15.10.18、5.20.18……

2.主運人格=陽、陰　解：必見家運難通，父母陷不安祥或不得力，恐陷家道中落漂零，弟兄無力，陷終其一生難見發展，財運陷入西牛望之苦，發展無門，有此配置男女，必見終其一生一般常或無力漂零。

逢見與天運來生剋化：一生-凶。二生-小吉。三生-凶。一剋-小吉。二剋-小吉。

逢見天運被其生剋化：一生-凶。二生-凶。三生-凶。一剋-小吉。二剋-凶。

土土金 4.11.6、14.11.16、4.11.16……

3.主運人格=陽見陽　解：必見家運華而不實，恐陷刑傷，父母不安分離，六親拒絕，恐生親疏，難見門興，弟兄無力，恐陷莫名災難，財運困難，有此配置男女，必見相互刑傷，恐陷自孤成或中途婚姻莫名不安祥。

逢見與天運來生剋化：一生-凶。二生-小吉。三生-凶。一剋-小吉。二剋-小吉。

逢見天運被其生剋化：一生-凶。二生-凶。三生-凶。一剋-小吉。二剋-凶。

土土金 5.11.7、15.11.17、5.11.17……

4.主運人格=陰見陰　解：必見家運難通，恐生刑剋，父母終其一生身衰體敗或棄祖別離，終其一生難如遂願，恐陷一般常或困厄漂零，財運空虛，有此配置男女，必陷刑傷，累及配偶身衰體敗，不安祥分離。

逢見與天運來生剋化：一生-凶。二生-小吉。三生-凶。一剋-小吉。二剋-小吉。

逢見天運被其生剋化：一生-凶。二生-凶。三生-凶。

一剋-小吉。二剋-凶。

土土水 4.12.7、14.2.17、4.12.17……

1.主運人格=陰、陽　解：必見家運一時得力，父母餘蔭發展，受人稱羨，然暗藏刑剋，陷破兆分離，合作陷入不祥災難或急變破業，有此配置男女，必生刑剋，配偶不安祥或中途破壞別離，陷子女無力，災難之不堪。

逢見與天運來生剋化：一生-凶。二生-小吉。一剋-小吉。二剋-小吉。

逢見天運被其生剋化：一生-小吉。二生-凶。一剋-小吉。二剋-凶。

土土水 5.10.10、15.10.10、5.20.10……

2.主運人格=陽、陰　解：必見家運外觀吉祥，終其一生恐生六親別離，難見貴人相扶之苦，發展難安，合作生非，暗藏家運難通或刑傷父母不安祥，有此配置男女，必見先盛後衰，恐陷末運自孤成或漂零無依。

逢見與天運來生剋化：一生-凶。二生-小吉。一剋-小吉。二剋-小吉。

逢見天運被其生剋化：一生-小吉。二生-凶。一剋-小吉。二剋-凶。

土土水 4.11.8、14.11.18、4.11.18……

3.主運人格=陽見陽　解：必見家運不得安寧，恐陷動盪不安或刑剋父母身衰體弱，發展困難，合作無門，財運陷入西牛望之苦，男女有此配置，必見相互刑傷或累及身衰體敗，陷入莫名不安祥分離，子女無力。

逢見與天運來生剋化：一生-凶。二生-小吉。一剋-小吉。二剋-小吉。

逢見天運被其生剋化：一生-小吉。二生-凶。一剋-小吉。二剋-凶。

土土水 5.11.9、15.11.19、5.11.19……

4.主運人格=陰見陰　解：必見家運不安祥，恐生刑傷，父母不得力，中途發展一時，然恐陷根基薄弱，發展不得要領，財運困難，合作難安，有此配置男女，必見刑傷，自陷漂零，中途婚姻不安祥或陷進離異之苦。

逢見與天運來生剋化：一生-凶。二生-小吉。一剋-小吉。二剋-小吉。

逢見天運被其生剋化：一生-小吉。二生-凶。一剋-小吉。二剋-凶。

土金木 4.4.7、14.14.7、4.14.17……

1.主運人格=陰、陽　解：必見家運難堪，恐生終其一生不得力或虛發一時，父母不安祥，恐生破壞別離或刑傷不安，發展不得力，陷進退維谷中，中途急變破業，有此配置男女，終其一生恐陷傷心或婚姻破壞分離。

逢見與天運來生剋化：一生-小吉。二生-小吉。一剋-吉。

逢見天運被其生剋化：一生-小吉。一剋-吉。

土金木 5.12.10、15.2.10、5.12.20……

2.主運人格=陽、陰　解：必見家運華而不實，暗藏家道漂零，父母不安祥，弟兄仇恨分離，難見門庭興，發展生非，恐生破祖敗業，陷終其一生勞碌費心機，有此配置男女，必見自孤成或婚姻難如遂願，恐生中途。

逢見與天運來生剋化：一生-小吉。二生-小吉。一剋-吉。

逢見天運被其生剋化：一生-小吉。一剋-吉。

土金木 4.3.8、14.13.8、4.13.18……

3.主運人格=陽見陽　解：必見家運孤苦伶仃，六親疏離，陷弟兄無力漂零，父母不得力，恐陷刑傷，家道中落，發展困難，財運空虛，合作意外災難，有此配置男女，必見刑剋或相互破壞，中途意外分離或非類情色糾葛。

逢見與天運來生剋化：一生-小吉。二生-小吉。一剋-吉。

逢見天運被其生剋化：一生-小吉。一剋-吉。

土金木 5.3.9、15.13.9、5.13.19……

4.主運人格=陰見陰　解：必見家運難通，恐生華而不實，暗藏破兆分離，父母困苦，陷家道漂零，發展生非，合作破業陷災難，終其一生恐陷難如遂願，男女有此配置，必見重婚或陷入婚姻不安祥分離，子女無力漂零。

逢見與天運來生剋化：一生-小吉。二生-小吉。一剋-吉。

逢見天運被其生剋化：一生-小吉。一剋-吉。

土金火 4.4.9、14.14.9、4.14.19……

1.主運人格=陰、陽　解：必見家運漂零，父母不得力，恐生破壞或陷六親拒絕，終其一生勞勞碌碌，陷漂零或陷入白費心機，中途意外，有此配置男女，必見不倫情色十字關或背叛，陷終其一生精神不得安寧。

逢見與天運來生剋化：一生-小吉。二生-小吉。一剋-小凶。

逢見天運被其生剋化：一生-小吉。二生-小吉。一剋-小吉。

土金火 5.12.12、15.2.12、5.12.2……

2.主運人格=陽、陰　解：必見家運陷入忽明忽暗或烏雲遮月之苦，父母不得力，暗藏隱憂之不祥，發展無力，合作生非，中途恐陷意外急變災難或陷破祖敗業，男女有此配置，必見傷心或情色不倫，陷運氣難通。

逢見與天運來生剋化：一生-小吉。二生-小吉。一剋-小凶。

逢見天運被其生剋化：一生-小吉。二生-小吉。一剋-小吉。

土金火 4.3.10、14.13.10、4.13.10……

3.主運人格=陽見陽　解：必見家運華而不實，父母莫名或陷進非類糾葛，陷家道不安祥分離，發展災難，財運陷入西牛望之苦，中途恐生瞬間破業，有此配置男女，必

見情色十字關，恐生破壞婚姻，莫名中途。

逢見與天運來生剋化：一生-小吉。二生-小吉。一剋-小凶。

逢見天運被其生剋化：一生-小吉。二生-小吉。一剋-小吉。

土金火 5.3.11、15.13.11、5.13.11……

4.主運人格=陰見陰　解：必見家運困難，父母不得力，恐陷家道中落或陷破壞別離，六親無力，弟兄難安，恐生終其一生顛沛流離或不得遂願，有此配置，必見男女情色關恐生破壞運氣，陷婚姻中途不安分離，子女意外。

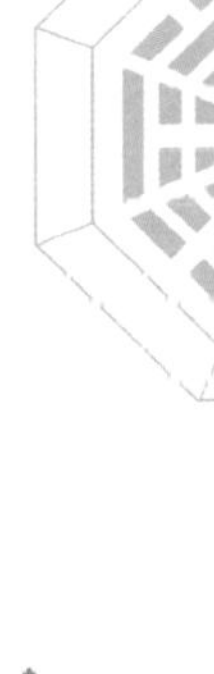

逢見與天運來生剋化：一生-小吉。二生-小吉。一剋-小凶。

逢見天運被其生剋化：一生-小吉。二生-小吉。一剋-小吉。

土金土 4.4.11、14.4.11、4.14.11……

1.主運人格=陰、陽　解：必見家運陷入無依，父母不安祥，恐生棄祖別離，終其一生必生壓抑難伸，進退無門，發展生非，中途意外，身弱急變，男女有此配置，必見刑傷或陷進財運顛倒，婚姻莫名不祥。

逢見與天運來生剋化：一生-凶。二生-凶。三生-凶。一剋-小凶。二剋-凶。

逢見天運被其生剋化：一生-凶。二生-小吉。一剋-凶。二剋-凶。

土金土 5.12.4、15.12.14、5.12.14……

2.主運人格=陽、陰　解：必見家運一般常，父母不得力，六親疏離，弟兄無力或陷進破壞別離，終其一生困難重重，財運無門，發展窒息，有此配置男女，必見終其一生不安祥，婚姻困難，恐生貌合神離或刑傷之不堪。

逢見與天運來生剋化：一生-凶。二生-凶。三生-凶。一剋-小凶。二剋-凶。

逢見天運被其生剋化：一生-凶。二生-小吉。一剋-凶。二剋-凶。

土金土 4.3.12、14.13.2、4.13.12……

3.主運人格=陽見陽　解：必見家運烏雲遮月，父母不祥，恐生暗藏別離或陷入六親拒絕合作，陷進退維谷，發展難安，財運空虛，恐生非類生災，有此配置男女，必見莫名急變或不祥分離，恐生相互刑剋，運氣難安。

逢見與天運來生剋化：一生-凶。二生-凶。三生-凶。一剋-小凶。二剋-凶。

逢見天運被其生剋化：一生-凶。二生-小吉。一剋-凶。二剋-凶。

土金土 5.3.13、15.13.3、5.13.13……

4.主運人格=陰見陰　解：必見家運動盪不安，父母不得力，恐陷身衰體弱不安祥，終其一生陷白費心機，財運顛倒，前進無門，發展困難，恐自刑傷身弱暗疾，有此配置男女，必見困厄，婚姻難安或陷入河中撈月之命

運。

逢見與天運來生剋化：一生-凶。二生-凶。三生-凶。一剋-小凶。二剋-凶。

逢見天運被其生剋化：一生-凶。二生-小吉。一剋-凶。二剋-凶。

土金金 4.4.3、14.4.13、4.14.13……

1.主運人格=陰、陽　解：必見家運有虛無實，父母不得力，中運前後恐陷意外災變或瞬間敗業，非類生非合作空破中途急變之不祥，有此配置男女，必陷情色十字關或引介第三者破壞婚姻家運，陷不安祥。

逢見與天運來生剋化：一生-吉。二生-小凶。三生-凶。一剋-小凶。二剋-小吉。

逢見天運被其生剋化：一生-凶。二生-凶。三生-凶。一剋-凶。二剋-凶。

土金金 5.2.6、15.12.6、5.12.16……

2.主運人格=陽、陰　解：必見家運困苦，恐生父母不安祥，發展無門，財運陷入不安災難，終其一生東奔西走難得安，恐生合作生災，有此配置男女，必見莫名意外急變或刑剋婚姻難安，必陷中途不祥分離。

逢見與天運來生剋化：一生-吉。二生-小凶。三生-凶。一剋-小凶。二剋-小吉。

逢見天運被其生剋化：一生-凶。二生-凶。三生-凶。一剋-凶。二剋-凶。

土金金 4.3.4、14.13.4、4.3.14……

3.主運人格=陽見陽　解：必見家運華而不實，父母不得力，六親仇恨分離或棄祖別離，終其一生陷顛沛流離或發展窒息難安，非類糾葛財運災難，有此配置男女，必見相互刑傷，恐生累及陷家運難通，漂零無依。

逢見與天運來生剋化：一生-吉。二生-小凶。三生-凶。一剋-小凶。二剋-小吉。

逢見天運被其生剋化：一生-凶。二生-凶。三生-凶。一剋-凶。二剋-凶。

土金金 5.3.5、15.13.5、5.13.15……

4.主運人格=陰見陰　解：必見家運莫名不安祥，暗藏父母破壞別離，六親拒絕，恐陷疏離不安，終其一生生活困難，有虛無實，發展無門，有此配置男女，可得勤儉之配偶，然見家運興，恐陷一般常或漂零。

逢見與天運來生剋化：一生-吉。二生-小凶。三生-凶。一剋-小凶。二剋-小吉。

逢見天運被其生剋化：一生-凶。二生-凶。三生-凶。一剋-凶。二剋-凶。

土金水 4.4.5.14.4.15、4.14.15……

1.主運人格=陰、陽　解：必見家運華而不實，恐陷根基薄弱或刑傷，父母不安祥，終其一生有虛無實，發展困難，合作難安，財運陷入似是而非之困境，有此配置男女，必見貌合神離或相互刑傷，恐生仇恨分離。

逢見與天運來生剋化：一生-小凶。二生-凶。一剋-小吉。

逢見天運被其生剋化：一生-凶。二生-凶。一剋-凶。

土金水 5.12.8、15.2.18、5.12.18……

2.主運人格=陽、陰　解：必見家運不明，恐生累及刑傷，父母不安祥，六親無力，弟兄難安，恐生疏離或陷入各奔東西，家道中落，陷終其一生華而不實，財運顛倒，有虛無實，有此配置男女，必見困苦難安。

逢見與天運來生剋化：一生-小凶。二生-凶。一剋-小吉。

逢見天運被其生剋化：一生-凶。二生-凶。一剋-凶。

土金水 4.3.6、14.13.6、4.13.16……

3.主運人格=陽見陽　解：必見家運外觀吉祥，恐生破兆分離，終其一生華而不實，恐陷奢侈，投機貪圖，陷發展糾葛，恐累及破祖敗業，有此配置男女，可得一時受稱羨之幸福，然暗藏刑傷破壞配偶身衰體弱之不堪。

逢見與天運來生剋化：一生-小凶。二生-凶。一剋-小吉。

逢見天運被其生剋化：一生-凶。二生-凶。一剋-凶。

土金水 5.3.7、15.13.7、5.13.17……

4.主運人格=陰見陰　解：必見家運發展一時，可享受終其一生父母餘蔭，出外貴人相扶，財運無缺，發展逢凶化吉，必得受人稱羨一時，然暗藏刑剋配偶，恐生累及身衰體敗或陷進仇恨分離之不幸。

逢見與天運來生剋化：一生-小凶。二生-凶。一剋-小吉。

逢見天運被其生剋化：一生-凶。二生-凶。一剋-凶。

土水木 4.6.5、14.6.15、4.16.15……

1.主運人格=陰、陽　解：必見家運陷入意外急變災難，恐生刑剋，父母分離，家道難興，恐陷終其一生顛沛流離，發展窒息，財運莫名，有此配置男女，必見自孤成或相互刑傷，陷家運困難重重或陷入子女無依漂零。

逢見與天運來生剋化：一生-吉。二生-凶。一剋-小吉。

逢見天運被其生剋化：一生-凶。一剋-小吉。

土水木 5.4.8、15.14.8、5.14.18……

2.主運人格=陽、陰　解：必見家運困難重重，恐陷父母莫名不祥分離，六親疏離，弟兄無力，發展無門，終其一生財運必見河中撈月之不堪，有此配置男女，必見情色十字關或婚姻不安祥分離，陷終其一生漂零。

逢見與天運來生剋化：一生-吉。二生-凶。一剋-小吉。

逢見天運被其生剋化：一生-凶。一剋-小吉。

土水木 4.5.6、14.5.16、4.15.16……

3.主運人格=陽見陽　解：必見家運難安，恐生刑剋，父母身衰體敗，陷終其一生顛沛流離，發展難遂願，恐生中途急變災難或非類糾葛不安，計劃難成，有此配置男女，必見婚姻仇恨分離或中途困難不安分離。

逢見與天運來生剋化：一生-吉。二生-凶。一剋-小吉。

逢見天運被其生剋化：一生-凶。一剋-小吉。

土水木 5.5.7、15.15.7、5.15.17……

4.主運人格=陰見陰　解：必見家運烏雲遮月，父母不安祥，恐生意外分離，動盪不安，發展困苦或陷入意外災難，財運難安，進退維谷，有此配置男女，必難見歡笑日，恐生憂鬱寡歡，恐生婚姻負名或陷入自孤成漂零。

逢見與天運來生剋化：一生-吉。二生-凶。一剋-小吉。

逢見天運被其生剋化：一生-凶。一剋-小吉。

土水火 4.6.7、14.16.7、4.16.17……

1.主運人格=陰、陽　解：必見家運忽明忽暗，陷外觀吉祥內在根基薄弱，恐陷終其一生東奔西跑，白費功夫，發展災難，財運糾葛難安，有此配置男女，必見婚姻不安祥或陷入情色非類糾葛，陷終其一生精神難安。

逢見與天運來生剋化：一生-小吉。二生-凶。一剋-小吉。

逢見天運被其生剋化：一生-凶。二生-小吉。一剋-凶。

土水火 5.4.10、15.14.10、5.14.10……

2.主運人格=陽、陰　解：必見家運難通，父母不安康，恐陷六親別離，弟兄無力發展，陷運氣顛倒，計劃中途難遂己願，恐陷河中撈月之苦，有此配置男女，必見婚姻辛苦或仇恨分離，爭端不安，引第三者破壞之不祥。

逢見與天運來生剋化：一生-小吉。二生-凶。一剋-小吉。

逢見天運被其生剋化：一生-凶。二生-小吉。一剋-凶。

土水火 4.5.8、14.15.8、4.15.18……

3.主運人格=陽見陽　解：必見家運困難，恐陷刑傷，父母身衰體敗或發展不得要領，終其一生勞勞碌碌費心機，財運無門，合作困難，有此配置男女，必見傷心事或婚姻不安祥，恐陷重婚或意外非類糾葛。

逢見與天運來生剋化：一生-小吉。二生-凶。一剋-小吉。

逢見天運被其生剋化：一生-凶。二生-小吉。一剋-凶。

土水火 5.5.9、15.15.9、5.15.19……

4.主運人格=陰見陰　解：必見家運辛苦，父母不得力，發展不得要領，恐陷終其一生有心無力或財運災難中途意外急變非類糾葛，有此配置男女，必見終其一生情感生災或婚姻不安祥，陷運氣難通。

逢見與天運來生剋化：一生-小吉。二生-凶。一剋-小吉。

逢見天運被其生剋化：一生-凶。二生-小吉。一剋-凶。

土水土 4.6.9、14.16.9、4.16.19……

1.主運人格=陰、陽　解：必見家運外觀吉祥，暗藏破兆分離，恐陷終其一生根基薄弱或陷入不得要領之苦，財運空破或意外急變，有此配置男女，必見傷心事或情色十字關，陷終其一生顛沛流離或困難無依。

逢見與天運來生剋化：一生-小吉。二生-凶。一剋-凶。二剋-凶。

逢見天運被其生剋化：一生-凶。二生-小吉。一剋-凶。二剋-小吉。

土水土 5.4.12、15.14.2、5.14.12……

2.主運人格=陽、陰　解：必見家運一般常，父母不得力，前進困難，弟兄無力，恐生各奔東西之苦或陷家道困難，發展無力，財運顛倒或陷入災難，男女有此配置，必見相互刑傷或陷入孤苦伶仃，陷漂零。

逢見與天運來生剋化：一生-小吉。二生-凶。一剋-凶。二剋-凶。

逢見天運被其生剋化：一生-凶。二生-小吉。一剋-凶。二剋-小吉。

土水土 4.5.10、14.15.10、4.5.20……

3.主運人格=陽見陽　解：必見家運凋零，父母莫名不安祥，恐生破壞別離或刑剋，家道不安，發展窒息，勞勞碌碌，白費心機，財運陷入西牛望月之苦，男女有此配置，必見不祥分離或陷入自孤成不得要領之不堪。

逢見與天運來生剋化：一生-小吉。二生-凶。一剋-凶。二剋-凶。

逢見天運被其生剋化：一生-凶。二生-小吉。一剋-凶。二剋-小吉。

土水土 5.5.11、15.15.11、5.15.11……

4.主運人格=陰見陰　解：必見家運忽明忽暗，恐生刑傷，父母不得力，發展困難，家運辛苦，難見得興，恐陷一般常財運平平或祇圖河中撈月之嘆，男女有此配置，必見傷心事或陷入自孤成難安，難得遂願。

逢見與天運來生剋化：一生-小吉。二生-凶。一剋-凶。二剋-凶。

逢見天運被其生剋化：一生-凶。二生-小吉。一剋-凶。二剋-小吉。

土水金 4.6.11、14.16.11、4.16.11……

1.主運人格=陰、陽　解：必見家運發展，父母安康，得力享受，終其一生受人稱羨，有災必解，貴人處處，甲第必有分，然暗藏中途情色十字關，恐陷自衰運氣或非類糾葛，陷入不祥災難，子女不安康，恐陷仇恨分離。

逢見與天運來生剋化：一生-凶。二生-凶。一剋-凶。

逢見天運被其生剋化：一生-凶。二生-凶。一剋-凶。

土水金 5.4.3、15.4.13、5.14.13……

2.主運人格=陽、陰　解：必見家運安康發展，父母餘蔭，終其一生財祿無缺，發展幸運，貴人扶持，可得逢凶化吉，然恐自刑傷，累及配偶，恐生仇恨分離或引介非類，陷入家運爭端莫名，子女薄弱，不安祥漂零。

逢見與天運來生剋化：一生-凶。二生-凶。一剋-凶。

逢見天運被其生剋化：一生-凶。二生-凶。一剋-凶。

土水金 4.5.12、14.15.2、4.15.12……

3.主運人格=陽見陽　解：必見家運華而不實或陷有虛無實之不堪，有此配置，必生刑剋，終其一生發展困難，計劃中途，財運顛倒或陷入災難，婚姻不安祥，有此配置男女，必見情色十字關，恐破壞家道中落或引非類介入破壞。

逢見與天運來生剋化：一生-凶。二生-凶。一剋-凶。

逢見天運被其生剋化：一生-凶。二生-凶。一剋-凶。

土水金 5.5.13、15.15.3、5.15.13……

4.主運人格=陰見陰　解：必見家運一時興盛發展，享受天成福祿，父母得力，然暗藏中途恐生破業，此配置，必陷家道中落或刑傷父母不安分離，有此配置男女，必得良善相扶，然暗藏刑傷配偶或累及終其一生。

逢見與天運來生剋化：一生-凶。二生-凶。一剋-凶。

逢見天運被其生剋化：一生-凶。二生-凶。一剋-凶。

土水水 4.6.3、14.6.13、4.16.13……

1.主運人格=陰、陽　解：必見家運一時興盛，父母得力，享受安康發展，終其一生必得四方稱羨，然防此配置中途必生刑剋，配偶身衰體敗，陷運氣莫名災難，合作暗藏意外生非，末運恐陷不安祥或根基敗壞。

逢見與天運來生剋化：一生-凶。二生-凶。一剋-小凶。二剋-吉。

逢見天運被其生剋化：一生-凶。二生-凶。一剋-凶。二剋-小凶。

土水水 5.4.6、15.4.16、5.14.16……

2.主運人格=陽、陰　解：必見家運一時發展，父母得力享安康，受人稱羨，然暗藏發展災難，財運空破，合作生非恐陷勞勞碌碌費心機，男女有此配置，必見勤儉良善配偶扶助，然防中途非類介入破壞，婚姻不祥。

逢見與天運來生剋化：一生-凶。二生-凶。一剋-小凶。二剋-吉。

逢見天運被其生剋化：一生-凶。二生-凶。一剋-凶。二剋-小凶。

土水水 4.5.4、14.5.14、4.15.14……

3.主運人格=陽見陽　解：必見家運一時得興，父母得力，然恐暗藏破兆，不祥分離，恐生刑剋，發展陷入災難，合作積非，恐陷瞬間意外空破，男女有此配置，必得良

善配偶相扶，然恐生刑剋，破壞分離，陷身衰體弱之不祥。

逢見與天運來生剋化：一生-凶。二生-凶。一剋-小凶。二剋-吉。

逢見天運被其生剋化：一生-凶。二生-凶。一剋-凶。二剋-小凶。

土水水 5.5.5、15.5.15、5.15.15……

4.主運人格=陰見陰　解：必見家運忽明忽暗，恐生困苦不安，陷不得力，有此配置，初限必見災難四起，發展辛苦，恐生刑傷，有此配置男女，中後運必見否極泰來，雲開見月之喜，若能守勤必得良善，晚運見亨通發展。

逢見與天運來生剋化：一生-凶。二生-凶。一剋-小凶。二剋-吉。

逢見天運被其生剋化：一生-凶。二生-凶。一剋-凶。二剋-小凶。

金木木 6.6.5、16.6.15、6.16.15……

1.主運人格=陰、陽　解：必見家運華而不實，恐生刑傷，父母不得發展，有此配置，必見受人稱羨一時，然暗藏破兆，合作陷入財運糾葛災難，有此配置男女，必得良善，然暗藏相互刑傷，恐生仇恨分離或引第三者破壞之災難。

逢見與天運來生剋化：一生-小凶。二生-凶。一剋-小凶。二剋-吉。

逢見天運被其生剋化：一生-小凶。二生-小凶。一剋-小凶。二剋-小凶。

金木木 7.4.8、17.14.8、7.14.18……

2.主運人格=陽、陰　解：必見家運一時發展，恐生暗藏根基薄弱，若幸天運之金輔助良好，必見末運吉祥，必得稱羨，財運無缺，貴人處處，若配置不當，必見刑剋敗衰，終其一生運氣或刑傷累及配偶身衰體敗之苦。

逢見與天運來生剋化：一生-小凶。二生-凶。一剋-小凶。二剋-吉。

逢見天運被其生剋化：一生-小凶。二生-小凶。一剋-小凶。二剋-小凶。

金木木 6.5.6、16.15.6、6.15.16……

3.主運人格=陽見陽　解：必見家運一時安祥，父母得力，然恐陷家道中落之破兆，有此配置，必見刑傷或陷入意外急變災難，六親疏離，弟兄無力，有此配置男女，必見良善配偶勤與儉，然恐陷刑傷破壞，陷家運難通。

逢見與天運來生剋化：一生-小凶。二生-凶。一剋-小凶。二剋-吉。

逢見天運被其生剋化：一生-小凶。二生-小凶。一剋-小凶。二剋-小凶。

金木木 7.5.7、17.15.7、7.15.17……

4.主運人格=陰見陰　解：必見家運忽明忽暗，父母不安祥，若幸逢遇天運之金必見逢凶化吉，轉呈祥中來發展

四方，財運無缺，有難必解，有此配置，必得勤儉守舊之配偶，然恐陷破壞或意外，中途別離，子女不安祥。

逢見與天運來生剋化：一生-小凶。二生-凶。一剋-小凶。二剋-吉。

逢見天運被其生剋化：一生-小凶。二生-小凶。一剋-小凶。二剋-小凶。

金木火 6.6.7、16.16.7、6.16.17……

1.主運人格=陰、陽　解：必見家運先盛後衰，然暗藏刑剋，破壞分離，恐生刑剋，父母身衰體敗不安祥，終其一生華而不實，恐陷顛沛流離，財運困難，男女有此配置，必見仇恨刑傷分離，子女莫名漂零。

逢見與天運來生剋化：一生-小吉。二生-凶。一剋-小吉。

逢見天運被其生剋化：一生-凶。二生-小凶。一剋-凶。

金木火 7.4.10、17.14.10、7.14.10……

2.主運人格=陽、陰　解：必見家運華而不實，父母不得力，暗藏分離破兆不安祥，終其一生恐生災厄重疊，運氣顛倒，恐生莫名，男女有此配置，必見相互刑傷，破壞分離，運氣難通，子女莫名不安。

逢見與天運來生剋化：一生-小吉。二生-凶。一剋-小吉。

逢見天運被其生剋化：一生-凶。二生-小凶。一剋-

凶。

金木火 6.5.8、16.15.8、6.15.18……

3.主運人格=陽見陽　解：必見家運華而不實，恐生破壞別離或刑剋，父母不安祥分離，有此配置男女，必見先盛後衰之苦，暗藏不吉祥，恐中途意外急變災難，有此配置男女，必見刑剋，婚姻中途或情色不倫十字關。

逢見與天運來生剋化：一生-小吉。二生-凶。一剋-小吉。

逢見天運被其生剋化：一生-凶。二生-小凶。一剋-凶。

金木火 7.5.9、17.15.9、7.15.19...

4.主運人格=陰見陰　解：必見家運恐陷困難不安，父母不得力，陷終其一生不得要領，華而不實，災難叢生，前途未明，合作生非或中途急變破業之苦，有此配置男女婚姻困難，恐陷刑傷，仇恨分離或無力分離。

逢見與天運來生剋化：一生-小吉。二生-凶。一剋-小吉。

逢見天運被其生剋化：一生-凶。二生-小凶。一剋-凶。

金木土 6.6.9、16.16.9、6.16.19……

1.主運人格=陰、陽　解：必見家運難安，恐生父母不得力，陷入烏雲遮月之苦，發展無門，財運難安，有虛無實，合作意外生非或陷入破業，有此配置男女，必見婚

姻莫名，恐生中途不安祥或見傷心十字關。

逢見與天運來生剋化：一生-小吉。二生-凶。一剋-小吉。

逢見天運被其生剋化：一生-凶。一剋-小吉。

金木土 7.4.12、17.14.12、7.14.12……

2.主運人格=陽、陰　解：必見家運外祥內憂，恐生忽明忽暗，前途莫名，華而不實，若天運木相逢，必見否極泰來，否則必陷災難不安，有此配置男女，必見終其一生傷心事或婚姻重疊不安，陷有氣無力漂零。

逢見與天運來生剋化：一生-小吉。二生-凶。一剋-小吉。

逢見天運被其生剋化：一生-凶。一剋-小吉。

金木土 6.5.10、16.15.10、6.15.20……

3.主運人格=陽見陽　解：必見家運難當，父母困難，恐生不得力，六親疏離，前途莫名，發展無門，恐陷財運顛倒之苦，是非不安，陷終其一生精神不安祥，有此配置男女，恐見自孤成或婚姻困難之苦。

逢見與天運來生剋化：一生-小吉。二生-凶。一剋-小吉。

逢見天運被其生剋化：一生-凶。一剋-小吉。

金木土 7.5.11、17.15.11、7.15.11……

4.主運人格=陰見陰　解：必見家運忽明忽暗，烏雲遮月，父母不安祥或陷入發展不得力，六親拒絕，財運困難，終其一生是非不安祥，合作無門，有此配置男女，必見孤苦伶仃或相互刑傷，破壞運氣恐生累及不安祥。

逢見與天運來生剋化：一生-小吉。二生-凶。一剋-小吉。

逢見天運被其生剋化：一生-凶。一剋-小吉。

金木金 6.6.11、16.16.11、6.16.11……

1.主運人格=陰、陽　解：必見家運沒落，父母不祥分離，陷終其一生勞勞碌碌費心機，中途意外，急變生災，發展破業，合作非類糾葛，財運難通，有此配置男女，必見情色十字關或婚姻中途別離，陷運氣難通。

逢見與天運來生剋化：一生-小吉。二生-凶。一剋-凶。二剋-凶。

逢見天運被其生剋化：一生-凶。二生-小吉。一剋-凶。二剋-小吉。

金木金 7.4.4、17.14.4、7.14.14……

2.主運人格=陽、陰　解：必見家運外祥內憂，恐生終其一生不安祥或自刑傷，身衰體敗，東奔西走不得安寧，財運困難，合作生非，陷中途意外糾葛，有此配置男女，必見仇恨或爭端，恐生第三者破壞分離。

逢見與天運來生剋化：一生-小吉。二生-凶。一剋-凶。二剋-凶。

逢見天運被其生剋化：一生-凶。二生-小吉。一剋-

凶。二剋-小吉。

金木金 6.5.12、16.15.12、6.15.2……

3.主運人格=陽見陽　解：必見家運華而不實，父母不得力，發展困難，中途意外災變，恐生莫名不祥，發展陷入災難，合作空破，財運空虛，恐陷破業之苦，有此配置男女，必見相互刑傷或埋怨分離，陷終其一生精神難安。

逢見與天運來生剋化：一生-小吉。二生-凶。一剋-凶。二剋-凶。

逢見天運被其生剋化：一生-凶。二生-小吉。一剋-凶。二剋-小吉。

金木金 7.5.13、17.15.3、7.15.13……

4.主運人格=陰見陰　解：必見家運難當，恐生刑剋，父母莫名，不祥分離，發展無門，恐陷河中撈月之苦，有虛無實，意外急變恐生破業災難或意外不安祥糾葛，有此配置男女，必見自孤成或陷入婚姻中途不安祥。

逢見與天運來生剋化：一生-小吉。二生-凶。一剋-凶。二剋-凶。

逢見天運被其生剋化：一生-凶。二生-小吉。一剋-凶。二剋-小吉。

金木水 6.6.13、16.6.3、6.16.14……

1.主運人格=陰、陽　解：必見家運華而不實，享受不實之發展，恐陷刑傷，父母不利，暗藏破兆，財運無力，恐陷中途意外不祥，男女有此配置，必見刑傷勞碌或仇恨，意外分離，陷家運難通，子女不安。

逢見與天運來生剋化：一生-凶。二生-凶。一剋-凶。

逢見天運被其生剋化：一生-凶。二生-小吉。一剋-凶。

金木水 7.4.16、7.14.16、17.4.6……

2.主運人格=陽、陰　解：必見家運不安，父母辛苦，財運無力，發展辛苦，恐陷終其一生勞勞碌碌費心機，恐生運氣顛倒，中途意外急變，男女有此配置，必見刑傷破壞，恐陷好景不常分離，子女難安漂零。

逢見與天運來生剋化：一生-凶。二生-凶。一剋-凶。

逢見天運被其生剋化：一生-凶。二生-小吉。一剋-凶。

金木水 6.5.14、16.5.14、16.15.4……

3.主運人格=陽見陽　解：必見家運華而不實，恐生刑傷，父母身衰體弱，六親凋零或陷中途無力，財運困難發展，恐陷破業或舉債過日，男女有此配置，必見刑破仇恨，終其一生恐陷自孤成漂零。

逢見與天運來生剋化：一生-凶。二生-凶。一剋-凶。

逢見天運被其生剋化：一生-凶。二生-小吉。一剋-凶。

金木水 7.5.15、17.5.15、7.15.5……

4.主運人格=陰見陰　解：必見家運不安，恐生刑傷，父母不安祥，六親別離，弟兄無力，終其一生恐陷白費心機，勞勞碌碌，財運困難，恐陷中途破業，男女有此配置，必見刑傷不安寧或破壞分離，子女無力分離。

逢見與天運來生剋化：一生-凶。二生-凶。一剋-凶。

逢見天運被其生剋化：一生-凶。二生-小吉。一剋-凶。

金火木 6.8.13、16.8.13、6.18.3……

1.主運人格=陰、陽　解：必見家運華而空虛，恐陷刑傷，家道中落難安，父母辛苦不得力，發展困難，恐見中途意外空破，財運空虛，男女有此配置，必見刑傷莫名，中途意外不安分離，子女庸俗破壞不安。

逢見與天運來生剋化：一生-凶。二生-凶。一剋-凶。

逢見天運被其生剋化：一生-凶。二生-凶。一剋-凶。

金火木 7.6.6、17.6.6、17.6.16……

2.主運人格=陽、陰　解：必見家運動盪不安，父母不祥分離，恐陷破祖敗業，運氣難通，終其一生華而不實，恐陷勞勞碌碌費心機，中途破業，男女有此配置，必見刑剋破壞分離，陷子女無力漂零。

逢見與天運來生剋化：一生-凶。二生-凶。一剋-凶。

逢見天運被其生剋化：一生-凶。二生-凶。一剋-凶。

金火木 6.7.4、6.17.4、16.7.14……

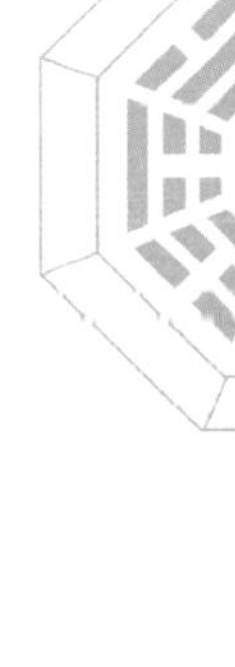

3.主運人格=陽見陽　解：必見家運莫名不安，恐生刑傷，父母身衰體敗，六親凋零，恐陷無力，終其一生華而不實，勞勞碌碌，財運空虛，中途恐陷破兆敗業，男女有此配置，必見刑傷累及配偶，子女不安祥。

逢見與天運來生剋化：一生-凶。二生-凶。一剋-凶。

逢見天運被其生剋化：一生-凶。二生-凶。一剋-凶。

金火木 7.7.15、17.7.5、7.17.15……

4.主運人格=陰見陰　解：必見家運困難，恐生莫名不安分離，父母不祥，六親漂零，恐陷終其一生財運困難，發展無門，意外災變，男女有此配置，必生刑傷仇恨恐破壞，終其一生運氣難通，子女不安分離。

逢見與天運來生剋化：一生-凶。二生-凶。一剋-凶。

逢見天運被其生剋化：一生-凶。二生-凶。一剋-凶。

金火火 6.8.5、16.8.5、16.8.15……

1.主運人格=陰、陽　解：必見家運虛華一時，然暗藏刑剋破敗，恐陷非業投機刑剋，父母不安祥，終其一生必陷破業或發展舉債過日，財運災難，男女有此配置，，必見不安祥或刑傷身衰，子女不安。

逢見與天運來生剋化：一生-凶。二生-凶。一剋-凶。二剋-吉。

逢見天運被其生剋化：一生-吉。二生-凶。一剋-凶。二剋-凶。

金火火 7.6.8、17.6.8、7.16.8……

2.主運人格=陽、陰　解：必見家運動盪不安，恐生刑傷，父母分離或陷勞碌奔波，終其一生發展困難，中途必見意外災難，恐生莫名不祥，男女有此配置，必見刑剋，破壞分離，難見圓融，子女辛苦無力。

逢見與天運來生剋化：一生-凶。二生-凶。一剋-凶。二剋-吉。

逢見天運被其生剋化：一生-吉。二生-凶。一剋-凶。二剋-凶。

金火火 6.7.6、16.7.6、16.7.16……

3.主運人格=陽見陽　解：必見家運莫名不安祥，恐陷刑剋，家道中落，父母不安分離，六親凋零，終其一生華而不實，財運空虛，發展窒息，中途恐見意外急變，男女有此配置，必見不安刑傷破壞分離。

逢見與天運來生剋化：一生-凶。二生-凶。一剋-凶。二剋-吉。

逢見天運被其生剋化：一生-吉。二生-凶。一剋-凶。二剋-凶。

金火火 7.7.17、17.7.17、7.17.7……

4.主運人格=陰見陰　解：必見家運困難漂零，恐生刑剋，父母身衰體弱，六親無靠，恐生仇恨，終其一生勞勞碌碌費心機，中途恐陷華而不實或意外災難，男女有此配置，必見刑傷或相互累及破壞，家運難通。

逢見與天運來生剋化：一生-凶。二生-凶。一剋-凶。二剋-吉。

逢見天運被其生剋化：一生-吉。二生-凶。一剋-凶。二剋-凶。

金火土 6.8.7、16.8.7、16.8.17……

1.主運人格=陰、陽　解：必見家運不安寧，父母不得力，發展困難，六親無力，恐陷家道漂零，華而不實，暗藏不安祥，財運無力，男女有此配置，必見相互仇恨或刑傷運氣，陷門庭難興，子女無力凋零。

逢見與天運來生剋化：一生-凶。二生-凶。一剋-吉。

逢見天運被其生剋化：一生-小吉。二生-小凶。一剋-小吉。

金火土 7.6.10、17.6.20、7.16.10……

2.主運人格=陽、陰　解：必見家運動盪不安，恐生破壞別離，終其一生發展困難，中途華而不實，恐見敗兆破業，陷財運或發展破業生災，男女有此配置，必見中途刑傷分離，，陷子女不安康。

逢見與天運來生剋化：一生-凶。二生-凶。一剋-吉。

逢見天運被其生剋化：一生-小吉。二生-小凶。一剋-小吉。

金火土 6.7.8、16.7.8、6.17.8……

3.主運人格=陽見陽　解：必見家運烏雲遮月，難得安寧，發展困難，恐陷潦困或意外災難，六親無靠，弟兄成仇，中途恐陷莫名不祥，男女有此配置，必見刑剋累及破壞分離，陷家運難通，子女無力漂零。

逢見與天運來生剋化：一生-凶。二生-凶。一剋-吉。

逢見天運被其生剋化：一生-小吉。二生-小凶。一剋-小吉。

金火土 7.7.9、17.7.9、7.17.9……

4.主運人格=陰見陰　解：必見家道中落，父母不安康，財運空虛，發展無門，恐生破壞分離或陷終其一生顛沛流離，運氣顛倒，男女有此配置，必見相互仇恨，難得圓融，不安分離，子女無力分離。

逢見與天運來生剋化：一生-凶。二生-凶。一剋-吉。

逢見天運被其生剋化：一生-小吉。二生-小凶。一剋-小吉。

金火金 6.8.9、16.8.9、6.18.9……

1.主運人格=陰、陽　解：必見家運困難，父母不安祥，恐陷破祖離鄉，勞碌奔波，發展無門，財運空虛，中途意外，急變災難，恐生莫名分離，男女有此配置，必見身衰體敗或刑傷破壞分離，陷運氣難通。

逢見與天運來生剋化：一生-小吉。二生-凶。一剋-小吉。二剋-小吉。

逢見天運被其生剋化：一生-凶。二生-小吉。一剋-凶。二剋-小吉。

金火金 7.6.12、7.16.12、17.6.12…

2.主運人格=陽、陰　解：必見家運不安祥，父母身衰體弱，六親無靠，恐生破壞別離，終其一生華而不實，財運空虛，發展困難，勞勞碌碌費心機，男女有此配置，恐生無力分離或不安祥，子女庸俗無力。

逢見與天運來生剋化：一生-小吉。二生-凶。一剋-小吉。二剋-小吉。

逢見天運被其生剋化：一生-凶。二生-小吉。一剋-凶。二剋-小吉。

金火金 6.7.10、6.17.20、16.7.10……

3.主運人格=陽見陽　解：必見家運困難，恐陷潦困或刑傷，父母身衰體敗，難見家道圓通，發展無門，財運無力，終其一生華而無實，男女有此配置，必見仇恨分離或不安祥破壞別離，子女陷入不祥災難。

逢見與天運來生剋化：一生-小吉。二生-凶。一剋-小吉。二剋-小吉。

逢見天運被其生剋化：一生-凶。二生-小吉。一剋-凶。二剋-小吉。

金火金 7.7.11、17.7.21、7.17.11……

4.主運人格=陰見陰　解：必見家運暗藏不安祥，恐生刑剋，家道中落，父母莫名不安，六親無助，恐生凋零，終其一生陷入困苦，發展無力，財運空虛，男女有此配置，必見仇恨中途分離，陷家運難通。

逢見與天運來生剋化：一生-小吉。二生-凶。一剋-小吉。二剋-小吉。

逢見天運被其生剋化：一生-凶。二生-小吉。一剋-凶。二剋-小吉。

金火水 6.8.11、16.8.11、6.18.11……

1.主運人格=陰、陽　4 解：必見家運華而不實，恐陷根基薄弱，暗藏破壞分離，，難見安寧，財運辛苦，發展無力，中途恐陷意外災難或爭端破業，男女有此配置，必見仇恨刑傷或不安分離，子女不安祥。

逢見與天運來生剋化：一生-小吉。二生-凶。一剋-凶。

逢見天運被其生剋化：一生-凶。二生-凶。一剋-凶。

金火水 7.6.4、17.6.14、17.6.4……

2.主運人格=陽、陰　解：必見家運動盪不安，暗藏莫名，父母不安，恐陷身衰，六親凋零，終其一生華而不實，財運空虛，恐陷意外，莫名是非災難，男女有此配置，必見終其一生貌合神離或刑傷分離。

逢見與天運來生剋化：一生-小吉。二生-凶。一剋-凶。

逢見天運被其生剋化：一生-凶。二生-凶。一剋-凶。

金火水 6.7.12、16.7.12、6.17.2……

3.主運人格=陽見陽　解：必見家道中落，六親凋零，父母無力，恐生破壞分離，中途得一時發展，恐陷虛發，陷入財運災難或不祥，男女有此配置，必見自孤成或刑剋破壞分離，陷家運子女不安祥。

逢見與天運來生剋化：一生-小吉。二生-凶。一剋-凶。

逢見天運被其生剋化：一生-凶。二生-凶。一剋-凶。

金火水 7.7.13、17.7.3、17.7.13……

4.主運人格=陰見陰　解：必見家運虛發，暗藏破兆，恐陷華而不實，中途必見空破災難，發展陷入破業，運氣不祥，男女有此配置，必見刑傷或仇恨破壞，陷家運難通，子女不祥漂零或陷枉費心機。

逢見與天運來生剋化：一生-小吉。二生-凶。一剋-凶。

逢見天運被其生剋化：一生-凶。二生-凶。一剋-凶。

金土木 6.10.11、16.20.11、6.10.21……

1.主運人格=陰、陽　解：必見家運一時發展，父母得力，然暗藏破兆，恐陷根基薄弱或刑傷，父母身衰體敗，陷終其一生勞勞碌碌，發展辛苦，若能守分自可轉安，男女有此配置，必見刑剋分離，子女不祥。

逢見與天運來生剋化：一生-小吉。二生-小吉。一剋-凶。

逢見天運被其生剋化：一生-小凶。一剋-凶。

金土木 7.8.14、17.8.14、7.18.24……

2.主運人格=陽、陰　解：必見家運華而不實，父母不得力，恐陷六親凋零，弟兄成仇或刑傷破壞家運分離，終其一生發展無門，財運空虛，男女有此配置，必見不安祥分離或仇恨破壞別離，子女無力。

逢見與天運來生剋化：一生-小吉。二生-小吉。一剋-凶。

逢見天運被其生剋化：一生-小凶。一剋-凶。

金土木 6.9.12、16.9.12、6.19.12……

3.主運人格=陽見陽　解：必見家運孤零難通，父母不安祥，恐陷破祖離鄉，終其一生恐陷孤剋，家道中落，弟兄無力，發展空虛，財運顛倒，男女有此配置，必見自孤成漂零，子女庸俗或不安祥破壞分離。

逢見與天運來生剋化：一生-小吉。二生-小吉。一剋-凶。

逢見天運被其生剋化：一生-小凶。一剋-凶。

金土木 7.9.13、17.9.3、7.19.13……

4.主運人格=陰見陰　解：必見家運難通，父母勞勞碌碌或刑傷，身衰體弱，六親別離或破祖，中運前必見不祥意外災難，若能本分守舊，中後必得呈祥，男女有此配置，必見刑傷仇恨分離，子女不安康。

逢見與天運來生剋化：一生-小吉。二生-小吉。一剋-凶。

逢見天運被其生剋化：一生-小凶。一剋-凶。

金土火 6.10.13、16.10.3、6.10.23……

1.主運人格=陰、陽　解：必見家運華而不實，恐陷刑剋，父母身衰體敗或顛沛流離，意外不安祥，中運後若能守分，必得貴相扶，然恐陷投機非業，陷入財運災難，男女有此配置，必陷分分離離或漂零。

逢見與天運來生剋化：一生-小吉。二生-凶。一剋-小吉。

逢見天運被其生剋化：一生-凶。二生-凶。一剋-凶。

金土火 17.8.16、17.18.6、7.8.16……

2.主運人格=陽、陰　解：必見家運莫名爭端不安祥，恐生刑剋，父母不得力發展，財運顛倒，不能圓融，終其一生勞勞碌碌枉心機，中途意外災變，男女有此配置，必見刑傷分離或婚姻，子女不安祥。

逢見與天運來生剋化：一生-小吉。二生-凶。一剋-小吉。

逢見天運被其生剋化：一生-凶。二生-凶。一剋-凶。

金土火 16.9.4、16.19.4、16.9.14……

3.主運人格=陽見陽　解：必見家運陷入發展困難，恐生刑剋，父母不安，家業、六親凋零，恐生仇恨分離或陷入運氣顛倒，意外災變，男女有此配置，必見自孤成或刑剋配偶，終其一生陷入孤獨無依，子女不祥。

逢見與天運來生剋化：一生-小吉。二生-凶。一剋-小吉。

逢見天運被其生剋化：一生-凶。二生-凶。一剋-凶。

金土火 7.9.15、17.9.15、7.19.5……

4.主運人格=陰見陰　解：必見家運困難，恐陷父母不得力或六親漂零，終其一生勞勞碌碌，發展窒息，運氣難通，恐生刑剋，家道中落或華而不實，男女有此配置，必見破壞分離或自孤成漂零。

逢見與天運來生剋化：一生-小吉。二生-凶。一剋-小吉。

逢見天運被其生剋化：一生-凶。二生-凶。一剋-凶。

金土土 6.10.5、16.10.5、6.10.15……

1.主運人格=陰、陽　解：必見家運辛苦，發展無力，恐生刑傷，破壞分離或棄祖別離，父母不安祥或身衰體敗，家道難通，弟兄無力，男女有此配置，必見刑剋破壞分離或陷子女不安祥凋零。

逢見與天運來生剋化：一生-凶。二生-凶。三生-凶。一剋-小凶。二剋-小吉。

逢見天運被其生剋化：一生-凶。二生-凶。一剋-小吉。二剋-小凶。

金土土 7.8.8、17.18.8、17.8.8……

2.主運人格=陽、陰　解：必見家道中落，父母不安祥，難見曙光，恐陷烏雲遮月或意外，破祖家業，陷顛沛流離，中途意外，不祥災難，陷身衰體敗，男女有此配置，必見刑傷，不祥分離或子女不祥凋零。

逢見與天運來生剋化：一生-凶。二生-凶。三生-凶。一剋-小凶。二剋-小吉。

逢見天運被其生剋化：一生-凶。二生-凶。一剋-小吉。二剋-小凶。

金土土 6.9.6、16.9.6、16.9.16……

3.主運人格=陽見陽　解：必見家運困難，父母困苦不得力，發展窒息，難見安寧，恐陷動盪不安，合作空破，財運空虛，中途意外不安祥，男女有此配置，必見仇恨分離或不安分破壞分離，子女無力漂零。

逢見與天運來生剋化：一生-凶。二生-凶。三生-凶。一剋-小凶。二剋-小吉。

逢見天運被其生剋化：一生-凶。二生-凶。一剋-小吉。二剋-小凶。

金土土 7.9.7、17.9.7、7.9.17……

4.主運人格=陰見陰　解：必見家運沒落，恐陷困厄，父母不安祥，發展無門，離祖破親，家運難通，恐陷勞勞碌碌，白費心機，財運無門，中途意外災變，男女有此配置，必見刑剋自孤成或破壞分離不祥。

逢見與天運來生剋化：一生-凶。二生-凶。三生-凶。一剋-小凶。二剋-小吉。

逢見天運被其生剋化：一生-凶。二生-凶。一剋-小吉。二剋-小凶。

金土金 6.10.7、6.10.17、16.10.7……

1.主運人格=陰、陽　解：必見家運忽明忽暗，恐陷華而不實，暗藏破兆分離，父母不得力，恐陷身衰體弱，發展困苦，財運空虛或終其一生不得順通，男女有此配置，必見孤剋或自孤成，子女莫名不祥。

逢見與天運來生剋化：一生-小吉。二生-凶。三生-凶。一剋-小吉。二剋-吉。

逢見天運被其生剋化：一生-凶。二生-凶。一剋-凶。二剋-小吉。

金土金 7.8.10、17.8.10、7.18.10……

2.主運人格=陽、陰　解：必見家運華而不實，暗藏破兆分離或陷父母不得力，恐生身弱困厄，終其一生白費心機，中途必見傷心事或不祥，男女有此配置，必見分離不祥或不安康，難得遂願漂零。

逢見與天運來生剋化：一生-小吉。二生-凶。三生-凶。一剋-小吉。二剋-吉。

逢見天運被其生剋化：一生-凶。二生-凶。一剋-凶。二剋-小吉。

金土金 6.9.8、16.9.8、6.19.8……

3.主運人格=陽見陽　解：必見家運困難，恐生孤立無助，父母不安康或無力，六親凋零，弟兄難融，發展無力，財運空虛，終其一生必陷困難重重，男女有此配置，必見婚姻不安祥或空破，難得歡笑或分離。

逢見與天運來生剋化：一生-小吉。二生-凶。三生-

凶。一剋-小吉。二剋-吉。

逢見天運被其生剋化：一生-凶。二生-凶。一剋-凶。二剋-小吉。

金土金 7.9.9、17.9.9、7.9.19……

4.主運人格=陰見陰　解：必見家運不安祥，恐生刑剋，父母不安祥分離，六親破壞別離，恐陷棄祖別離，終其一生勞勞碌碌枉心機，財運空虛，男女有此配置，必見刑剋，配偶身衰體敗崩離，子女無力漂零。

逢見與天運來生剋化：一生-小吉。二生-凶。三生-凶。一剋-小吉。二剋-吉。

逢見天運被其生剋化：一生-凶。二生-凶。一剋-凶。二剋-小吉。

金土水 6.10.9、16.20.9、6.20.19……

1.主運人格=陰、陽　解：必見家運動盪不安，恐生孤零，父母不祥，六親沒落，恐陷困厄，財運顛倒，難見家運曙光，終其一生必陷顛沛流離，男女有此配置，必見刑傷，破壞分離或累及不祥，子女不安。

逢見與天運來生剋化：一生-小吉。二生-凶。一剋-小吉。

逢見天運被其生剋化：一生-凶。二生-凶。一剋-小吉。

金土水 7.8.12、17.8.12、7.18.12……

2.主運人格=陽、陰　解：必見家運困難，暗藏破兆，恐陷潦困，發展無門，父母不得力或意外急變，財運困苦，發展無門，終其一生必見勞碌費心機，男女有此配置，必生莫名不安分離或刑傷不祥。

逢見與天運來生剋化：一生-小吉。二生-凶。一剋-小吉。

逢見天運被其生剋化：一生-凶。二生-凶。一剋-小吉。

金土水 6.9.10、16.9.10、16.9.20……

3.主運人格=陽見陽　解：必見家運困厄重重，華而不實，父母不安康，恐陷凋零，破兆分離，終其一生發展困難，財運無力或陷運氣顛倒，陷入家道不安寧，男女有此配置，必見不安分離，子女無力。

逢見與天運來生剋化：一生-小吉。二生-凶。一剋-小吉。

逢見天運被其生剋化：一生-凶。二生-凶。一剋-小吉。

金土水 7.9.11、17.9.11、7.19.11……

4.主運人格=陰見陰　解：必見家運清苦，父母不得力，暗藏不安分離，家運難通，發展困苦，若能勤修守分，中運必可見安祥，然恐陷投機非業瞬間空破不祥，男女有此配置，必見仇恨分離，子女不祥。

逢見與天運來生剋化：一生-小吉。二生-凶。一剋-小吉。

逢見天運被其生剋化：一生-凶。二生-凶。一剋-小吉。

金金木 6.12.9、16.12.9、6.12.19……

1.主運人格=陰、陽　解：必見家運困難重重，恐陷發展無力或刑傷父母不安康，終其一生必見意外不安祥，恐生孤剋，家運難通，財運空虛，若能守儉自可小安，男女有此配置，必見莫名分離，子女不祥。

逢見與天運來生剋化：一生-凶。二生-小吉。一剋-小吉。二剋-小吉。

逢見天運被其生剋化：一生-小吉。二生-凶。一剋-小吉。二剋-凶。

金金木 7.10.12、17.10.12、7.20.22……

2.主運人格=陽、陰　解：必見家運難通，恐生刑剋，父母身衰體敗，暗藏家道凋零，恐生災變或不祥發展，華而不實，恐陷財運災難中途意外，男女有此配置，恐生仇恨分離或刑傷，陷身衰體敗不祥。

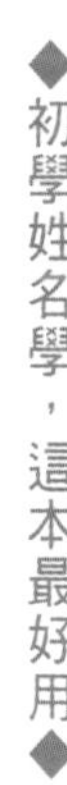

逢見與天運來生剋化：一生-凶。二生-小吉。一剋-小吉。二剋-小吉。

逢見天運被其生剋化：一生-小吉。二生-凶。一剋-小吉。二剋-凶。

金金木 6.11.10、16.21.20、6.11.20……

3.主運人格=陽見陽　解：必見家運忽明忽暗，父母不安祥，家道中落，發展無門，財運無力，恐生凋零費心機，男女有此配置，必見自孤成或刑剋，配偶累及一生，暗藏不祥分離，子女莫名身弱漂零。

逢見與天運來生剋化：一生-凶。二生-小吉。一剋-小吉。二剋-小吉。

逢見天運被其生剋化：一生-小吉。二生-凶。一剋-小吉。二剋-凶。

金金木 7.11.11、17.21.11、7.11.21……

4.主運人格=陰見陰　解：必見家運華而不實，父母辛苦，初限可得一時發展或財運，然暗藏刑剋破壞，家道中落，若能勤修守分自可得安然，男女有此配置，必生刑剋，配偶身衰體敗，子女不安康或意外。

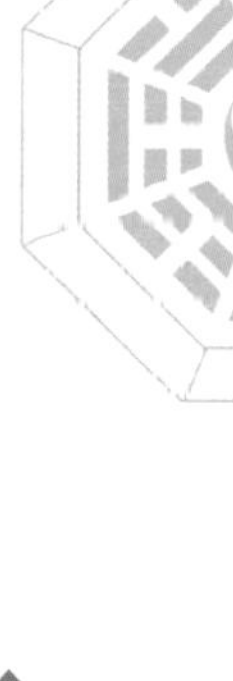

逢見與天運來生剋化：一生-凶。二生-小吉。一剋-小吉。二剋-小吉。

逢見天運被其生剋化：一生-小吉。二生-凶。一剋-小吉。二剋-凶。

金金火 6.12.11、16.12.11、6.22.11……

1.主運人格=陰、陽　解：必見家運凋零，恐生刑剋破壞或陷父母不安祥，六親無力，終其一生華而不實，恐陷中途意外空破，白費心機，若能安分自能化吉，男女有此配置，必見莫名不祥分離，子女無依。

逢見與天運來生剋化：一生-凶。二生-小吉。一剋-小吉。二剋-小凶。

逢見天運被其生剋化：一生-小吉。二生-小凶。一剋-

小吉。二剋-凶。

金金火 7.10.12、17.10.12、7.20.12……

2.主運人格=陽、陰　解：必見家運不安，恐陷華而不實，初限可得小安，然暗藏破兆，中途意外急變災難，發展破業，陷投機不安，終其一生，男女有此配置，必見孤剋或陷自孤成，晚景漂零無依，子女不安祥。

逢見與天運來生剋化：一生-凶。二生-小吉。一剋-小吉。二剋-小凶。

逢見天運被其生剋化：一生-小吉。二生-小凶。一剋-小吉。二剋-凶。

金金火 6.11.12、16.11.12、6.21.12……

3.主運人格=陽見陽　解：必見家運一時發展，然恐陷華而不實，父母不安康，中途恐陷家道凋零，暗藏破兆分離，終其一生恐陷投機非業不安運氣，男女有此配置，必見不安分離或晚景莫名不祥，無依。

逢見與天運來生剋化：一生-凶。二生-小吉。一剋-小吉。二剋-小凶。

逢見天運被其生剋化：一生-小吉。二生-小凶。一剋-小吉。二剋-凶。

金金火 7.11.13、17.21.3、7.11.23……

4.主運人格=陰見陰　解：必見家運一時發展門興，父母得力，享受貴人扶持，然暗藏意外災變或瞬間不安祥，發展空破，恐生破業，陷入舉債過日，男女有此配置，必見自孤成或破壞分離，子女庸俗無力，漂零。

逢見與天運來生剋化：一生-凶。二生-小吉。一剋-小吉。二剋-小凶。

逢見天運被其生剋化：一生-小吉。二生-小凶。一剋-小吉。二剋-凶。

金金土 6.12.3、16.22.3、6.12.13……

1.主運人格=陰、陽　解：必見家運虛發，享受一時安康，然暗藏崩離不祥或中途意外，父母別離，家道中落，陷終其一生運氣顛倒枉心機，男女有此配置，必見仇恨分離或意外不祥分離，子女庸俗無力。

逢見與天運來生剋化：一生-凶。二生-凶。三生-凶。一剋-凶。二剋-凶。

逢見天運被其生剋化：一生-小吉。二生-凶。一剋-凶。二剋-凶。

金金土 7.10.6、17.20.16、7.10.16……

2.主運人格=陽、陰　解：必見家運華而不實，恐生驕妄或奢侈成性，不安家業，父母無力分離，發展陷入莫名災難，財運不安祥或中途意外，男女有此配置，必見孤剋陷自孤成，終其一生，子女不祥漂零。

逢見與天運來生剋化：一生-凶。二生-凶。三生-凶。一剋-凶。二剋-凶。

逢見天運被其生剋化：一生-小吉。二生-凶。一剋-凶。二剋-凶。

金金土 6.11.4、16.11.14、6.21.4……

3.主運人格=陽見陽　解：必見家運虛而無實，恐見父母身衰體弱或破壞分離，六親漂零，家道中落，終其一生皆白費心機，恐陷投機，破祖敗業，男女有此配置，必見刑傷不安分離，子女身弱不安祥。

逢見與天運來生剋化：一生-凶。二生-凶。三生-凶。一剋-凶。二剋-凶。

逢見天運被其生剋化：一生-小吉。二生-凶。一剋-凶。二剋-凶。

金金土 7.11.5、17.11.15、7.21.15……

4.主運人格=陰見陰　解：必見家運困難，父母不得力，終其一生，必陷漂零四方，勞碌奔波，財運困難，發展無力，求助無門或破祖離鄉，男女有此配置，必陷刑剋自孤成或漂零無依，子女不安康分離。

逢見與天運來生剋化：一生-凶。二生-凶。三生-凶。一剋-凶。二剋-凶。

逢見天運被其生剋化：一生-小吉。二生-凶。一剋-凶。二剋-凶。

金金金 6.12.5、16.12.15、6.22.5……

1.主運人格=陰、陽　解：必見家道不安祥，父母不安分離，陷終其一生華而不實或棄祖別離，發展困難，財運空虛，恐生不祥災難，男女有此配置，必陷刑傷莫名不祥分離，陷終其一生孤獨無依。

逢見與天運來生剋化：一生-凶。二生-凶。三生-凶。一剋-小吉。二剋-小吉。三剋-小吉。

逢見天運被其生剋化：一生-凶。二生-凶。三生-凶。一剋-凶。二剋-凶。三剋-凶。

金金金 7.10.8、17.10.18、7.20.18……

2.主運人格=陽、陰　解：必見家運不安祥，父母不得力恐見日衰或困厄終其一生命運乖張難得運通恐陷投機非業不安祥終其一生必陷枉費心男女有此配置必生刑剋破壞或自孤成漂零無依。

逢見與天運來生剋化：一生-凶。二生-凶。三生-凶。一剋-小吉。二剋-小吉。三剋-小吉。

逢見天運被其生剋化：一生-凶。二生-凶。三生-凶。一剋-凶。二剋-凶。三剋-凶。

金金金 6.11.6、16.11.16、6.21.6……

3.主運人格=陽見陽　解：必見家道中落，父母不得力，財運困難，發展無力，六親成仇或陷入不祥分離，恐生刑傷，家運難通，男女有此配置，必見刑傷中途不安祥或意外生災分離，子女陷入不祥漂零分離。

逢見與天運來生剋化：一生-凶。二生-凶。三生-凶。一剋-小吉。二剋-小吉。三剋-小吉。

逢見天運被其生剋化：一生-凶。二生-凶。三生-凶。一剋-凶。二剋-凶。三剋-凶。

金金金 7.11.7、17.21.7、7.11.17……

4.主運人格=陰見陰　解：必見家運窒息，恐陷烏雲遮地難見圓融，暗藏破兆不安祥或生死別離，父母身衰體敗，必見莫名，發展無力，財運空虛，男女有此配置，必見自孤成或刑傷破壞，累及配偶運氣難通。

逢見與天運來生剋化：一生-凶。二生-凶。三生-凶。一剋-小吉。二剋-小吉。三剋-小吉。

逢見天運被其生剋化：一生-凶。二生-凶。三生-凶。一剋-凶。二剋-凶。三剋-凶。

金金水 6.12.5、16.12.15、6.22.5……

1.主運人格=陰、陽　解：必見家運忽明忽暗，恐陷刑傷，父母身弱不安祥，六親漂零或陷仇恨，終其一生困難重重或陷顛沛流離，男女有此配置，必見仇恨分離或刑傷破壞不安祥，子女恐陷莫名災難。

逢見與天運來生剋化：一生-凶。二生-小吉。三生-凶。一剋-小吉。二剋-小吉。

逢見天運被其生剋化：一生-凶。二生-凶。三生-凶。一剋-小吉。二剋-凶。

金金水 7.10.10、17.10.10、7.20.10……

2.主運人格=陽、陰　解：必見家運一時興榮，父母得力，受人稱羨，財運通順，發展有方，然暗藏中途破兆，恐陷投機非業，陷財運不安祥之災難，男女有此配置，必得良善共扶，然恐生刑傷成仇恨，破壞分離。

逢見與天運來生剋化：一生-凶。二生-小吉。三生-

凶。一剋-小吉。二剋-小吉。

逢見天運被其生剋化：一生-凶。二生-凶。三生-凶。一剋-小吉。二剋-凶。

金金水 6.11.8、16.11.18、6.21.18……

3.主運人格=陽見陽　解：必見家運華而不實，父母一時得安，然暗藏破壞分離，終其一生發展陷入不安家業或投機，陷財運不安祥，男女有此配置，必見刑傷仇恨或相互破壞終其一生運氣，子女莫名漂零。

逢見與天運來生剋化：一生-凶。二生-小吉。三生-凶。一剋-小吉。二剋-小吉。

逢見天運被其生剋化：一生-凶。二生-凶。三生-凶。一剋-小吉。二剋-凶。

金金水 7.11.9、17.11.19、7.21.9……

4.主運人格=陰見陰　解：必見家運烏雲遮月，華而不實，暗藏破兆分離，恐刑傷，父母身衰體敗或動盪不安，六親別離，財運有虛無實，男女有此配置，必見刑傷，貌合神離，中途意外不安祥，恐生破壞分離。

逢見與天運來生剋化：一生-凶。二生-小吉。三生-凶。一剋-小吉。二剋-小吉。

逢見天運被其生剋化：一生-凶。二生-凶。三生-凶。一剋-小吉。二剋-凶。

金水木 6.4.7、16.14.7、6.14.17……

1.主運人格=陰、陽　解：必見家運忽明忽暗，恐生前途莫

名，華而不實，恐生破壞別離或刑傷父母，發展無力，財運不安祥災難，男女有此配置，必見刑剋配偶或陷身衰體敗，子女不安祥，無力漂零。

逢見與天運來生剋化：一生-小吉。二生-凶。一剋-小吉。

逢見天運被其生剋化：一生-凶。二生-凶。一剋-小吉。

金水木 7.12.10、17.12.20、7.22.10……

2.主運人格=陽、陰　解：必見家運前途窒息，恐生刑傷，父母身衰體弱，中途投機，破壞家道中落，發展無門，陷終其一生白費心機，男女有此配置，恐生莫名自孤成或刑傷，配偶意外不安祥，子女無力分離。

逢見與天運來生剋化：一生-小吉。二生-凶。一剋-小吉。

逢見天運被其生剋化：一生-凶。二生-凶。一剋-小吉。

金水木 6.13.8、16.3.8、6.3.18……

3.主運人格=陽見陽　解：必見家運華而不實，恐陷家道停頓，窒息難行，發展無力，財運不安，終其一生恐生刑傷，家運難通，中途意外不安祥，男女有此配置，必見刑傷自孤成或貌合神離，不安分離。

逢見與天運來生剋化：一生-小吉。二生-凶。一剋-小吉。

逢見天運被其生剋化：一生-凶。二生-凶。一剋-小吉。

金水木 7.13.9、17.13.9、7.13.19……

4.主運人格=陰見陰　解：必見家運困難，父母不安，恐陷六親漂零，發展無力，財運難通，終其一生必陷白費心機或陷入不祥意外不安，男女有此配置，必見刑傷仇恨，晚景無依漂零，子女不安康。

逢見與天運來生剋化：一生-小吉。二生-凶。一剋-小吉。

逢見天運被其生剋化：一生-凶。二生-凶。一剋-小吉。

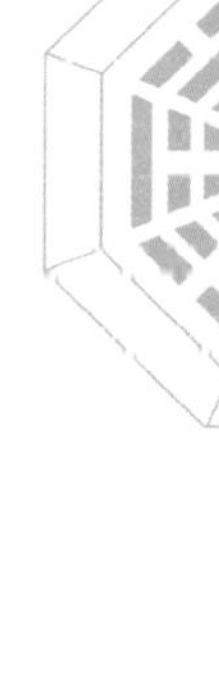

金水火 6.4.9、16.4.19、6.14.19……

1.主運人格=陰、陽　解：必見家運難通，恐生刑傷，父母身衰體敗，中途意外不安祥或投機陷入家運不堪，發展意外財運恐生不安災難，男女有此配置，必見刑剋，配偶身衰體敗，子女無力，恐生莫名漂零。

逢見與天運來生剋化：一生-小吉。二生-小吉。一剋-小吉。

逢見天運被其生剋化：一生-凶。二生-小吉。一剋-小吉。

金水火 7.12.12、17.2.12、7.12.22……

2.主運人格=陽、陰　解：必見家運發展，一時享受，父母得力，然暗藏家運分離或意外災變不祥，發展陷入財運不安或意外破業災難，男女有此配置，必見仇恨刑傷不安祥分離，子女庸俗無力漂零。

逢見與天運來生剋化：一生-小吉。二生-小吉。一剋-小吉。

逢見天運被其生剋化：一生-凶。二生-小吉。一剋-小吉。

金水火 6.13.10、16.3.10、6.13.20……

3.主運人格=陽見陽　解：必見家運困難，恐生漂零或刑傷，父母身衰體敗，六親別離，命運陷入乖張，中運前必見婚姻相互刑剋，若能安然，祇待中後，男女有此配置，必見刑剋，破壞運氣，子女孤獨無依。

逢見與天運來生剋化：一生-小吉。二生-小吉。一剋-小吉。

逢見天運被其生剋化：一生-凶。二生-小吉。一剋-小吉。

金水火 7.13.11、17.13.11、7.3.21……

4.主運人格=陰見陰　解：必見家運不安祥，恐生刑剋，父母陷入不安或發展無力，六親漂零，財運無力，男女有此配置，中途必見刑剋分離，若能修性忍和，祇待晚運後自可得稍安，家運漸通，子女無力。

逢見與天運來生剋化：一生-小吉。二生-小吉。一剋-小吉。

逢見天運被其生剋化：一生-凶。二生-小吉。一剋-小吉。

金水土 6.4.11、16.4.11、6.4.21……

1.主運人格=陰、陽　解：必見家運困難，父母不得力，恐生華而不實，暗藏破兆分離，發展困難，財運空虛，終其一生必陷勞勞碌碌費心機，男女有此配置，必得不安分離或相互破壞運氣難通，子女不祥。

逢見與天運來生剋化：一生-小吉。二生-小吉。一剋-凶。

逢見天運被其生剋化：一生-凶。一剋-小凶。

金水土 7.12.4、17.12.14、7.2.14……

2.主運人格=陽、陰　解：必見家運前途莫名，父母不安祥，恐生意外分離，發展無力，財運辛苦或意外災變，男女有此配置，必見仇恨分離或相互刑剋，陷家運，子女命運乖張，中途意外不幸或漂零。

逢見與天運來生剋化：一生-小吉。二生-小吉。一剋-凶。

逢見天運被其生剋化：一生-凶。一剋-小凶。

金水土 6.13.12、16.13.22、6.3.12……

3.主運人格=陽見陽　解：必見家道中落，華而不實，暗藏破兆分離，發展無門，財運空虛，中途意外，恐生莫名不安，男女有此配置，必見自孤成或刑傷配偶破壞，終其一生運氣恐陷家運難通，子女無力分離。

逢見與天運來生剋化：一生-小吉。二生-小吉。一剋-

凶。

逢見天運被其生剋化：一生-凶。一剋-小凶。

金水土 7.13.13、17.13.13、7.3.13……

4.主運人格=陰見陰　解：必見家運困難，六親成仇，命運乖張或陷破祖離鄉，發展困難，財運無力，華而不實，必陷終其一生勞碌奔波，難見安寧，男女有此配置，必生自孤成漂零，子女薄弱或不安祥分離。

逢見與天運來生剋化：一生-小吉。二生-小吉。一剋-凶。

逢見天運被其生剋化：一生-凶。一剋-小凶。

金水金 6.4.3、16.14.3、6.4.13……

1.主運人格=陰、陽　解：必見家運華而不實，暗藏破兆分離，恐生刑傷，父母身衰體敗，終其一生必見不安祥，意外發展破業，財運不安，男女有此配置，必見莫名不祥分離或刑傷，運氣難通，子女無力漂零。

逢見與天運來生剋化：一生-凶。二生-小吉。三生-凶。一剋-凶。二剋-凶。

逢見天運被其生剋化：一生-凶。二生-小吉。三生-凶。一剋-凶。二剋-凶。

金水金 7.12.6、17.12.6、7.12.16……

2.主運人格=陽、陰　解：必見家道暗藏破兆分離，恐生前途不安，發展無門，財運空虛，中途意外刑傷，陷家運難通，終其一生恐陷枉心機，男女有此配置，必見刑

傷，累及配偶破壞分離，陷子女不安祥無依。

逢見與天運來生剋化：一生-凶。二生-小吉。三生-凶。一剋-凶。二剋-凶。

逢見天運被其生剋化：一生-凶。二生-小吉。三生-凶。一剋-凶。二剋-凶。

金水金 6.13.4、16.13.14、6.3.14……

3.主運人格=陽見陽　解：必見家道中落，恐生刑傷，父母身衰體敗，不安分離，前途莫名，難見曙光，中途意外急變災難，恐生發展破業，財運空虛，男女有此配置，必見自孤成或刑傷，破壞分離子女不安康漂零。

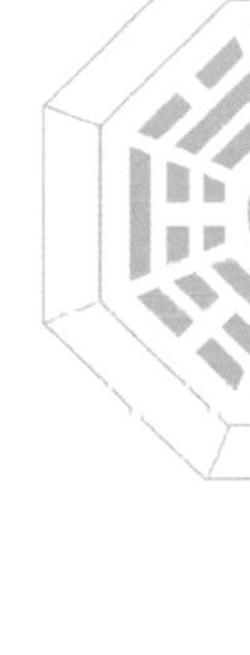

逢見與天運來生剋化：一生-凶。二生-小吉。三生-凶。一剋-凶。二剋-凶。

逢見天運被其生剋化：一生-凶。二生-小吉。三生-凶。一剋-凶。二剋-凶。

金水金 7.13.5、17.13.15、7.13.15……

4.主運人格=陰見陰　解：必見家運難通，父母不安祥，恐生烏雲遮地，前途未明，暗藏破兆分離，發展無力，財運空虛或陷意外災難，男女有此配置，必見莫名仇恨分離，恐生刑傷，終其一生子女不安祥。

逢見與天運來生剋化：一生-凶。二生-小吉。三生-凶。一剋-凶。二剋-凶。

逢見天運被其生剋化：一生-凶。二生-小吉。三生-凶。一剋-凶。二剋-凶。

金水水 6.4.5、16.4.5、6.14.15……

1.主運人格=陰、陽　解：必見家運吉祥，父母得力，受人稱羨，富甲一方，享受發展，財運無缺，有災必解，然恐陷投機非業或發展陷入不安家業，中途舉債，男女有此配置，必得良善，然恐生莫名意外不安分離。

逢見與天運來生剋化：一生-小吉。二生-小凶。三生-凶。一剋-凶。二剋-吉。

逢見天運被其生剋化：一生-凶。二生-凶。一剋-凶。二剋-凶。

金水水 7.12.8、17.12.8、7.2.18……

2.主運人格=陽、陰　解：必見華而不實，父母不得力，暗藏破兆分離，恐生刑傷，家運難通，陷入有虛無實，發展空破，意外不安災難，男女有此配置，必見刑傷莫名分離，恐生終其一生白費心機，子女不安祥。

逢見與天運來生剋化：一生-小吉。二生-小凶。三生-凶。一剋-凶。二剋-吉。

逢見天運被其生剋化：一生-凶。二生-凶。一剋-凶。二剋-凶。

金水水 6.13.6、16.13.6、6.3.16……

3.主運人格=陽見陽　解：必見家運忽明忽暗，恐生有虛無實，發展陷入不祥意外或刑傷父母，陷入身衰體敗，財運災難或舉債破業，男女有此配置，必見不安祥，中途恐陷刑傷，破壞分離，子女身衰無依。

逢見與天運來生剋化：一生-小吉。二生-小凶。三生-凶。一剋-凶。二剋-吉。

逢見天運被其生剋化：一生-凶。二生-凶。一剋-凶。二剋-凶。

金水水 7.3.7、17.13.7、7.13.17……

4.主運人格=陰見陰　解：必見家運前途困難，恐生刑傷，父母不安祥分離，發展困難，財運無力，華而不實，陷終其一生勞勞碌碌，白費心機，男女有此配置，必見傷心莫名分離，陷入家運難通，子女不安漂零。

逢見與天運來生剋化：一生-小吉。二生-小凶。三生-凶。一剋-凶。二剋-吉。

逢見天運被其生剋化：一生-凶。二生-凶。一剋-凶。二剋-凶。

水木木 8.4.7、18.14.7、8.4.17……

1.主運人格=陰、陽　解：必見家運華而不實，暗藏刑傷，父母破壞分離，發展困難，恐生財運災難，終其一生必陷白費心機，中途意外急變，男女有此配置，必陷自孤成或刑傷破壞，配偶運氣難通，子女不祥。

逢見與天運來生剋化：一生-小吉。二生-小吉。三生-小吉。一剋-凶。二剋-吉。

逢見天運被其生剋化：一生-凶。二生-凶。一剋-凶。二剋-凶。

水木木 9.12.10、19.12.20、9.2.10……

2.主運人格=陽、陰　解：必見家運漸通，父母安康得力，享受一時發展，有災必解，貴人扶持，六親親和，財運亨通，門庭健康，男女有此配置，必見門第或得良善配偶共扶，創造發展，子女健康享受上天蔽蔭。

逢見與天運來生剋化：一生-小吉。二生-小吉。三生-小吉。一剋-凶。二剋-吉。

逢見天運被其生剋化：一生-凶。二生-凶。一剋-凶。二剋-凶。

水木木 8.13.8、18.3.8、8.13.18……

3.主運人格=陽見陽　解：必見家運忽明忽暗，恐陷華而不實，恐生刑傷，父母、六親不安祥，終其一生必見晴時偶陣雨運程，日有心驚，男女有此配置，必見刑傷分離，若能勤修守性，中後必見吉祥無憂。

逢見與天運來生剋化：一生-小吉。二生-小吉。三生-小吉。一剋-凶。二剋-吉。

逢見天運被其生剋化：一生-凶。二生-凶。一剋-凶。二剋-凶。

水木木 9.3.9、19.13.9、9.13.9……

4.主運人格=陰見陰　解：必見家運虛華不實，暗藏破壞分離，恐生刑剋，六親或父母不安分離，終其一生必陷外觀吉祥內在多憂，六親漂零，男女有此配置，必得勤儉良善相扶，若能忍和修性，自能圓滿。

逢見與天運來生剋化：一生-小吉。二生-小吉。三生-

小吉。一剋-凶。二剋-吉。

逢見天運被其生剋化：一生-凶。二生-凶。一剋-凶。二剋-凶。

水木火 8.4.9、18.4.9、8.14.9……

1.主運人格=陰、陽　解：必見家運一時發展，享受父母餘蔭得力，中運前後受人稱羨，財運亨通，家道漸興，然暗藏破壞分離之兆，男女有此配置，必得良善，然恐見刑傷仇恨，破壞運氣，若能守儉本分，自可轉祥。

逢見與天運來生剋化：一生-小吉。二生-凶。一剋-小吉。

逢見天運被其生剋化：一生-凶。二生-凶。一剋-小吉。

水木火 9.2.12、19.2.12、9.12.12……

2.主運人格=陽、陰　解：必見家運漸興，父母安康，能享受貴人扶持，有此配置男女，必先歷辛苦，中後得幸，出外可得，門第有災必解，財運無憂，男女有此配置，必得良善共扶，然暗藏婚姻破兆或刑傷分離。

逢見與天運來生剋化：一生-小吉。二生-凶。一剋-小吉。

逢見天運被其生剋化：一生-凶。二生-凶。一剋-小吉。

水木火 8.13.10、18.13.10、8.3.10……

3.主運人格=陽見陽　解：必見家運華而不實，恐陷奢侈不實際或投機非業，恐生刑傷，家道破業，父母不安分離，發展困難，財運空虛，男女有此配置，必見刑傷，破壞分離，若能忍和，必得良善共扶。

逢見與天運來生剋化：一生-小吉。二生-凶。一剋-小吉。

逢見天運被其生剋化：一生-凶。二生-凶。一剋-小吉。

水木火 9.3.11、19.3.11、9.13.11……

4.主運人格=陰見陰　解：必見家運忽明忽暗，前途未明，恐生刑傷，父母勞碌或陷身衰體弱，六親漂零，弟兄成仇，發展窒息，華而不實，恐陷不正業，陷意外，男女有此配置，必見刑傷，配偶仇恨或身衰體敗。

逢見與天運來生剋化：一生-小吉。二生-凶。一剋-小吉。

逢見天運被其生剋化：一生-凶。二生-凶。一剋-小吉。

水木土 8.4.11、18.4.11、8.14.11……

1.主運人格=陰、陽　解：必見家運難祥，恐生刑剋，父母、六親別離，發展困難，華而不實，恐陷根基薄弱，財運不安祥，男女有此配置，必陷辛苦或勞困奔波，陷刑傷累及家道難通，陷子女不安祥漂零。

逢見與天運來生剋化：一生-小吉。二生-小吉。一剋-小吉。

逢見天運被其生剋化：一生-小吉。一剋-小吉。

水木土 9.2.4、19.2.4、9.12.4……

2.主運人格=陽、陰　解：必見家運困難，恐生刑傷，父母不安分離，家業難興，中途意外，急變災難，發展無力，財運困難，男女有此配置，必見刑傷仇恨分離，子女中途意外不安祥，陷家道顛沛流離，凋零。

逢見與天運來生剋化：一生-小吉。二生-小吉。一剋-小吉。

逢見天運被其生剋化：一生-小吉。一剋-小吉。

水木土 8.3.2、18.3.12、8.13.12……

3.主運人格=陽見陽　解：必見家運困苦，父母不祥，恐生刑剋，六親或棄祖別離，終其一生難得發展，財運空虛，中途恐生意外災變或陷財運不祥，男女有此配置，必見刑剋相互累及，陷家道難安，無依。

逢見與天運來生剋化：一生-小吉。二生-小吉。一剋-小吉。

逢見天運被其生剋化：一生-小吉。一剋-小吉。

水木土 9.3.3、19.3.13、9.3.13……

4.主運人格=陰見陰　解：必見家運憂愁四起，恐生刑傷，父母不安祥分離，六親無力，弟兄漂零無依，終其一生發展無力，財運空虛，男女有此配置，必見孤苦難安，刑傷或費心機，陷家運動盪不安祥。

逢見與天運來生剋化：一生-小吉。二生-小吉。一剋-

小吉。

逢見天運被其生剋化：一生-小吉。一剋-小吉。

水木金 8.4.13、18.14.13、8.14.3……

1.主運人格=陰、陽　解：必見家運困難重重，華而不實，恐陷勞碌奔波，棄祖別離或破壞家道中落，中途恐陷投機非業，陷發展空破，財運不安祥，男女有此配置，必見自孤成或刑傷累及配偶終其一生。

逢見與天運來生剋化：一生-小吉。二生-小吉。一剋-小吉。

逢見天運被其生剋化：一生-小吉。二生-小吉。一剋-小吉。

水木金 9.2.6、19.12.6、9.12.6……

2.主運人格=陽、陰　解：必見家運難通，恐生漂零無力，發展困難，六親無力，弟兄無依，恐陷困厄，終其一生發展無門，財運無力，男女有此配置，必見自孤成或刑傷破壞，終其一生運氣陷入家道凋零無依。

逢見與天運來生剋化：一生-小吉。二生-小吉。一剋-小吉。

逢見天運被其生剋化：一生-小吉。二生-小吉。一剋-小吉。

水木金 8.3.4、18.13.4、8.13.14……

3.主運人格=陽見陽　解：必見家運動盪不安，恐生刑剋自陷，終其一生顛沛流離，家道中落，暗藏破兆或破壞別離，勞勞碌碌費心機，發展無門，有此配置男女，必陷漂零困厄或陷入情色不倫十字關，子女薄弱漂零。

逢見與天運來生剋化：一生-小吉。二生-小吉。一剋-小吉。

逢見天運被其生剋化：一生-小吉。二生-小吉。一剋-小吉。

水木金 9.3.5、19.3.15、9.3.15……

4.主運人格=陰見陰　解：必見家運難通，恐陷六親拒絕，父母不安祥，發展困難，恐陷終其一生西牛望月之苦，前途未明，合作生災，財運不安，有此配置男女，必見婚姻不安祥或第三者引入，陷終其一生不得安寧。

逢見與天運來生剋化：一生-小吉。二生-小吉。一剋-小吉。

逢見天運被其生剋化：一生-小吉。二生-小吉。一剋-小吉。

水木水 8.4.5、18.14.5、8.4.15……

1.主運人格=陰、陽　解：必見家運華而不實，父母不安分離，陷家道中落，恐生不得良久發展，陷入莫名，財運困難，恐陷非類破壞糾葛，有此配置男女，必見刑傷，恐生累及配偶身衰體敗，陷運氣不得安寧。

逢見與天運來生剋化：一生-凶。二生-凶。三生-凶。一剋-凶。二剋-凶。

逢見天運被其生剋化：一生-凶。二生-小吉。一剋-

凶。二剋-凶。

水木水 9.2.8、19.12.8、9.2.18……

2.主運人格=陽、陰　解：必見家運華而不實，恐陷外祥內憂，暗藏家道中落，弟兄無力，恐生不安分離，終其一生發展困難，有虛無實，恐陷根基薄弱之苦，有此配置男女，必見刑傷破壞或陷身衰體弱之不安祥。

逢見與天運來生剋化：一生-凶。二生-凶。三生-凶。一剋-凶。二剋-凶。

逢見天運被其生剋化：一生-凶。二生-小吉。一剋-凶。二剋-凶。

水木水 8.3.6、18.3.16、8.13.6……

3.主運人格=陽見陽　解：必見家運動盪不安，父母不安祥，恐生終其一生意外莫名，家運難通，發展窒息，陷勞勞碌碌費心機，財運災難或陷入顛倒，中途意外急變災難，有此配置男女，必見自孤成或相互刑傷之不幸。

逢見與天運來生剋化：一生-凶。二生-凶。三生-凶。一剋-凶。二剋-凶。

逢見天運被其生剋化：一生-凶。二生-小吉。一剋-凶。二剋-凶。

水木水 9.3.7、19.13.7、9.3.17……

4.主運人格=陰見陰　解：必見家運難當，發展無門，父母不安康或陷白費功夫之苦，六親莫名疏離，恐陷不得力或棄祖別離，發展進退維谷，有此配置男女，必見情色

十字關，恐生破壞婚姻，前途莫名或不倫之災。

逢見與天運來生剋化：一生-凶。二生-凶。三生-凶。一剋-凶。二剋-凶。

逢見天運被其生剋化：一生-凶。二生-小吉。一剋-凶。二剋-凶。

水火木 8.6.5、18.6.15、8.16.5……

1.主運人格=陰、陽　解：必見家運華而不實，恐陷根基薄弱或刑傷父母不安康，發展困難，合作生災，中途意外，非類糾葛，陷入財運不祥災難，有此配置男女，必見先盛後衰之苦，末運難安或陷中途離異不安祥。

逢見與天運來生剋化：一生-凶。二生-凶。一剋-凶。

逢見天運被其生剋化：一生-凶。二生-凶。一剋-凶。

水火木 9.4.8、19.14.8、9.14.8……

2.主運人格=陽、陰　解：必見家運難明，父母不祥分離，陷終其一生災難重疊，恐生莫名暗疾，發展辛苦，財運困難，有虛無實，恐陷破業或陷入非祥，有此配置男女，必見相互刑傷，恐生第三者破壞分離，陷自孤成。

逢見與天運來生剋化：一生-凶。二生-凶。一剋-凶。

逢見天運被其生剋化：一生-凶。二生-凶。一剋-凶。

水火木 8.5.6、18.15.6、8.5.16……

3.主運人格=陽見陽　解：必見家運華而不實，暗藏破兆別離，恐生刑傷父母，陷終其一生財運顛倒，合作困難或

陷東奔西走，意外急變，有此配置男女必見婚姻不安祥，中途陷情色之災破壞，運氣難安。

逢見與天運來生剋化：一生-凶。二生-凶。一剋-凶。

逢見天運被其生剋化：一生-凶。二生-凶。一剋-凶。

水火木 9.5.7、19.15.7、9.5.17……

4.主運人格=陰見陰　解：必見家運困難，父母不得力，恐陷破壞別離或家道中落，六親拒絕，弟兄無力，陷終其一生財運困難，有虛無實，有此配置男女，必見刑傷分離或破壞中途，陷子女難安漂零。

逢見與天運來生剋化：一生-凶。二生-凶。一剋-凶。

逢見天運被其生剋化：一生-凶。二生-凶。一剋-凶。

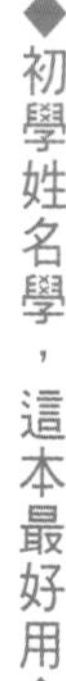

水火火 8.6.7、18.6.17、8.16.7……

1.主運人格=陰、陽　解：必見家運華而不實，恐生刑剋，父母莫名分離或陷入家道不安祥，弟兄無力，恐生仇恨，陷終其一生難遂己願，合作破業，有此配置男女，必見刑剋累及配偶或自陷刑傷，身衰體敗之不幸。

逢見與天運來生剋化：一生-小吉。二生-凶。一剋-凶。二剋-吉。

逢見天運被其生剋化：一生-凶。二生-小凶。一剋-凶。二剋-小吉。

水火火 9.4.10、19.14.10、9.14.10……

2.主運人格=陽、陰　解：必見家運一時發展，父母得力享受，逢凶化吉之天成，然暗藏自信投機，恐見敗衰或陷入合作拖累災難，有此配置男女，可得良善配偶，然恐刑傷配偶破壞分離，陷家運漂零之不堪。

逢見與天運來生剋化：一生-小吉。二生-凶。一剋-凶。二剋-吉。

逢見天運被其生剋化：一生-凶。二生-小凶。一剋-凶。二剋-小吉。

水火火 8.5.8、18.5.8、8.15.8……

3.主運人格=陽見陽　解：必見家運困難，父母不安祥，暗藏中途別離，陷終其一生勞勞碌碌枉心機，有此配置，必見貪圖投機，恐陷中途非難，有此配置男女，必見情色十字關或不倫，恐陷敗衰終其一生運氣。

逢見與天運來生剋化：一生-小吉。二生-凶。一剋-凶。二剋-吉。

逢見天運被其生剋化：一生-凶。二生-小凶。一剋-凶。二剋-小吉。

水火火 9.5.9、19.15.9、9.5.19……

4.主運人格=陰見陰　解：必見家運一時小安，然暗藏刑剋，父母恐生不安祥分離，六親無情或陷入拒絕，終其一生發展無門，合作生非，恐生投機，陷入災難，有此配置男女，可得良善扶助，然恐生刑剋，破壞分離。

逢見與天運來生剋化：一生-小吉。二生-凶。一剋-凶。二剋-吉。

逢見天運被其生剋化：一生-凶。二生-小凶。一剋-凶。二剋-小吉。

水火土 8.6.9、18.6.9、8.16.9……

1.主運人格=陰、陽　解：必見家運忽明忽暗，恐見暴風將起，暗藏家運不幸或不安分離，終其一生發展辛苦，財運困難，陷東奔西走，費心機，有此配置男女，必見婚姻爭端，陷終其一生不安寧子女不祥分離。

逢見與天運來生剋化：一生-小吉。二生-凶。一剋-小吉。

逢見天運被其生剋化：一生-小吉。一剋-小吉。

水火土 9.4.12、19.14.12、9.14.12……

2.主運人格=陽、陰　解：必見家運難安，恐生破兆之難，父母不安祥，恐陷家道中落分離，有此配置，必見刑傷，終其一生難得發展，恐陷有虛無實，若幸逢天運木，必得逢凶化吉，有此配置男女，婚姻恐不安祥。

逢見與天運來生剋化：一生-小吉。二生-凶。一剋-小吉。

逢見天運被其生剋化：一生-小吉。一剋-小吉。

水火土 8.5.10、18.15.10、8.5.20……

3.主運人格=陽見陽　解：必見家運難安，恐生刑剋，陷父母不安祥或陷入發展不得要領，財運困難，合作無門，恐陷河中撈月之苦，有此配置男女，恐生刑剋或陷入自孤成，婚姻困難，子女薄弱或不安祥漂零。

逢見與天運來生剋化：一生-小吉。二生-凶。一剋-小吉。

逢見天運被其生剋化：一生-小吉。一剋-小吉。

水火土 9.5.11、19.5.11、9.15.11……

4.主運人格=陰見陰　解：必見家運難通，恐生刑傷，父母不得力，家道中落，六親拒絕，弟兄無力，恐生仇恨分離，發展難堪，財運困難，有此配置男女，必見刑剋，恐生累及配偶終其一生身衰體弱，陷家運不安祥。

逢見與天運來生剋化：一生-小吉。二生-凶。一剋-小吉。

逢見天運被其生剋化：一生-小吉。一剋-小吉。

水火金 8.6.11、18.16.11、8.16.11……

1.主運人格=陰、陽　解：必見家運華而不實，暗藏不能良久或陷入刑傷，父母不安分離，合作生非，發展破業，中途意外急變災難，有此配置男女，必見傷心事或情色十字關，婚姻恐生不安祥，中途離異或分居。

逢見與天運來生剋化：一生-小吉。一剋-小吉。

逢見天運被其生剋化：一生-小吉。一剋-小吉。

水火金 9.4.4、19.14.4、9.4.14……

2.主運人格=陽、陰　解：必見家運難通，父母不得力，恐陷終其一生發展困難，財運災難，忽明忽暗之苦或陷入前途莫名，中途意外急變，有此配置男女，必見自孤成刑傷或婚姻中途陷第三者破壞，陷入不安祥。

逢見與天運來生剋化：一生-小吉。一剋-小吉。

逢見天運被其生剋化：一生-小吉。一剋-小吉。

水火金 8.5.12、18.5.12、8.15.12……

3.主運人格=陽見陽　解：必見家運華而不實，恐生不堪，陷父母不安祥，六親疏離或拒絕，弟兄無力，恐生爭端之災難，財運困難，發展難通，有此配置男女，必見婚姻不祥或中途重婚離異分居或陷入不倫情色之災。

逢見與天運來生剋化：一生-小吉。一剋-小吉。

逢見天運被其生剋化：一生-小吉。一剋-小吉。

水火金 9.5.13、19.5.13、9.15.13……

4.主運人格=陰見陰　解：必見家運忽明忽暗，恐陷烏雲遮月，發展困難，父母不得力，六親拒絕，出外難安，恐生漂零或陷入困厄，發展未明，有此配置男女，必見不倫或情色十字關，恐生破壞婚姻不安祥，子女不安漂零。

逢見與天運來生剋化：一生-小吉。一剋-小吉。

逢見天運被其生剋化：一生-小吉。一剋-小吉。

水火水 8.6.3、18.6.13、8.6.13……

1.主運人格=陰、陽　解：必見家運辛苦，恐生刑傷，父母身衰體敗或陷入中途意外不安分離，有此配置，恐生家道中落或不能良久，恐祇圖一時發展，有此配置男女，必見相互刑傷或陷入勞碌終其一生。

逢見與天運來生剋化：一生-小吉。二生-凶。一剋-凶。二剋-凶。

逢見天運被其生剋化：一生-凶。二生-小吉。一剋-凶。二剋-小吉。

水火水 9.4.6、19.14.6、9.4.16……

2.主運人格=陽、陰　解：必見家運莫名，恐生刑傷，父母不安祥，陷終其一生家道難安，弟兄不得力，發展陷入莫名災難，財運拖累，中途意外急變破業，有此配置男女，必見婚姻不安祥或陷情色十字關之苦。

逢見與天運來生剋化：一生-小吉。二生-凶。一剋-凶。二剋-凶。

逢見天運被其生剋化：一生-凶。二生-小吉。一剋-凶。二剋-小吉。

水火水 8.5.4、18.15.4、8.5.14……

3.主運人格=陽見陽　解：必見家運華而不實，暗藏破兆別離，六親拒絕，恐陷中途仇恨分離，陷終其一生發展不得力或陷入西牛望月之苦，恐陷家道不堪，有此配置男女，必見自孤成或婚姻困難，陷入漂零。

逢見與天運來生剋化：一生-小吉。二生-凶。一剋-凶。二剋-凶。

逢見天運被其生剋化：一生-凶。二生-小吉。一剋-凶。二剋-小吉。

水火水 9.5.5、19.15.5、9.15.15……

4.主運人格=陰見陰　解：必見家運辛苦，暗藏刑剋，父母不祥分離，陷終其一生發展恐生災難，財運顛倒，合作破業或陷入非類意外，有此配置，必見相互刑傷或累及配偶身衰體敗，不安祥分離或陷入自孤成。

逢見與天運來生剋化：一生-小吉。二生-凶。一剋-凶。二剋-凶。

逢見天運被其生剋化：一生-凶。二生-小吉。一剋-凶。二剋-小吉。

水土木 8.8.3、18.8.13、8.18.13……

1.主運人格=陰、陽　解：必見家運辛苦，父母一時得安，然暗藏身衰體弱，恐生不祥分離，發展困難，財運不得力，合作無門，恐生莫名不安祥災難，有此配置男女，必見刑剋不祥或中途意外分離，子女難安，陷漂零。

逢見與天運來生剋化：一生-小吉。二生-凶。一剋-凶。

逢見天運被其生剋化：一生-凶。二生-凶。一剋-凶。

水土木 9.6.6、19.16.6、9.6.16……

2.主運人格=陽、陰　解：必見家運不安祥，父母不得力，六親拒絕或相互仇恨分離，家道中落，陷終其一生困苦難安，財運顛倒，陷入河中撈月之不堪，男女有此配置，必見先盛後衰，暗藏破壞或相互刑傷累及。

逢見與天運來生剋化：一生-小吉。二生-凶。一剋-凶。

逢見天運被其生剋化：一生-凶。二生-凶。一剋-凶。

水土木 8.7.4、18.7.14、8.17.4…

3.主運人格=陽見陽　解：必見家運困苦，恐生刑剋，父母身衰體弱，發展中途陷華而不實，勞勞碌碌不安，財運忽明忽暗之苦，陷發展不得力，男女有此配置，必見刑剋或破壞分離，終其一生陷入生活一般常。

逢見與天運來生剋化：一生-小吉。二生-凶。一剋-凶。

逢見天運被其生剋化：一生-凶。二生-凶。一剋-凶。

水土木 9.7.5、19.7.15、9.17.5……

4.主運人格=陰見陰　解：必見家道不安祥，恐生刑剋，父母不得力，陷終其一生勞勞碌碌，不得安寧或發展陷入無力，合作生非，非類糾葛難安，男女有此配置，必見紛爭莫名或相互刑傷，陷終其一生運氣困難。

逢見與天運來生剋化：一生-小吉。二生-凶。一剋-凶。

逢見天運被其生剋化：一生-凶。二生-凶。一剋-凶。

水土火 8.8.5、18.8.15、8.8.15……

1.主運人格=陰、陽　解：必見家運一時得力，父母享受得力發展，可得稱羨，中運前後必見安康，然末運恐暗藏破壞或陷入奢侈投機，破祖敗業，男女有此配置，必見相互刑傷累及，恐陷家運瞬間急變不安，陷災難

逢見與天運來生剋化：一生-小吉。二生-凶。一剋-

凶。

逢見天運被其生剋化：一生-小吉。二生-凶。一剋-凶。

水土火 9.6.8、19.6.8、9.16.8……

2.主運人格=陽、陰　解：必見家運一時小安，然暗藏刑傷，父母不安祥分離，終其一生必見顛沛流離或發展陷入無力，財運空虛，有此配置，必見六親疏離或陷入不得要領，婚姻一般常或陷入漂零困厄。

逢見與天運來生剋化：一生-小吉。二生-凶。一剋-凶。

逢見天運被其生剋化：一生-小吉。二生-凶。一剋-凶。

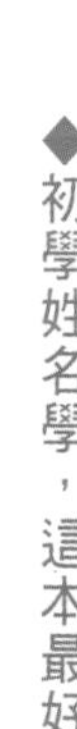

水土火 8.7.6、18.7.6、8.7.16……

3.主運人格=陽見陽　解：必見家運不安祥，恐陷華而不實，暗藏刑傷，破壞分離，父母身衰體弱，發展困難，財運辛苦，有此配置，終其一生恐生不得力或陷入進退維谷之苦，有此配置男女，必見仇恨或陷入情色十字關分離。

逢見與天運來生剋化：一生-小吉。二生-凶。一剋-凶。

逢見天運被其生剋化：一生-小吉。二生-凶。一剋-凶。

水土火 9.7.7、19.7.7、9.17.7……

4.主運人格=陰見陰　解：必見家運難安，恐生刑傷，父母身衰體弱，弟兄不安分離，六親孤苦，陷終其一生親疏合作發展無門，勞勞碌碌枉心機或陷入河中撈月之不堪，男女有此配置，必見生活不安寧或困厄漂零。

逢見與天運來生剋化：一生-小吉。二生-凶。一剋-凶。

逢見天運被其生剋化：一生-小吉。二生-凶。一剋-凶。

水土土 8.8.7、18.8.17、8.18.7……

1.主運人格=陰、陽　解：必見家運一時得力，然暗藏破兆分離，父母不安康，六親無力，恐生棄祖別離，弟兄薄弱，發展一時，然恐陷合作意外破業或陷入急變災難，男女有此配置，必見自孤成，陷入終其一生不安。

逢見與天運來生剋化：一生-凶。二生-凶。一剋-小凶。二剋-小吉。

逢見天運被其生剋化：一生-小吉。二生-凶。一剋-小凶。二剋-凶。

水土土 9.6.10、19.16.10、9.16.10……

2.主運人格=陽、陰　解：必見家運不得力，父母身衰體弱，恐生自孤成，終其一生或勞勞碌碌費心機，發展辛苦，財運陷入忽明忽暗，恐生非類糾葛災難，男女有此配置，必見情色十字關，恐生刑傷，配偶不安祥。

逢見與天運來生剋化：一生-凶。二生-凶。一剋-小

凶。二剋-小吉。

逢見天運被其生剋化：一生-小吉。二生-凶。一剋-小凶。二剋-凶。

水土土 8.7.8、18.7.8、8.17.8……

3.主運人格=陽見陽　解：必見家運辛苦難安，恐生刑剋，父母不得力，陷入終其一生顛沛流離，發展難遂願，積極不成，計劃空破，財運陷入莫名災難，男女有此配置，必見婚姻辛苦，恐生困厄漂零或相互刑剋，陷不堪。

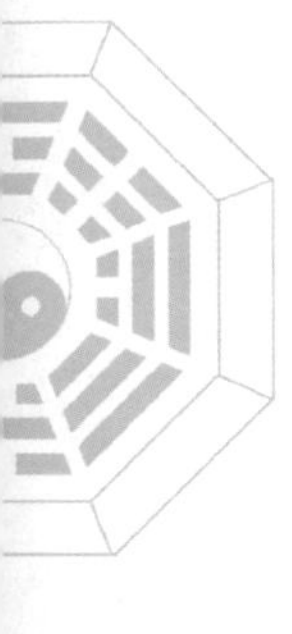

逢見與天運來生剋化：一生-凶。二生-凶。一剋-小凶。二剋-小吉。

逢見天運被其生剋化：一生-小吉。二生-凶。一剋-小凶。二剋-凶。

水土土 9.7.9、19.17.9、9.17.9……

4.主運人格=陰見陰　解：必見家運不安祥，父母不得力，恐見家道中落，困苦難安，六親拒絕或陷入仇恨分離，終其一生必陷發展災難，財運困苦，男女有此配置，必見婚姻不安祥或陷入情色十字關，破壞運氣。

逢見與天運來生剋化：一生-凶。二生-凶。一剋-小凶。二剋-小吉。

逢見天運被其生剋化：一生-小吉。二生-凶。一剋-小凶。二剋-凶。

水土金 8.8.9、18.18.9、8.8.19……

1.主運人格=陰、陽　解：必見家運莫名不安祥，勞勞碌碌終其一生，父母不安分離或棄祖別離，終其一生恐生生活不安寧，財運災難或陷入顚倒河中撈月之苦，男女有此配置，必見傷心或自孤成漂零。

逢見與天運來生剋化：一生-小吉。二生-小凶。一剋-小吉。

逢見天運被其生剋化：一生-小吉。二生-凶。一剋-吉。

水土金 9.6.2、19.6.12、9.16.12……

2.主運人格=陽、陰　解：必見家運辛苦，父母不得力，恐破祖離鄉，中運前後可得一時發展，合作一時可成，然暗藏非類破壞，陷末運難安，男女有此配置，必見終其一生情色十字關恐破壞前途不堪或陷入不安災難。

逢見與天運來生剋化：一生-小吉。二生-小凶。一剋-小吉。

逢見天運被其生剋化：一生-小吉。二生-凶。一剋-吉。

水土金 8.7.10、18.7.20、8.17.10……

3.主運人格=陽見陽　解：必見家運陷入莫名不安祥，恐生刑剋，父母不安，傷心分離，六親無靠，財運終其一生必見災難，發展無門，恐生非類破壞拖累，有此配置男女，必見刑傷或相互破壞，中途意外分離，陷漂零。

逢見與天運來生剋化：一生-小吉。二生-小凶。一剋-

小吉。

逢見天運被其生剋化：一生-小吉。二生-凶。一剋-吉。

水土金 9.7.11、19.17.11、9.7.21…

4.主運人格=陰見陰　解：必見家運忽明忽暗之苦，恐生刑傷，父母不得力，陷終其一生發展困苦，財運辛苦，合作不安，弟兄無力，有此配置男女，必見刑傷或相互累及，不得安寧，子女薄弱無力，恐生身衰體弱之疾。

逢見與天運來生剋化：一生-小吉。二生-小凶。一剋-小吉。

逢見天運被其生剋化：一生-小吉。二生-凶。一剋-吉。

水土水 8.8.11、18.8.11、8.18.11……

1.主運人格=陰、陽　解：必見家運發展，父母得力可得，四方稱羨，若能守舊勤與儉，必得家運安康，然恐生驕妄，貪圖奢侈，投機陷破祖敗業之不祥，男女有此配置，必見良善配偶，然恐自刑傷，破壞家運，中途意外不安。

逢見與天運來生剋化：一生-小吉。二生-凶。一剋-小吉。二剋-小吉。

逢見天運被其生剋化：一生-凶。二生-小吉。一剋-凶。二剋-小吉。

水土水 9.6.4、19.6.14、9.16.4……

2.主運人格=陽、陰　解：必見家運一時得安，父母得力，然暗藏破兆或破業之不祥，終其一生必見家道各奔東西，弟兄無緣，恐陷財運災難，合作陷入非類糾葛，男女有此配置，必見刑剋，恐生累及身衰體敗之苦。

逢見與天運來生剋化：一生-小吉。二生-凶。一剋-小吉。二剋-小吉。

逢見天運被其生剋化：一生-凶。二生-小吉。　剋-凶。二剋-小吉。

水土水 8.7.12、18.17.12、8.17.12……

3.主運人格=陽見陽　解：必見家運漂零不安，恐生刑剋破壞，父母不安祥，陷身衰體敗之傷心事，家道困苦，六親難安，恐生破壞別離，弟兄無漂零，男女有此配置，，必見自孤成或陷終其一生生活漂零之災難。

逢見與天運來生剋化：一生-小吉。二生-凶。一剋-小吉。二剋-小吉。

逢見天運被其生剋化：一生-凶。二生-小吉。一剋-凶。二剋-小吉。

水土水 9.7.3、19.7.13、9.17.13……

4.主運人格=陰見陰　解：必見家運忽明忽暗，恐陷中途意外不安祥，恐生破壞別離或陷入家道顛沛流離之災難不祥，終其一生發展辛苦或陷入中途不得力，男女有此配置，必見刑剋，累及配偶身衰體弱之不祥。

逢見與天運來生剋化：一生-小吉。二生-凶。一剋-小

吉。二剋-小吉。

逢見天運被其生剋化：一生-凶。二生-小吉。一剋-凶。二剋-小吉。

水金木 8.10.11、18.10.11、8.20.11……

1.主運人格=陰、陽　解：必見家運一時發展，父母得力，然恐暗藏紛爭分離或陷入家道中落之不祥，有其配置，中途必見合作災難，發展破業之苦，男女有此配置，必見相互累及刑傷或拖累陷第三者破壞分離。

逢見與天運來生剋化：一生-小吉。二生-凶。一剋-凶。

逢見天運被其生剋化：一生-凶。二生-凶。一剋-凶。

水金木 9.8.4、19.8.14、9.8.14……

2.主運人格=陽、陰　解：必見家運一時發展，父母得力，然恐暗藏家道中落之不安，弟兄不和睦，恐生紛爭四起，陷家運漂零，有其配置男女，必見終其一生勞勞碌碌費心機，財運難安，發展辛苦不得力或陷自孤成。

逢見與天運來生剋化：一生-小吉。二生-凶。一剋-凶。

逢見天運被其生剋化：一生-凶。二生-凶。一剋-凶。

水金木 8.9.12、18.9.2、8.19.12……

3.主運人格=陽見陽 解：必見家運莫名不安祥，恐生刑剋，父母意外分離，家道中落，六親拒絕或仇恨分離，終其一生陷漂零或意外不安祥，男女有此配置，必見相互刑傷或累及終其一生陷爭端莫名災難。

逢見與天運來生剋化：一生-小吉。二生-凶。一剋-凶。

逢見天運被其生剋化：一生-凶。二生-凶。一剋-凶。

水金木 9.9.3、19.9.13、9.19.13……

4.主運人格=陰見陰　解：必見家運辛苦，父母身衰體弱，恐陷暗藏不安祥分離，陷終其一生發展無門，合作生災，財運難安，弟兄陷入無力分離，男女有此配置，必見貌合神離，恐陷爭端不安寧或相互刑傷，運氣難通。

逢見與天運來生剋化：一生-小吉。二生-凶。一剋-凶。

逢見天運被其生剋化：一生-凶。二生-凶。一剋-凶。

水金火 8.10.3、18.10.3、8.10.13……

1.主運人格=陰、陽　解：必見家運一時發展，父母得力，然恐陷根基不穩，暗藏破兆別離，恐生刑傷或發展陷入災難或破祖，財運災難之不祥，男女有此配置，必見中途相互拒絕，陷入家運難通或情色十字關。

逢見與天運來生剋化：一生-小吉。二生-小吉。一剋-凶。

逢見天運被其生剋化：一生-凶。二生-凶。一剋-凶。

水金火 9.8.6、19.8.16、9.8.16……

2.主運人格=陽、陰　解：必見家運辛苦，父母難安，恐陷發展不得力，財運辛苦，勞勞碌碌費心機，中途意外糾葛或陷入合作災難，男女有此配置，必見辛苦莫名，恐生爭端，仇恨四起，，陷入中途非類介入破壞分離。

逢見與天運來生剋化：一生-小吉。二生-小吉。一剋-凶。

逢見天運被其生剋化：一生-凶。二生-凶。一剋-凶。

水金火 8.9.4、18.9.14、8.19.14……

3.主運人格=陽見陽　解：必見家道華而不實，陷運氣難通，烏雲遮月，陷終其一生河中撈月之命運或刑傷破壞分離，父母不安康，難得發展，六親拒絕，男女有此配置，必見刑剋，陷終其一生運氣不得安寧，意外生災之不祥。

逢見與天運來生剋化：一生-小吉。二生-小吉。一剋-凶。

逢見天運被其生剋化：一生-凶。二生-凶。一剋-凶。

水金火 9.9.5、19.9.15、9.9.15……

4.主運人格=陰見陰　解：必見家運辛苦，紛擾不安，恐生華而不實，終其一生陷驕妄貪圖，恐生敗衰家運或破祖，離祖父母不安祥分離，弟兄成仇或陷入反目不安，男女有此配置，必見傷心或失歡，中途離異不安。

逢見與天運來生剋化：一生-小吉。二生-小吉。一剋-凶。

逢見天運被其生剋化：一生-凶。二生-凶。一剋-凶。

水金土 8.10.15、18.10.5、8.20.5……

1.主運人格=陰、陽　解：必見家運動盪不安，恐生刑傷，父母不得發展或陷入莫名不安祥災難，終其一生恐生中途意外或急變災難，非類糾葛，發展不得力，財運空虛或陷入災難，男女有此配置，必見孤苦難安或困厄。

逢見與天運來生剋化：一生-小吉。二生-凶。一剋-凶。

逢見天運被其生剋化：一生-凶。二生-凶。一剋-凶。

水金土 9.6.10、19.16.10、9.16.20……

2.主運人格=陽、陰　解：必見家運華而不實，父母小安，然恐根基薄弱，陷家運暗藏破壞別離或不祥分離，有此配置必見刑傷，恐生孤剋，弟兄無力，家運難通，男女有此配置，必見困苦難安，發展空息，財運顛倒。

逢見與天運來生剋化：一生-小吉。二生-凶。一剋-凶。

逢見天運被其生剋化：一生-凶。二生-凶。一剋-凶。

水金土 8.9.6、18.9.16、8.19.16……

3.主運人格=陽見陽　解：必見家運陷漂零，父母不安祥，恐生傷心，無緣分離，有此配置，必見刑剋，恐生破壞家道，終其一生難見安寧，六親拒絕或疏離，必見生活無依，男女有此配置，恐生自孤成或陷一般常。

逢見與天運來生剋化：一生-小吉。二生-凶。一剋-凶。

逢見天運被其生剋化：一生-凶。二生-凶。一剋-凶。

水金土 9.7.9、19.17.9、9.7.19……

4.主運人格=陰見陰　解：必見家運暗藏破壞別離，恐陷家道不安分離，父母不安康，恐生刑傷，家運難通，終其一生陷棄祖別離或顚沛流離，孤獨難安，男女有此配置，必陷勞碌不安，財運難通，恐生婚姻不安分離。

逢見與天運來生剋化：一生-小吉。二生-凶。一剋-凶。

逢見天運被其生剋化：一生-凶。二生-凶。一剋-凶。

水金金 8.10.7、18.10.17、8.10.17……

1.主運人格=陰、陽　解：必見家運先盛後衰，恐生破兆別離，有此配置，必見一時發展，父母得力，然恐根基薄弱，恐生六親疏離，男女有此配置，必見華而不實，外祥內憂，恐生破壞別離，婚姻中途陷終其一生拖累。

逢見與天運來生剋化：一生-凶。二生-凶。三生-凶。一剋-小凶。二剋-小吉。

逢見天運被其生剋化：一生-凶。二生-小凶。三生-凶。一剋-小吉。二剋-小凶。

水金金 9.8.10、19.18.10、9.8.20……

2.主運人格=陽、陰　解：必見家運辛苦，勞勞碌碌終其一生，父母不安祥，恐生身衰體弱或刑傷，家運難通，弟兄分離或陷入終其一生困苦無依，男女有此配置，必見華而不實，恐陷怨聲載道，陷自孤成或分離。

逢見與天運來生剋化：一生-凶。二生-凶。三生-凶。一剋-小凶。二剋-小吉。

逢見天運被其生剋化：一生-凶。二生-小凶。三生-凶。一剋-小吉。二剋-小凶。

水金金 8.9.8、18.9.8、8.9.18……

3.主運人格=陽見陽　解：必見家運生波，父母無力，恐見不祥分離，家道中落或棄祖別離，終其一生必陷六親絕緣或仇恨分離，終其一生財運困難，弟兄薄力，子女不安，恐難見六親，終其一生進退維谷陷漂零。

逢見與天運來生剋化：一生-凶。二生-凶。三生-凶。一剋-小凶。二剋-小吉。

逢見天運被其生剋化：一生-凶。二生-小凶。三生-凶。一剋-小吉。二剋-小凶。

水金金 9.9.9、19.9.9、9.19.9……

4.主運人格=陰見陰　解：必見家運不安，恐生破壞別離，六親拒絕，恐陷終其一生顛沛流離，勞勞碌碌，財運空虛拮据，男女有此配置，必見傷心或無力，恐陷中途相互刑傷，身衰體敗，家運難通，發展辛苦。

逢見與天運來生剋化：一生-凶。二生-凶。三生-凶。一剋-小凶。二剋-小吉。

逢見天運被其生剋化：一生-凶。二生-小凶。三生-凶。一剋-小吉。二剋-小凶。

水金水 8.10.9、18.10.9、8.10.19……

1.主運人格=陰、陽　解：必見家運凋零，恐生刑傷，父母無力，六親成仇或破祖離鄉，終其一生必陷顛沛流離，發展困難，財運空虛，男女有此配置，必見自孤成或刑傷，破壞分離，陷子女無依或身弱凋零。

逢見與天運來生剋化：一生-小吉。二生-凶。三生-凶。一剋-凶。二剋-吉。

逢見天運被其生剋化：一生-凶。二生-凶。三生-凶。一剋-凶。二剋-小吉。

水金水 9.8.12、19.8.12、9.18.12……

2.主運人格=陽、陰　解：必見家運動盪不安，恐生刑剋，父母破壞分離，陷家道中落，難見曙光或運氣莫名，身衰體弱，財運空虛，男女有此配置，必見刑傷仇恨或自孤成分離，陷家運難通，子女不祥漂零

逢見與天運來生剋化：一生-小吉。二生-凶。三生-凶。一剋-凶。二剋-吉。

逢見天運被其生剋化：一生-凶。二生-凶。三生-凶。一剋-凶。二剋-小吉。

水金水 8.9.10、18.19.10、8.19.10……

3.主運人格=陽見陽　解：必見家運破衰，恐生凋零，父母無力，六親別離或破祖他鄉，陷終其一生顛沛流離，勞勞碌碌，財運顛倒，發展無門，男女有此配置，恐生刑剋自孤成或破壞運氣，子女不安不祥。

逢見與天運來生剋化：一生-小吉。二生-凶。三生-

凶。一剋-凶。二剋-吉。

逢見天運被其生剋化：一生-凶。二生-凶。三生-凶。一剋-凶。二剋-小吉。

水金水 9.9.11、19.19.11、9.19.11……

4.主運人格=陰見陰　解：必見家運難通，恐陷父母不祥分離，家業凋零，暗藏破兆或陷終其一生潦困，衣食不美，財運困難，發展無門，男女有此配置，必見刑剋自孤成，漂零無依，子女莫名不祥。

逢見與天運來生剋化：一生-小吉。二生-凶。三生-凶。一剋-凶。二剋-吉。

逢見天運被其生剋化：一生-凶。二生-凶。三生-凶。一剋-凶。二剋-小吉。

水水木 8.12.9、18.12.19、8.22.9……

1.主運人格=陰、陽　解：必見家運漸興，父母得力，可亨一時發展，財運無缺，門庭可安，男女有此配置，必得良善配偶共持，然防中運前恐生仇恨，意外分離，若能共忍和中來，必見呈祥安康，家運通順。

逢見與天運來生剋化：一生-凶。二生-小吉。三生-凶。一剋-小吉。二剋-小吉。

逢見天運被其生剋化：一生-凶。二生-凶。一剋-小吉。二剋-凶。

水水木 9.10.12、19.10.2、9.20.12……

2.主運人格=陽、陰　解：必見家運華而不實，暗藏破壞別離或刑傷，父母不安分離，發展辛苦，財運有虛無實，中途意外不安祥急變，男女有此配置，必見刑傷仇恨分離或破敗運氣，陷子女不安祥漂零。

逢見與天運來生剋化：一生-凶。二生-小吉。三生-凶。一剋-小吉。二剋-小吉。

逢見天運被其生剋化：一生-凶。二生-凶。一剋-小吉。二剋-凶。

水水木 8.11.10、18.21.10、8.11.20……

3.主運人格=陽見陽　解：必見家運辛苦，暗藏破兆，恐生意外莫名或刑傷，父母身衰體敗，終其一生財運困難，發展無力，陷家道中落，男女有此配置，必得良善，然暗藏刑剋，恐生破壞分離，子女不祥無依

逢見與天運來生剋化：一生-凶。二生-小吉。三生-凶。一剋-小吉。二剋-小吉。

逢見天運被其生剋化：一生-凶。二生-凶。一剋-小吉。二剋-凶。

水水木 9.11.11、19.11.11、9.21.11……

4.主運人格=陰見陰　解：必見家運興通，父母得力，富甲一方，財運亨通，必受稱羨，然防中途意外災難，男女有此配置，必見仇恨或刑傷，必生先盛後衰之不堪，子女不安或身衰體弱，陷入運氣莫名難安。

逢見與天運來生剋化：一生-凶。二生-小吉。三生-凶。一剋-小吉。二剋-小吉。

逢見天運被其生剋化：一生-凶。二生-凶。一剋-小吉。二剋-凶。

水水火 8.12.11、18.12.21、8.12.21……

1.主運人格=陰、陽　解：必見家運初興，父母得力，然暗藏破兆分離，恐陷刑傷不安祥，中途意外災變，恐生破業災難，若能守分必可安康，男女有此配置，必見刑傷，破壞分離，陷家運難通凋零。

逢見與天運來生剋化：一生-凶。二生-小吉。一剋-小吉。二剋-小吉。

逢見天運被其生剋化：一生-小吉。二生-凶。一剋-小吉。二剋-凶。

水水火 9.10.14、19.10.14、9.20.14……

2.主運人格=陽、陰　解：必見家運華而不實，暗藏不安分離或急變災難，恐生刑剋，父母不安祥，終其一生發展無門，財運辛苦，男女有此配置，必見刑剋，破壞分離或意外災變，子女不安康漂零。

逢見與天運來生剋化：一生-凶。二生-小吉。一剋-小吉。二剋-小吉。

逢見天運被其生剋化：一生-小吉。二生-凶。一剋-小吉。二剋-凶。

水水火 8.11.12、18.11.12、8.21.12……

3.主運人格=陽見陽　解：必見家運困苦，恐陷刑剋，父母破壞別離，陷入潦困或凋零，破祖離鄉，終其一生陷顛

沛流離，中途意外災變不祥，男女有此配置，必見憂愁四起，困厄仇恨分離，子女不安凋零。

逢見與天運來生剋化：一生-凶。二生-小吉。一剋-小吉。二剋-小吉。

逢見天運被其生剋化：一生-小吉。二生-凶。一剋-小吉。二剋-凶。

水水火 9.11.13、19.11.3、9.11.3……

4.主運人格=陰見陰　解：必見家運難通，恐生刑剋，父母身衰體敗或不安分離，終其一生華而不實，中途恐見意外不安祥，發展無力，財運不安，男女有此配置，必見莫名刑傷分離，陷子女無力分離。

逢見與天運來生剋化：一生-凶。二生-小吉。一剋-小吉。二剋-小吉。

逢見天運被其生剋化：一生-小吉。二生-凶。一剋-小吉。二剋-凶。

水水土 8.2.3、18.12.3、8.12.13……

1.主運人格=陰、陽　解：必見家運難通，父母不安分離，中途意外急變災難，終其一生必陷勞勞碌碌或發展困難，若能守勤本分，自可得安康，男女有此配置，必見良善配偶，然恐生刑傷，陷身衰體敗

逢見與天運來生剋化：一生-小吉。二生-小吉。一剋-凶。二剋-小吉。

逢見天運被其生剋化：一生-小吉。二生-凶。一剋-小

吉。二剋-凶。

水水土 9.10.6、19.10.6、9.10.16……

2.主運人格=陽、陰　解：必見家運困難，父母無力，恐生刑剋，破祖別離，弟兄無力，恐陷終其一生勞勞奔波，發展辛苦，若能本分勤儉，中後必得曙光，男女有此配置，必見良善扶持，共興門庭，然恐生刑傷仇恨分離。

逢見與天運來生剋化：一生-小吉。二生-小吉。一剋-凶。二剋-小吉。

逢見天運被其生剋化：一生-小吉。二生-凶。一剋-小吉。二剋-凶。

水水土 8.11.4、18.11.14、8.11.14……

3.主運人格=陽見陽　解：必見家運莫名不祥，恐生刑剋不安，父母或家道恐陷不安祥，陷終其一生發展無力或意外不祥之災難，男女有此配置，必見中途刑傷分離或破壞，運氣難通，子女不安康凋零。

逢見與天運來生剋化：一生-小吉。二生-小吉。一剋-凶。二剋-小吉。

逢見天運被其生剋化：一生-小吉。二生-凶。一剋-小吉。二剋-凶。

水水土 9.11.5、19.11.15、9.11.15……

4.主運人格=陰見陰　解：必見家運不安分離，恐生刑傷，父母不祥或身衰體敗，陷終其一生勞碌奔波，家道中落，發展無力，財運辛苦，男女有此配置，必見不安或

累及配偶，陷入貌合神離或莫名分離。

逢見與天運來生剋化：一生-小吉。二生-小吉。一剋-凶。二剋-小吉。

逢見天運被其生剋化：一生-小吉。二生-凶。一剋-小吉。二剋-凶。

水水金 8.2.5、18.12.5、8.12.15…

1.主運人格=陰、陽　解：必見家運空破別離，父母不安，恐生刑傷，六親或破祖離鄉，終其一生勞勞碌碌，難見曙光，財運顛倒，男女有此配置，必見自孤成或淪落困厄，子女不安康，家運難通，陷入凋零

逢見與天運來生剋化：一生-小吉。二生-凶。三生-凶。一剋-凶。二剋-凶。

逢見天運被其生剋化：一生-小吉。二生-凶。三生-凶。一剋-凶。二剋-凶。

水水金 9.10.8、19.10.8、9.10.18……

2.主運人格=陽、陰　解：必見家運分離，父母身衰體敗或棄家離鄉，陷入不祥災難意外，六親成仇，陷入家道不堪，財運無力，必陷終其一生勞頓，男女有此配置，必見傷心分離或破壞別離，子女無力分離。

逢見與天運來生剋化：一生-小吉。二生-凶。三生-凶。一剋-凶。二剋-凶。

逢見天運被其生剋化：一生-小吉。二生-凶。三生-凶。一剋-凶。二剋-凶。

水水金 8.11.6、18.11.6、8.11.16……

3.主運人格=陽見陽　解：必見家運不安，恐生刑剋，六親破壞別離或陷父母不安祥分離，終其一生必陷勞勞碌碌費心機，財運困難，發展無門，男女有此配置，必見傷心刑剋，累及配偶，陷家運困難，子女無力。

逢見與天運來生剋化：一生-小吉。二生-凶。三生-凶。一剋-凶。二剋-凶。

逢見天運被其生剋化：一生-小吉。二生-凶。三生-凶。一剋-凶。二剋-凶。

水水金 9.11.7、19.11.7、9.11.17……

4.主運人格=陰見陰　解：必見家運凋零，六親成仇，恐陷破壞分離，父母不祥或不安康，終其一生必陷刑傷，家道或運氣，終其一生命運乖張，男女有此配置，必見刑剋配偶，恐生仇恨，不祥分離，陷家運漂零。

逢見與天運來生剋化：一生-小吉。二生-凶。三生-凶。一剋-凶。二剋-凶。

逢見天運被其生剋化：一生-小吉。二生-凶。三生-凶。一剋-凶。二剋-凶。

水水水 8.2.7、18.12.7、8.12.17……

1.主運人格=陰、陽　解：必見家運漸入佳境，父母得力，終其一生必得貴人相扶，財運無缺，中來必見門庭興，有災必解，男女有此配置，必得良善配偶共扶持，然暗藏刑傷，若能忍和必轉吉祥。

逢見與天運來生剋化：一生-凶。二生-凶。三生-凶。一剋-小吉。二剋-小吉。三剋-小吉。

逢見天運被其生剋化：一生-凶。二生-凶。三生-凶。一剋-凶。二剋-凶。三剋-凶。

水水水 9.10.10、19.10.10、9.20.10……

2.主運人格=陽、陰　解：必見家運烏雲遮月，恐生莫名不祥，父母不安康，恐陷意外分離，發展無力，財運顛倒，中途意外生非，男女有此配置，必見刑傷仇恨分離，終其一生恐陷自孤成，家運漂零。

逢見與天運來生剋化：一生-凶。二生-凶。三生-凶。一剋-小吉。二剋-小吉。三剋-小吉。

逢見天運被其生剋化：一生-凶。二生-凶。三生-凶。一剋-凶。二剋-凶。三剋-凶。

水水水 8.11.8、18.11.8、8.11.18……

3.主運人格=陽見陽　解：必見家道中落，暗藏不安，恐生刑剋，父母破壞別離，六親凋零或反目成仇，財運空虛，發展無門，恐生不祥意外，男女有此配置，必見刑剋累及或自孤成，陷家運難通，子女不安

逢見與天運來生剋化：一生-凶。二生-凶。三生-凶。一剋-小吉。二剋-小吉。三剋-小吉。

逢見天運被其生剋化：一生-凶。二生-凶。三生-凶。一剋-凶。二剋-凶。三剋-凶。

水水水 9.11.9、19.11.9、9.11.19……

4.主運人格=陰見陰　解：必見家運不安寧，恐生刑傷，父母莫名分離或動盪不安，陷入潦困，勞勞碌碌，終其一生發展困難，財運空虛，男女有此配置，必見莫名分離或破壞運氣，陷家道中落，子女無依漂零。

逢見與天運來生剋化：一生-凶。二生-凶。三生-凶。一剋-小吉。二剋-小吉。三剋-小吉。

逢見天運被其生剋化：一生-凶。二生-凶。三生-凶。一剋-凶。二剋-凶。三剋-凶。

莫名其妙，爲什麼「自己」不能成功

人生之無奈、之莫名！讓人們面對得相當有無力感。爲何有人或少許人能建立「勞而有功」之事業？爲何咱們會「徒勞無功」？也拚了全力及同樣的努力，然爲何又見命運與我們開玩笑！讓「運氣」陷進終其一生跌跌撞撞、起起伏伏不安定。

想不透！又爲何他們少許人都能建立永續發展的事業。諸如：王永慶先生、張榮發先生……等等。其遭遇由赤貧竟立下了豐功偉大的事業，擠進榮耀之舞臺。這一些問題又出在哪裡？是命好？是運好？是時機對？是哪個時候掌握住？這一些問題讓好多人一直口述傳言，祇嘆自己命運不通，爲何又會如此之不服氣及興嘆！

不用懷疑也不用埋怨，事實上這一些成功者跟「好因緣」是絕對的條件，不過大家也有很多類似一樣的場景「好因緣」。不過卻無法如期所願，建立發展事業。反而由好而衰，由不盛陷進華而不實的災難及重重疊疊的不幸！是爲何？

現在提供這一些的……謎底。問題……就出在這裡！也讓筆者深感訝異！百萬人、千萬人竟然無法取得……良善基本三才、表相三才、內在三才、潛在三才。感嘆無法獲得皆全！也求祇可以得二，或者得一。然也功虧一簣之不幸！竟然祇有少數人能及而幸擁有到，如此才怪哉！也感嘆如此之妙啊！爲何會有如此的幸運玄機！這一些筆者會再做進一步的瞭解。

不過時下爲何老是碰不到如此良善的……四大三才大運神？皆因犯了錯誤的觀念！就是老是同步抄襲不能實際及脫離現實之一些謬論及毒素之邪術——熊崎式八十一數，及均喜見吉、凶爲藍本。才莫名的陷進自己終其一生的災難。故：也不做、從來也不會、也不做其他假想或做詳細的察究，而冒然跟著接受「弱智一族」的所謂專家「知名度」其有虛無實之可恥名家而瞎起鬨。讓幼稚的自己也陷進極其嚴重執迷其可笑又可悲之隊伍行列，而爭相取得錯誤之邪說。如此命運之不祥，也就必然的……碗糕命運之一件事。

有如使用五、六十年之「垃圾筒」裡——不堪物、破銅、爛鐵、破瓶子、腐爛物品裡尋找，哪會得到寶啊！這才是糟啊！就算能找得到堪用的，也困難能有利用價值啊！

以上笨老子姓名三才基本對照吉、凶，希望讀者能藉此「對照表」瞭解分析，並得注意！不得崇尚迷信數理吉、凶，否則必將難逃上述「對照表」之命運困難。

從姓名看能力，用力瞭解操守

人格生地格，人格剋外格，外格剋人格，地格剋人格，剋愈多爲人有責任，且多努力，多能堅守原則，克服萬難，盡心盡責，達成一切。（以人格爲主）

地格剋外格，地格生外格，辦事能力好，地格有金，有火，敢開創，堅守奮鬥，不成功不罷休之性格，地格有土，有木，均不是可用之才，能力較差，人格有木，可爲守財，掌握金錢有方，人格生外格，不能交負的對象，恐背。

天格生外格，貴人緣薄，天格剋人格，女則爲夫所累，人格剋地格，男女皆懶惰，不知上進，無責任心，爲事推三阻四，不分黑白，狂妄主義。

被濫用了幾近五十年的姓名學

「熊崎式」姓名學，在經歷數十年考驗之後，發現了以「熊崎式」之數理、吉凶、三才之生剋來判斷，但只能粗略的抓住一般人的個性，與性格、特徵，但用在一些名人的身上，被「熊崎式」定爲大凶格，急難，數理凶，有災禍格，往往發生很大的誤差，被定爲吉名，數理皆吉，三才皆佳，卻不是「熊崎式」所說的大富大貴，如下例千篇的公式，不管你改名或小兒命名，亦不管八字或命格中缺少金、木、水、火、土或有金、木、水、火、土都以下例最常見一再重複的命名公式：

最常見到某……姓……就依照「熊崎式」……套式、擇字命名法：

1.【陳】【潘】【穆】【陸】【龍】【賴】【盧】【駱】【錢】【陶】……

姓名筆劃：

16.09.06. 16.09.07. 16.09.04. 16.09.12. 16.09.08. 16.08.07. 16.09.15.

2.【張】【曹】【梁】【胡】【許】【康】【范】【章】【崔】【麥】……

姓名筆劃：

11.12.12. 11.12.10. 11.10.14. 11.04.12. 11.05.16. 11.04.17.

3.【邱】【賀】【舒】【辜】【程】【黃】【彭】【曾】【馮】【傅】……

姓名筆劃：

12.13.12. 12.11.12. 12.09.12. 12.09.14.

4.【周】【林】【汪】【金】【武】【岳】【孟】【卓】【沈】【季】……

姓名筆劃：

08.10.15. 08.13.10. 08.09.07. 08.09.06. 08.07.10. 08.05.12.

翻遍所有目前所流傳的姓名學書籍，均以對照，奇怪，發現五、六十本的姓名學書籍，均大同小異，所不一樣的是作者不同，其內容幾乎相同，近年來不管在日本或台灣、東南亞，國人逐漸對姓名學失去信心，筆者又仔細推敲，缺點加以修正，反而大抄特抄，圖個人的名氣，自私自利，昧著良心，只知圖利，而步入走火入魔，致使姓名學學術於今信用破產，終於淪爲式微的不歸路，更不幸的是，又經過這些所謂專家誇大、不實、渲染與虛僞的宣傳結果，均還相信愚昧的「熊崎式」公式，如今一些所謂專家，一知半解的姓名學命相大師，奉爲祕本或祖宗，眞是貽笑大方，完全屬於走火入魔，譁衆取寵的偏差心理作怪，欺騙自己而不知也未加以詳細研究，卻也大行其道，或成爲命名專家，故命的大富大貴又吉祥之名，對其不但沒有發展，反而使人波折叢生，徒讓世人誤解其姓名學之價值，這反褻瀆了這門學問，這種情形實在令人擔心又惋惜。

笨老子　本部

地址：台北縣永和市福和路 76 巷 6 弄 2 號 5 樓「永福橋下」
電話：02-8925-5048　02-8925-5046
傳真：02-8925-5046
網址：www.jyh-jong.com.tw
電子信箱：bennlz29@yahoo.com.tw

服務項目：

傳授　著作　生活勵志　命理叢書　命理學術諮詢解答

電台主持：

笨老子　人生世界「如何在絕地困境中創造高收入的巨人」
更不要輕易的灰心　不要輕易的放棄　好父母　好老師就是儘丟一些你不想要的要求　如果你想要成功　就必得要接受它的要求與規矩

國家圖書館出版品預行編目資料

初學姓名學，這本最好用／笨老子述.
－－初版－－ 台北市：知青頻道 出版；
紅螞蟻圖書發行，2006〔民95〕
面　　公分，－－(Easy Quick : 66)
ISBN 957-0491-72-8 (平裝)

1.姓名學

293.3　　95008014

Easy Quick 66

初學姓名學，這本最好用

作　　者／笨老子述　丁珮吟整理
發 行 人／賴秀珍
榮譽總監／張錦基
總 編 輯／何南輝
特約編輯／呂思樺
美術編輯／林美琪
出　　版／知青頻道出版有限公司
發　　行／紅螞蟻圖書有限公司
地　　址／台北市內湖區舊宗路二段121巷28號4F
網　　站／ www.e-redant.com
郵撥帳號／1604621-1　紅螞蟻圖書有限公司
電　　話／(02)2795-3656（代表號）
傳　　真／(02)2795-4100
登 記 證／局版北市業字第796號
港澳總經銷／和平圖書有限公司
地　　址／香港柴灣嘉樂街12號百樂門大廈17F
電　　話／(852)2804-6687
法律顧問／許晏賓律師
印 刷 廠／鴻運彩色印刷有限公司
出版日期／2006年5月　第一版第一刷

定價 280 元　港幣 93 元

ISBN 957-0491-72-8　　Printed in Taiwan